U0657042

探究劳动报酬之谜

Piecing the Puzzle Together:
An Exploration into the Labour Payment

信卫平/著

中国劳动关系学院学术文丛

光明日报出版社

图书在版编目（CIP）数据

探究劳动报酬之谜 / 信卫平著. -- 北京：
光明日报出版社，2014.5
（中国劳动关系学院学术文丛）
ISBN 978 - 7 - 5112 - 5873 - 1

Ⅰ.①探…　Ⅱ.①信…　Ⅲ.①劳动报酬—研究—中国
Ⅳ.①F249.24

中国版本图书馆 CIP 数据核字（2014）第 020843 号

探究劳动报酬之谜

著　　者：信卫平

责任编辑：曹美娜　　　　　　责任校对：傅泉泽
封面设计：小宝工作室　　　　责任印制：曹　净

出版发行：光明日报出版社
地　　址：北京市东城区珠市口东大街 5 号，100062
电　　话：010 - 67078251（咨询），67078870（发行），67078235（邮购）
传　　真：010 - 67078227，67078255
网　　址：http：//book. gmw. cn
E - mail：gmcbs@ gmw. cn　caomeina@ gmw. cn
法律顾问：北京天驰洪范律师事务所徐波律师

印　　刷：北京京华虎彩印刷有限公司
装　　订：北京京华虎彩印刷有限公司
本书如有破损、缺页、装订错误，请与本社联系调换

开　　本：700×1000　1/16
字　　数：250 千字　　　　　　印　张：14.25
版　　次：2014 年 5 月第 1 版　　印　次：2014 年 5 月第 1 次印刷
书　　号：ISBN 978 - 7 - 5112 - 5873 - 1
定　　价：38.00 元

代　序

破解劳动报酬之谜[①]

　　自改革开放以来，中国经济持续 30 多年高速增长。即使在这期间遇到了 1998 年的亚洲金融危机、21 世纪初的全球经济衰退和 2008 年的国际金融危机，中国经济始终保持着增长势头，经济总量持续增长，在连续超越意大利、法国、英国等发达国家之后，2007 年又超过此前的全球第三大经济体德国，2010 年又超过日本，成为全球第二大经济体。如今，中国的经济规模已达到全球整体国内生产总值（GDP）的 9.5% 左右。

　　中国经济高速增长的源动力在哪里，一直困扰着国际社会。因为，按照"华盛顿共识"，要促使一个国家获得经济快速的增长必须满足三个核心条件即产权私有化、自由化与稳定化。按照这样的理论，在这些条件不具备或还很不尽如人意的中国，是不应该取得经济发展奇迹的，这就是所谓的"中国经济增长之谜"。

　　为此，许多国内外学者都在探究这一问题。纵观各种解释，主流经济学的解释还是比较靠谱的，他们认为，中国 30 年来经济增长的非凡成就主要是建立在廉价劳动力的基础上。低廉的劳动力成本，不仅拉动了中国经济的高速增长也使得其他国家特别是一些发达国家从中受益的原因。对此，西方媒体甚至比我们看得更清楚。2009 年美国《时代》杂志将"中国工人"选为年度人物就是一个很好的证明。

　　对于一个社会主义国家来说，广大劳动者在改革开放中付出最大，他们不仅承担了经济转型的成本，其中一些人的利益还因此受到了损害，不要说分享改革发展的红利了，就是应该得到的劳动报酬一直被压得很低。令人不解的是这种状况长期以来一直没有改观，我们不妨将其称之为中国经济中的"劳动报酬之

---

　　① 　这是作者应邀为《中国工人》2011 年第 9 期写的卷首语。

谜"。是什么原因造成劳动者的报酬长期低下，不仅低于经济增长率，更低于企业的利润增长？

　　好在还有学者一直在锲而不舍地探索着，正是他们的不懈努力，使得以广大一线职工为代表的劳动者在改革进程中利益受损程度被清晰地量化出来，这对于全社会破解"劳动报酬之谜"或许是很有启发的。

前　言

　　这是一本关于劳动报酬的文集，收录了我在 1996～2013 年期间完成的关于市场化改革对职工劳动报酬影响的文章和研究报告。这些文章在书中是按照时间的顺序排列的，大体上可以反映出我对此问题的一个不断深化的认识过程，读者也可以从中看出我国市场化改革对职工劳动报酬的影响过程。

　　1992 年开始的市场化改革，特别是 20 世纪 90 年代中后期国有企业改革中出现的下岗潮，使我隐约地意识到市场化改革对企业职工的冲击要远胜于对其他社会阶层的冲击。从那时开始，我的研究领域开始转向收入分配领域，并一直关注市场化改革对广大职工的影响。原因很简单，一方面我曾经当过 8 年多的工人，那段在企业的经历令人难忘；另一方面我就职的单位隶属于全国总工会。本书收录的文章大体上就是在这样的背景下写作的。

　　借此成集之际，对以往的研究思路重新做一梳理，既是对这些年来的研究工作做一总结，也有利于下一步的研究，我的研究工作可以分为两个阶段。

　　从 20 世纪 90 年代中期至 2008 年国际金融危机爆发前，我的研究一直是按照以下的逻辑推进：即市场化改革打破了原有体制下劳动关系的均衡，而适应市场经济的新劳动关系的均衡始终没有真正建立起来，劳动报酬与经营者收入差距越来越大这一事实本身就是劳动关系失衡的表现。随着社会经济的发展，蛋糕越做越大，而职工所占份额却越来越少。因此，怎样分蛋糕就变得非常重要。

　　这一阶段的研究主要围绕着"分享"展开的，并寄希望于通过"分享"来重建劳动关系的均衡。但是，随着时间的延续，企业部门劳动者报酬占 GDP 的比重持续下降，劳动者作为弱势群体已是一个不争的事实。经济发展的现实表明，在现阶段"分享"是难以实现的。

　　2008 年 9 月爆发的国际金融危机迅速波及我国，为了应对危机的影响，人力资源和社会保障部 2008 年 11 月 17 日发出通知，要求各地暂缓调整企业最低工资标准。在 2009 年 3 月召开的全国人民代表大会前夕，有人大代表和政协委员明确提出取消或停止执行最低工资规定。上述提法遭到了全国总工会的坚决反对。中华全国总工会发言人 2009 年 3 月 9 日明确表示，全国总工会不赞成取消最低工资标准制度，并指出："企业经营者不要总在职工的劳动报酬上打主意。"这一争论表明，劳动者与资方长期存在的利益对立在经济危机期间通过最低工资标准问题公开化了。

由国际金融危机所引发的上述问题并不是孤立的，即使在最低工资制度比较成熟的欧洲各国，2009 年也引发了最低工资政策的新一轮争论。但是，国际金融危机只是使 2009 年欧洲各国最低工资增长的步伐放慢，但并没有停止增长。欧洲各国政策的选择更多地取决于政府的政治倾向，保守倾向的政府追求对最低工资政策的限制，更多的具有社会民主倾向的政府则在逐步提高最低工资水平。就当时情况而言，我国受金融危机的影响要低于欧洲各国。但是，与欧洲各国最低工资增长减速相比较，我国在最低工资问题上的反应已远远超过了欧洲各国。以冻结最低工资增长、牺牲广大职工的利益来对应国际金融危机，只能说明我国最低工资制度的不完善和劳资双方力量的不均衡。

在 2010 年 7 月 16 日团中央与中国青年企业家协会共同举办的"企业管理中的人文关怀"座谈会上，我曾经讲道：事实上，在金融危机到来的时候，受到国际金融危机冲击最厉害、最严重、使自身利益受到损害最大的实际上并不是那些沿海企业，而是那些企业的职工。这些职工先后被企业减薪、裁员、甚至失业，特别是一些农民工，又回到了他自己的家乡。

具有讽刺意义的是，在我们忙于应对危机而不惜牺牲广大职工利益的同时，2009 年底美国的《时代周刊》将中国工人评为年度人物，该刊认为：中国经济顺利实现"保八"，在世界主要经济体中继续保持最快的发展速度，并带领世界走向经济复苏，这些功劳首先要归功于中国千千万万勤劳坚韧的普通工人，他们对中国和世界经济的贡献"无法估量"。

对此，英国《卫报》说，"中国工人"是一个宽泛概念，但正是这样的概念，让人们难以忘记中国是这个世界上经济发展最快的国家，它的成功正是来自数以千万计的、草根阶层的中国工人。英国广播公司指出，中国工人，特别是那些背井离乡到沿海地区打工的人们，是中国经济成就背后的真正功臣。澳大利亚《商业观察家》为此做了这样的点评：在 2009 年的经济危机中，做出巨大贡献的中国工人、中国经济、中国，三位一体不可分割地成为世界无法忽视的存在。

上述两个事件促使我重新调整了研究方向，中国改革开放以来取得的伟大成就离不开千千万万辛勤劳动的广大职工。中国工人可以说是我国改革开放时代的"脊梁"。在中国经济发展的进程中，他们的付出最大，得到的报酬却很低。当务之急，对于他们而言已不是"分享"，而是"补偿"。

我在 2010 年初完成的《重建公平与效率相统一的分配制度》一文中，运用福利经济学和制度经济学的有关理论分析了我国经济体制改革初期的路径选择及对后来社会发展的影响，最后得出以下判断：在30年经济体制改革与发展的进程中，我们以社会公平为代价，完成了经济效率由低向高的转变。

由于改革使得一部分人获利的同时，另一部分人的利益受到损害，而既得利益者却一直认为他们的获利只是自己努力的结果，因此，他们既不愿意放弃已有的利益，也抵制任何不利于他们的改革，使得自觉的补偿过程无法在获利者和受损者之间进行。对此，政府有必要对收入分配领域进行干预，对受损者的补偿应是我国下一步收入分配制度改革的关键所在。

2010年下半年，我作为课题组负责人承担了全国总工会委托中国劳动关系学院的一项关于职工收入分配的重点研究课题。经过认真的思考，将课题的研究重点确定为"补偿"。

2011年6月课题按期完成，其主要观点如下：

我国当前的贫富差距已经超越社会所能容忍的界限。尤其普通劳动者在国民收入分配中受到不公平的对待已成为社会的共识。提高劳动报酬的基本含义是重建社会主义公平与效率相统一的分配制度。

经济体制改革初期理论上的准备不足，使我们对公平与效率的关系认识存在片面性；没有意识到效率与公平是不可分的，效率是不可能脱离公平而长期独自提高的，更不能自动转变为公平的实现。

在改革的进程中，由于成本——收益的分布不对称，必然会形成两个基本的社会群体，即从改革中受益较多的社会群体和从改革中受益较少或受损的社会群体。我国32年来收入分配改革路径是效率提高与贫富两极分化并存的过程。在这个进程中，我们以收入差距迅速扩大为代价，完成了效率由低向高的转变。

社会主义公平分配的本质不是平均主义，而是分配能否得到社会大多数人的认可。在竞争性市场经济中如何使分配达到社会大多数人普遍认可的状态，是我国收入分配体制改革成功的关键所在。

如果说早期的收入分配制度改革是生产力低下时期的被动之举，那么，在经济体制改革进行了32年后的今天，在社会财富有了较为丰富积累的前提下，对改革进程中的利益受损群体，更准确地说对改革成本的承担者给予适量的补偿，就是一件应该尽快提到议事日程的事情，也是下一步收入分配体制改革的重要组成部分。

课题定义的利益受损者主要包括：企业的一线职工；国有企业和集体企业的下岗职工、国家对某些行业进行强制性调整而受到影响的职工；老工业基地的职工；饱受社会歧视性的农民工。这四部分职工既是中国经济改革成本的承担者，也是这个过程的利益受损者。

对利益受损职工的补偿数额计算时，计算口径是基于理论界时常提到并争论的三个问题，即经济体制改革进程中出现的利润对工资的侵蚀、国有企业转制的成本以及在经济发展过程中无偿使用的人口红利问题。从补偿的角度看，这实际上是改革中的三笔债、是我国改革与发展到今天取得的成绩的一种社会变革成本的付出。为此，课题组对企业一线职工、下岗职工和农民工这三个群体的利益受损程度及货币补偿量进行了测算。①

课题发表后，引起了较大的社会反响，新浪网财经纵横 1 个月的点击率就超过 4 万次，1 年的点击率超过 19 万次。全国总工会的领导对课题报告也给予了充分的肯定。我坚信中国工人在改革开放中所做出的贡献，党和人民是不会忘记的。

著名教育家陶行知曾有诗云："人生天地间，各自有禀赋。为一大事来，做一大事去。"作为一名高校教师，我的人生大事在教学上就是讲好课，做一名学生喜欢的老师；在科研上就是独立思考，不趋炎附势，用自己的科研成果为维护职工权益提供理论上的依据。从教以来，我的全部心血都贡献给了我的人生大事。

在本书出版之际，我由衷地感谢我所工作的学院，是她给了我一个宽松的环境，使我可以静下心来潜心研究；感谢学院领导多年来对我的支持与鼓励；感谢课题组的各位同仁为课题所付出的努力；感谢《中国劳动关系学院学报》赵健杰主编和《中国工人》纪元主编多年来对我的信任；感谢学院科研处为本书出版所提供的便利条件。

最后需要说明的是书中可能存在的错误和问题都由我个人负责。欢迎读者提出批评、建议。这将有助于我在今后的研究中做出改进。

信卫平

2013 年 8 月 28 日

---

① 课题的研究报告后来在《理论动态》等刊物上发表，当时受篇幅限制等因素而做了一些删减。为了让读者能够更完整地了解课题研究报告的思想，我将该研究报告以附录的形式收入本书中。

CONTENTS 目 录

论收入分配市场化对劳动者收入的影响

劳动者收入问题是劳动关系中的核心问题，由传统的计划经济体制向市场经济体制过渡中我国劳动关系中一个最显著的特点就是收入分配市场化，这一变化直接影响着劳动关系，进而影响着劳动者的利益。本文着重研究收入分配市场化对劳动者收入产生的影响。

一、功能收入分配和收入水平的确定

研究市场经济条件下劳动者收入问题，首先应注意区分以下两个概念：功能收入分配和规模收入分配。功能收入分配又称生产要素的收入分配，它涉及的是各生产要素与其所得收入的关系，是从收入来源的角度研究收入分配，以说明劳动或资本等生产要素得到的收入份额是多少。规模收入分配又称个人或家庭收入分配。它所涉及的是个人或家庭与其所得收入总额的关系，是从收入所得者的规模与所得收入的规模的关系的角度来研究收入分配，以说明某个或各个阶层的人口或家庭得到的收入份额是多少。通常，功能收入分配决定着规模收入分配，功能收入分配差别越大，规模收入分配差别也越大，反之亦然。

根据功能收入分配，劳动或资本等生产要素的收入来自其对生产的贡献，市场供求决定了每种生产要素的单位价格，即生产要素收入水平的高低主要由市场供求来确定。例如，在劳动力市场上，某种劳动要素价格即工资水平的高低最终取决于当时劳动力市场的供求状况。因此研究收入分配市场化对劳动者收入的影响问题，可从劳动要素功能收入分配方面来进行。

我们知道，任何一个社会成员或家庭的收入不外乎从以下三个来源获得：来自交换劳动所得的工资；来自财产的收入，如利润、利息、租金等；来自政府转移支付，如各种福利收入。作为劳动者，通常并不拥有生产资料，也不从事各种投机活动，因此，其收入主要是来自交换劳动所得的工资收入，收入决定机制的变化，必然会对其产生较大的影响。

二、不同职业、技能的劳动者收入差距将会扩大

从功能收入分配的角度看，一个社会的国民收入是按各生产要素对生产的贡献

大小而分配的。这样，在市场供求规律的作用下，不同职业、技能的劳动者之间的收入差距将会扩大。这是因为，在劳动力市场上，各种专业技术人员，管理人员或者说复杂劳动的供给数量有限或较少，而无技术或者说简单劳动的供给数量很大。由于复杂劳动数量有限，在一定时期内，其供给曲线弹性趋近于零，替代性差。所以，这部分劳动者的工作较稳定，而且随着经济的发展，市场对其需求的数量不断增加，工资水平自然会不断提高。近年来，随着我国经济体制的转轨，第三产业迅猛发展，使得商业、服务业、金融保险业、房地产、咨询服务业等行业的劳动者收入水平大大高于传统产业劳动者的收入水平，这种行业间收入差别的原因也正在于此。而简单劳动的特点之一就是替代性强，其供给曲线富有弹性，呈水平状。在我国，这部分劳动力数量很大，特别是城乡就业界限被打破以后，大量农村剩余劳动力涌入城市，使得简单劳动市场上供给大于需求的状况更为严重。

长期以来，我国在收入分配政策上一直奉行公平为主的方针，导致平均主义严重，劳动者之间收入差距很小。如果用基尼系数来测定工资收入差别，1978年反映城镇居民收入差距的基尼系数为0.16。① 改革开放以来，随着人们收入的增长，收入差距也在扩大。据统计，1985年最高与最低收入组收入差距为2.9倍，到1993年扩大为3.8倍，平均每年以3.4%的速度扩大。② 如果考虑到灰色收入和黑色收入等不正常收入因素的影响，收入差距还会更大。

在市场化的过程中，个人之间的收入差别的扩大是社会经济发展过程中的一种必然趋势。对此，美国经济学家库兹涅茨在50年代提出了著名的收入分配差别的倒U理论，即在经济发展进程中，个人收入分配差别的长期变动趋势是先恶化，后改进，呈现出倒U型曲线。这是因为，在经济发展初期，经济中存在大量过剩的劳动力，使得收入水平被压得很低，但由于这个阶段对复杂劳动的需求较少，所以劳动供求状况对相对收入差别影响不大，个人收入差别较小。在经济加速发展时期，产业、行业、专业日趋复杂化，对熟练劳动和复杂劳动的需求增加，但由于经济发展水平仍然偏低，教育落后，使这种劳动供不应求，专业人才短缺。在供求规律作用下，这类劳动的实际收入将会很高。而一般的简单劳动仍处于过剩状态，收入不变。因此，收入差别会因劳动供求状况的影响而趋于扩大。这种现象将会持续相当一段时期，然后随着经济发展水平的大幅度提高，教育事业的发展，各类专业人才短缺状况的缓解，收入差别才会逐渐缩小。若用基尼系数来测量收入分配差别，根据世界银行的测算，低收入国家的平均数为0.4347；中下收入国家的平均数为0.4467；中上收入国家的平均数为0.4371；高收入国家的平均数为0.3390。③ 按世界银行的

---

① 《转换分配机制、理顺分61关系》，中国经济出版社1994年版，第80页。
② 《经济研究》1995年第8期，第50页。
③ 世界银行：《1988年世界发展报告》，第272—273页。

划分标准，我国属于低收入国家，就我国目前情况看，尽管近几年来收入差距已开始拉开，但反映城市居民收入分配差距的基尼系数在 1985 年至 1990 年期间位于 0. 20 ～0. 22 之间，① 仍然较低。因此，今后一段时间内，在劳动者内部，收入差距扩大化仍是主要发展趋势。

三、相同职业、技能的劳动者收入差距将缩小

在企业的微观经济活动中，劳动力是企业生产中的一个基本生产要素，企业在劳动力市场上购买劳动要素并以货币形式支付给要素所有者工资，工资实际上是劳动力的价格，工资的这种价格属性，在劳动力市场上产生了一种类似一般商品价格的信号导向功能，在追求收益最大化的前提下，引导着劳动力要素始终按照由低价格向高价格的方向流动，最终达到均衡状态。同时，工资又是企业生产成本的一个重要组成部分。在完全竞争的市场条件下，同类企业生产的产品的市场价格大体相同，其工资成本也应基本相同，否则就会在竞争中被淘汰。这样，竞争性市场最终会导致在同一部门、行业或地区生产同类产品的企业之间的工资水平形成一个统一的市场工资率，此时，从事同一职业或技能相同的劳动者，不论在哪一个企业工作，其收入水平大体相同。这是因为，同类劳动力的边际生产力大体相同，在信息充分的情况下，每个劳动者进入市场时会知道自己的工资水平应是多少，若工资收入低于其他企业，劳动者自然会向付给他更多报酬的地方流动。因为，在劳动力市场上，劳动者工资收入多少只与自身的素质有关，与企业本身无关。

目前，我国国有企业实行的工资决定机制主要是经济效益原则，即企业实行工资总额同企业产量、产值、利税等指标挂钩的办法，企业的工资分配依据其经济效益而定，经济效益好，企业的工资水平就可相应提高；经济效益差，工资水平相应降低。按照这一收入分配原则，从事相同职业，具有相同技能的劳动者，由于所在的企业不同，收入水平会存在一定的差距，而且这种差距还会有扩大的趋势。这是因为，在竞争性市场经济中，经营风险始终存在，企业之间的经济效益差距是经常存在的，这种差距在这一分配原则上必然会表现为工资水平上的差距。经济效益越好的企业，工资水平越会不断提高。经济效益差的企业，劳动者的工资水平有可能会出现下降。这种工资决定机制实际上是让劳动者替企业的投资者、经营者承担部分企业的经营风险。经营风险本应由投资者和经营者来承担，让劳动者来承担显然是不合理的。据上海市委对 137 家大中型企业的分析，1986 年职工平均工资最高的企业为 2394 元，最低的企业为 1307 元，前者比后者高 88. 2%，到 1992 年，职工平均工资最高的企业为 8893 元，最低的企业为 2485 元，前者比后者高 2. 58 倍。济南市 1993 年职工平均工资最高的企业为 7500 元，最低的企业 1500 元左右，前者是后

---

① 《管理世界》1994 年第 2 期，第 47 页。

者的 5 倍。① 如果将国有业职工工资水平同三资企业相比较，则问题更为突出，同样的职工，从国有企业到三资企业后，工资马上会翻几倍。据报道，北京 20 多家外资公司中方雇员月平均工资为 3620 元，部门经理为 7369 元，副总经理为 9974 元。② 这也是大量专业技术人才纷纷从国有企业流向三资企业的一个重要原因。

就整个社会而言，如果劳动者具有相同的技能、相同的学历并从事相同的职业，而工资收入却相差很大的话，必然会导致其心态的失衡并产生消极行为，不利于其积极性的发挥。因此，随着现代企业制度的建立和劳动力市场日益完善，政府应放弃对大部分企业工资总额的控制。此时，劳动者工资水平对企业来讲将不再是一个由企业决定的量，而是一个由劳动力市场决定的外在的变量。政府对工资的调控主要表现在劳动争议仲裁、监督各种劳动法规的实施、定期公布劳动力市场的情况、为企业和劳动者提供必要的市场信息等等。

四、财产所有者收入增加，劳动者收入水平相对下降

以上分析是围绕劳动要素展开的，然而，收入分配市场化，不仅仅是工资收入市场化，还包括其他生产要素如资本、土地、企业家才能等收入市场化。这些要素进入市场后，也是根据它们各自在生产中的贡献而取得收入，收入水平的高低同样由市场供求来确定。

在传统的计划经济体制下，生产要素全部由国家所有，个人没有，也不允许用生产要素取得收入，社会收入几乎全部由工资收入和政府转移支付所构成，不存在财产收入，随着我国经济体制改革的深化，市场经济的建立，社会上一部分人先富了起来，并通过各种途径积聚了一部分生产要素，由此出现了财产收入，而且这种财产收入在整个社会收入中所占的比重愈来愈大，这必然会对劳动者产生影响。

从我国目前情况看，由于没有建立严格的家庭财产登记制度，对于目前全社会财产收入情况缺乏详细的统计数据。因此，在现阶段，只有金融资产（包括银行存款，各种债券，股票）的情况大体可以反映社会财产的占有状况。据统计，1991 年居民金融资产余额达 13520 亿元，大部分为城镇居民所有，占当年 GDP 的 68.1%，几乎相当于当年国有资产总和。同年，居民金融资产利息收入超过 1000 亿元，相当于当年增量的近 1/2，国家财政收入增量的 3 倍，全国工资总额增量的 2.6 倍。金融资产分布却很不平均，大部分为私营企业主、个体工商户及各种高收入者所占有，并构成了高收入者的重要收入来源。③ 另据国家体改委 1991 年对全国 30 个省、区、市 9 万多城镇住户和 3 万多农村住户的抽样调查，在城镇被调查户的全部存款中，工

---

① 《管理世界》1995 年第 2 期，第 164 页。
② 《中国劳动报》1995 年 4 月 13 日。
③ 《管理世界》1995 年第 2 期，第 166 页。

人（占调查户的43.9%）拥有33.0%，干部（占24.7%）拥有19.1%，农民（占7.4%）拥有7%，文教卫生科技人员（占12.1%）拥有4.6%，个体户（占6.0%）拥有26.5%，个体户户均存款是工人、干部、农民、文教卫生、科技人员平均户存款的6.1倍。① 到1993年，我国居民20%的高收入户与20%的低收入户在拥有金融资产上的差距已扩大到9.6倍。②

综上所述，收入分配市场化对劳动者收入产生的影响是多方面的，而市场机制本身又存在着一定的局限性，单靠其自发的调节作用，是难以实现我们所确立的社会发展目标，正如美国经济学家萨谬尔森所说："市场是没有心脏和大脑的，因而不能指望市场自身能够自觉地意识到它所带来的严重的社会不平等，更不能指望市场自身来纠正这种不平等。"③ 这就需要政府对收入分配领域进行适时、有效的干预和校正，以保证经济的正常运行。

（原载于《工会理论与实践》1996年第1期）

---

① 《人民日报》1995年4月12日。
② 《人民日报》1995年4月12日。
③ 《诺贝尔经济学奖得主专访录》，中国计划出版社1995年版，第44页。

关于按生产要素分配的理论思考

摘要：本文认为，对党的十五大报告提出的按劳分配和按生产要素分配结合的分配方式的理解的关键在于，弄清楚按劳分配和按劳动要素分配的区别。为此，本文从二者所处的经济背景、基本假设条件和劳动报酬获取的依据等方面对这一问题做了理论上的探讨。

关键词：按生产要素分配；按劳分配

在科学社会主义理论发展史上，按劳分配是属于社会主义分配的范畴，而按生产要素分配则是属于资本主义分配的范畴，二者互不相容。受此影响，对党的十五大报告中提出的按劳分配和按生产要素分配结合起来这一分配方式，仍然存在着这样的理解，即把按劳分配界定在公有制经济中，① 把按生产要素分配界定在非公有制经济中，本文就此做一些理论上的思考。

一、按生产要素分配是指按其创造的财富的多少进行分配

我们知道，任何一种分配方式的确定和选择，都取决于社会生产力的发展水平和发展阶段，当我们放弃了传统的计划经济体制而选择社会主义市场经济体制后，也就意味着在收入分配领域中引入市场机制，而市场经济中收入分配的一般规则就是按生产要素分配。生产要素通常是指劳动、资本和自然资源，现在人们把知识、技术、专利、诀窍、信息等也归入生产要素的范畴。经济学认为，在社会生产过程中，每一种生产要素都做出了各自的贡献，国民收入的分配就是根据各生产要素在生产活动中的贡献的大小而在国民收入中取得相应份额的收入。于是，劳动的收入是工资，资本的收入是利息，自然资源的收入是租金等。如果从消费者或家庭的收入来源来看，各种不同的要素收入可以分为两类，一类是劳动收入以工资形式为代表，另一类是财产收入以利息、利润为代表。各生产要素的收入都是在生产要素市场上取得的。

在生产要素市场上，每种生产要素的收入也就是该生产要素的市场价格，而价

---

① 注：参见《经济学动态》1998 年第 5 期，第 42 - 43 页。

格的高低则是由生产要素市场的供求状况决定的。它反映着各生产要素的稀缺程度。如果某种生产要素相对稀缺，它的价格就会上升，这一方面会刺激这类生产要素所有者增加该种生产要素的供给；另一方面又会迫使使用该种生产要素的企业在是否还使用以及如何使用该生产要素时精打细算，以寻求生产要素的最优组合，这样做的结果导致整个社会将稀缺的生产要素投入到最有效的生产部门中去生产社会最需要的产品，保证生产要素在整个社会范围内的最优配置。由于任何生产要素的使用都是有偿的，因而从根本上解决了生产要素使用过程中的浪费现象，而那些不能有效使用生产要素的企业最终会在市场的竞争中被淘汰。可见，按生产要素分配有利于社会资源的优化配置和合理使用。

在各种生产要素中，劳动要素被认为是最重要的生产要素，人是各种生产要素中起着决定性作用的要素。在经济活动中劳动要素同样面临着一个合理配置的问题。特别是作为劳动力的人本身，其劳动能力是多种多样的，每一个劳动力的潜在能力和发展方向也有很大差异，在生产中创造的社会财富也各不相同，这种差异理应通过一个合理有效的分配将其表现出来，这也正是按劳动要素分配的本质，特别是在今天的知识经济时代，这一点表现得更为明显。劳动力作为生产要素参与收入分配必须要通过劳动力市场这一中间环节才能实现。劳动力市场最主要的功能就是确定各劳动要素的价格，而劳动报酬的高低取决于各劳动力的边际生产率及劳动市场的供求状况，通过劳动市场，劳动力才能进入生产过程实现其参与收入分配的功能。这就是按劳动要素分配，如果说这种分配方式只适用于非公有制经济的话，那么，公有制经济的分配方式在市场经济条件下又是如何实现的呢？我们下面有必要对其做进一步的探讨。

二、按劳分配的本意是按劳动的数量进行分配

时至今日，我们仍一直认为公有制经济在收入分配领域实行按劳分配的原则。这一点在各类教科书中包括从中学到大学的政治课教材中都可以看到。按劳分配原则源于经典作家的有关论述。马克思在分析社会收入分配形态及规律时认为，"消费资料的任何一种分配，都不过是生产条件本身分配的结果。而生产条件的分配，则表现生产方式本身的性质。"[①] 按劳分配思想则是经典作家早在一百多年前在批判地吸收了空想社会主义学说后，对未来的共产主义初级阶段的分配方式提出的一种构想，即"每一个生产者，在作了各项扣除之后，从社会方面正好领回他所给予社会的一切。他所给予社会的，就是他个人的劳动量。他从社会方面领得一张证书，证明他提供了多少劳动（扣除他为社会基金而进行的劳动），而他凭这张证书从社会储存中领得和他所提供的劳动量相当的一份消费资料。他以一种形式给予社会的劳动

---

① 马克思：《哥达纲领批判》，人民出版社1965年版，第15、12－13页。

量，又以另一种形式全部领回来。"① 这就是马克思对按劳分配的表述，其前提是生产资料公有制和商品货币关系的消除。由于不存在财产的私人占有，任何财产也就不能构成收入的来源。这样，劳动就成为未来社会收入的唯一来源，按劳分配就成了该社会唯一的收入分配方式。我们目前对按劳分配的理解和表述仍旧是：按劳分配是指在生产资料公有制基础上社会和集体依据每个劳动者提供的劳动数量和质量进行消费资料的分配，其分配原则是多劳多得、少劳少得，等量劳动领取等量报酬。并认为这一公有制经济的分配原则是通过向劳动者支付工资、奖金和津贴等形式的货币收入实现的。公有制经济的主体地位决定了在社会主义初级阶段这一分配原则的主体地位。

从我国社会主义建设的几十年经验来看，经典作家设想的按劳分配的分配制度所需要的条件我们一直就不具备，但是，自新中国成立后，随着高度集中的计划经济体制的建立，在收入分配领域，我们就一直按照我们的理解来实践着经典作家关于按劳分配的设想，然而，在经济体制改革前，作为集中计划体制一部分的收入分配体制已演变成为一种僵化的管理模式，劳动力要素在全社会的配置主要是通过计划手段来完成的，此时，按劳分配原则已名存实亡。例如，工资的决策权完全集中于中央政府，企业的工资标准和用人指标由上级主管部门层层分解下达，企业只能无条件执行；工资标准、工资形式和工资晋级条件由国家统一制定，工资增长取决于国家的财政状况，这种分配方式中按劳分配实际上演变成了按计划分配。但是，我们仍把这种分配方式称之为按劳分配。而且，这种分配方式在实施的过程中还暗含着这样一个基本假设，即劳动要素是均质的，无差别的，因此，按劳分配实际上是按劳动投入的量的多少进行分配，每个劳动者报酬的多少只取决于其劳动时间的多少。所以，按劳分配后来演变成为平均主义分配也就不足为怪了。

由于我们一直认为按劳分配就是按劳动者提供的劳动量的多少而取得相应的报酬，因此，在经济体制改革初期，当我们认识到了传统计划经济体制破坏了这一原则后，在收入分配领域采取了一系列的改革措施，从最初的恢复奖金和计件工资，到企业实行利润留成，以及后来实行的企业工资总额与经济效益挂钩等做法，实际上都是在试图恢复被我们自己在实践中否定了的按劳分配原则。但是，上述种种改革措施实施的效果并不明显，并没达到我们预期的设想，其根本原因在于社会经济运行的背景发生了根本的变化，由计划经济体制逐步向市场经济过渡，分配方式的改革必须要适应这一变化。

三、按生产要素分配已经包含了按劳分配

经济的市场化和多元化的发展，使按劳分配原则受到了实践的挑战。目前，企

---

① 马克思：《哥达纲领批判》，人民出版社 1965 年版，第 15、12－13 页。

业生产的产品价格由市场决定已成事实，即不论是公有制企业还是非公有制企业生产的产品，当它们进入产品市场时，其价格的高低只能由市场的供求状况所决定。我们假设，有两家生产规模相同、生产同种产品的企业，一家是公有制企业，另一家是非公有制企业，由于两家企业生产状况基本相同，其生产成本也应相同，作为产品成本的组成部分工资也应大体相同，也就是说，即使我们暂不考虑这两个企业采取什么样的分配方式，劳动力价值的实现在量上是相同的，即工资水平是相同的，否则的话，工资的不同，会导致成本的不同，成本的不同又会造成产品价格的不同，而在市场经济条件下，同种产品价格不可能在长期中是不相同的。所以说，同一劳动者通过劳动力市场进入不同的生产所有制企业所得到的劳动报酬应该是相同的，其身份始终是一个劳动力要素所有者。因此，在实践中很难说得通当某个劳动力所有者进入劳动力市场后，如果受雇于一家公有制企业就成了社会的主人，如果受雇于一家私有企业就成了一个被雇佣的仆人，如果是这样的话，那么，我们鼓励国有企业下岗职工去私营企业就业不就成了劝其放弃主人身份去当仆人了吗？而有些国有企业下岗职工在就业观念上存在着不愿意去私有企业工作，是不是与我们的这种认识有关呢？

市场经济的本质是竞争，竞争就要有规则，而规则核心就是要保证竞争是公平的，在生产要素市场上，公平就是等价交换。按生产要素分配，正是等价交换原则在收入分配领域的体现。劳动力市场是生产要素市场的一个重要组成部分，因此，按生产要素分配实际上已经涵盖了按劳分配。当我们谈到按生产要素分配时就已经包括了按劳分配。作为劳动要素所有者，当他进入劳动力市场时，也必须和其他要素所有者一样，按照等价交换原则取得相应的劳动报酬，与我们原来对按劳分配中等价交换理解的不同在于，在这里，劳动力要素均质的这一假设是不成立的，市场承认每个劳动力要素的与众不同的天赋、能力和差别。这里的按等价交换原则取得的劳动报酬的多少，不是取决于劳动的数量的多少，而是取决于劳动力要素所创造的社会财富的多少，用经济学的术语讲，劳动报酬取决于劳动力要素的边际生产率。

随着我国经济体制改革的深化，特别是 1992 年以来的市场化改革，按生产要素分配已经成为收入分配领域的一个不争的事实。各个企业不论其所有制性质如何，其劳动力要素均来自劳动力市场，此时，若仍坚持认为公有制企业实行传统意义上的按劳分配方式，则与实际相差甚远。目前，任何一家企业包括公有制企业在使用劳动要素时，必须要进入劳动力市场，而进入劳动力市场事实上就会与劳动力所有者之间发生一种生产要素的买卖关系，劳动要素的价格即工资水平的高低则是由劳动要素市场的供求状况决定的，在一个竞争性的市场中，单个企业是无法左右要素价格的，而只能是市场价格的接受者，劳动要素的价格再也不会由行政手段来决定。由于我国的市场化改革还没有完成，在目前这样一个过渡期内，尽管有些公有制企业职工的工资依然是延续行政方式来确定的，但这并不能成为否认公有制企业目前实际上实行的按劳动要素分配这一事实的依据，这就如同改革初期某些产品市场上实行的价格双轨制一样，公有制企业职工的收入也会很快地过渡到市场决定工资水平的轨道上去。

四、如何理解市场经济条件下的按劳分配

如上所述，由于生产要素中已经包含了劳动要素，因此，按生产要素分配是市场经济中收入分配领域的一个基本分配方式。那么，我们又应该如何理解按劳分配为主呢？这的确是一个有待进一步深入探讨的重要理论问题。我认为，按劳分配为主体是指在社会收入中劳动收入占有绝对比重。就我国绝大多数居民家庭而言，劳动收入是家庭收入的主要来源，其他非劳动要素收入所占的比重还很小。目前，在我国国内生产总值中，劳动者报酬所占的比重在50%以上。因此，坚持按劳分配为主体，就其现阶段的含义而言，就是要坚持在各项生产要素收入中劳动要素的收入应占有绝对支配的地位。具体到国家宏观调控上，必须要处理好工资收入增长率与非劳动要素收入增长率的关系，保证前者的增长率要快于后者的增长率，以体现社会主义市场经济条件下按劳分配为主这一特点。对资本等非劳动要素的过高收入采取税收等手段加以调节，可以在一定程度上弱化按生产要素分配所带来的社会收入差距过大的问题，这一点也是世界各国通常的做法，据世界银行统计，发达国家的基尼系数要低于发展中国家的基尼系数就是一个很好的说明。

实际上劳动收入为主，是当今世界各国的一个普遍现象，即使是市场经济发达的国家也是如此，据我国学者对美国社会的考察表明，绝大多数美国人以劳动报酬为主，或主要依靠劳动收入。据统计，美国劳动收入占总价值创造的81%，非劳动收入只占19%。半个世界以来，美国的劳动收入在整个国民生产总值中所占的份额一直在缓慢稳定上升，从30年代的75%左右上升到现在的81%。①

随着知识经济的到来，作为知识的载体的人在经济活动中的作用日益增长，而作为资本、自然资源等物的生产要素在生产中的作用则逐渐减弱，这样，在社会收入分配中劳动收入增长的速度将会快于资本、自然资源等物的生产要素收入的增长速度。按劳分配为主体则体现了这种社会经济发展的趋势。同时，从社会的角度来看，强调按劳分配为主有助于社会公平，激励人人努力工作。

（原载于《工会理论与实践》1998年第6期）

---

① 茅于轼：《生活中的经济学》，暨南大学出版社1998年版，第38页。

国有企业改革进程中劳动关系市场化对劳动者的影响

摘要： 市场化改革以来，我国国有企业劳动关系发生了深刻的变化，传统体制下形成的劳动关系的均衡状态已被打破，新的劳动关系正在逐渐形成，劳动者在国有企业中的地位随着企业产权的清晰而被重新确定，但国有企业新的劳动关系均衡状态的实现则有赖于对劳动者权益的真正确认。

关键词： 劳动关系；劳动关系市场化；劳动者地位

一、劳动关系市场化及国有企业面临的难题

我国国有企业在经济体制改革的过程中，正在经历着最深刻的历史性变革，尤其劳动关系的变革更为突出，在摆脱了传统体制下计划配置的束缚后，劳动者作为劳动力要素所有者进入劳动力市场，在市场机制的作用下实现最优配置和合理流动，是我国在向社会主义市场经济体制过渡的过程中劳动关系所发生的最大、最本质的变化，与传统经济体制下的劳动关系相比较，劳动关系市场化后将会形成一种新型的劳动关系。

首先，构成劳动关系的双方将成为独立的经济利益主体，双方都有自由选择的权利。仅就劳动者而言，在传统的经济体制下，劳动者在职业选择上没有任何的权利，从事什么工作、取得多少收益都是由国家来安排的。在市场经济条件下，劳动者彻底改变了其在社会经济中的地位，真正成为独立的经济利益主体，可以按照自己的意愿选择相应的职业，其收益的高低取决于自身的价值，而这正是市场经济建立的重要标志。

其次，劳动关系市场化意味着劳动关系首先是一种经济利益关系。这样，以前一系列模糊不清的问题就要在这一前提下，并在实践中要求予以明确的确认：例如，就国有企业而言，劳动者是企业的主人，而从劳动关系的角度看，劳动者作为劳动关系一方面的主体身份将随着现代企业制度的建立而得以确认，劳动者作为国有企业主人翁的身份将更多地通过劳动关系一方的主体身份来体现。由于劳动关系本质上是一种经济利益关系，因此，确保劳动者的经济利益不受损害就成为确保劳动者在国有企业中的主人地位的前提条件。由于构成国有企业劳动关系另一方的是企业

的经营者，从当前经济运行的实际情况看，经营者行为的不规范是损害劳动者利益主要原因，这样，通过建立现代企业制度来规范经营者行为以维护劳动者利益，就具体表现为对经营者手中的权力约束以及对其收入水平的监督。但这只是问题的一个方面，问题的另一方面是，与企业的经营者和所有者相比较，劳动者在企业中的权益如何通过企业分配结构而体现出来，或者说企业的分配结构如何确保劳动者能够分享到企业改革和经济发展所带来的成果。

二、国有企业中原有劳动关系的均衡状态已被打破

我国国有企业劳动关系的变化是和国有企业改革密切相关的，而国有企业改革准确地讲是从 1984 年开始的，迄今经历了两个重要的发展阶段。

从 1984 年 10 月开始，到 1991 年年底，这是我国国有企业劳动关系变化的第一个阶段。此前一系列扩大企业自主权的改革并没有真正触及企业原有的劳动关系。1984 年 10 月，党的十二届三中全会通过了《中共中央关于经济体制改革的决定》，《决定》明确提出了要实行政企职责分开，使企业的所有权和经营权适当分离，并在此前提下，进一步明确了国有企业是自主经营、自负盈亏的经济组织。为实现上述改革目标，在大多数国有企业中实行承包经营责任制。

以承包经营责任制为标志的国有企业改革，无论从规模上、力度上还是深度上，都是空前的，改革的锋芒已经开始触及企业的产权关系、经营权关系和劳权关系，尤其是对经营权和劳权表现得更为明显。因为在实行承包经营责任制的企业里，企业厂长（经理）是企业当然的法人代表，与传统体制下企业的经营者不同，在承包经营责任制条件下，企业的经营者不仅享有经营者收益权，同时还要承担一定的经营风险，尽管这种收益与风险在当时是很不成比例的，但经营者出于自身利益的需要，就要尽可能地降低成本、减少生产要素的投入，从而获得最大的产出和更高的效益。经营者要想实现其追求的目标就必须要对企业的用工制度和工资分配制度进行改革。

就国有企业而言，对在长期的计划经济体制下所形成的企业冗员、平均主义分配等弊端进行改革，对于提高企业的经济效益无疑具有非常积极的意义。但在其他改革配套措施尚不完善的情况下，进行这种改革也会损害一部分劳动者的权益。在各项改革措施的冲击下，国有企业劳动关系在这一阶段发生了根本性的变化：

第一，经营者的地位开始上升，其利益主体身份迅速形成。1987 年我国决定在国有企业中普遍推广承包经营责任制。在经营承包责任制中，经营者的权利与传统体制相比较有了较大的变化，这种变化集中体现在经营者在经营管理的过程中可运用承包制赋予他在劳动、人事、工资等方面的各种权利来实现其追求的目标。此时，经营者所追求的目标逐渐单一化，即利润的最大化，因为利润最大化同时就意味着其收入最大化，承包经营者的行为与收入一致性，意味着其利益主体身份的形成。

为取得更高的收入，经营者就必须要在投入与产出之间做出选择，以尽可能少的投入，实现最大的产出，这个问题恰恰又是直接关系到劳动者权益的根本问题。可见，按照承包经营责任制的内在逻辑，即使经营者是一个完美无缺的人，在他的经营承包过程中也必然会与劳动者的利益产生矛盾。

第二，相对于经营者而言，劳动者的地位开始下降。长期以来，在国有企业劳动者的意识中，始终认为他们是企业的主人翁，这种意识有时甚至会使一些劳动者认为他们比其他所有制类型的劳动者的地位要高一等。承包经营责任制的实施打破了这种状态，原来同是企业主人翁的劳动者和经营者，现在的差距一下拉开了，这种差距不仅仅表现在二者在企业中的地位上，更重要的是表现在二者的实际收入水平上。这种变化使得劳动者在心理上开始有了一种失落感，相对于经营者而言，在承包制改革中劳动者的地位不仅下降了，而且在追求自身利益的过程中并没有获得自由选择的权利，在劳动力市场不完善，各种劳动和社会保障法规与条例不健全的条件下，劳动者自主择业只是一句空话。没有任何的选择权，劳动者的行为与收入不能相一致，其利益主体身份也无法形成。

第三，原有劳动关系中的均衡状态已被打破，但新的均衡无法形成。在传统体制下，国有企业的劳动关系被人为地扭曲为一种政治利益关系，而劳动关系双方的经济权利则被平均主义的福利制度所掩盖。在平均主义和大锅饭的体制下，国有企业的劳动关系主要是靠这样一种价值观念来维持的，即在国有企业中劳动者和经营者都是企业的主人翁，具有相同的政治权利，二者的区别仅在于分工不同，或者说这种价值观念构成了当时国有企业劳动关系的均衡点。需要注意的是，均衡不是均等，在经济分析中，均衡是指经济中各种对立的、变动着的力量处于一种力量相当、相对静止、不再变动的状态。所以，这里讲的均衡并不是说国有企业原有劳动关系中的劳动者和经营者在权利、收益等方面都是均等的，而是说在权利、收益以及心理上达到了一种双方都认可和满意的状态。一旦这种均势被打破，劳动关系就会处于一种不均衡的状态。

承包制的实施不仅使经营者与劳动者的相对地位而且使双方的收入差距急剧拉开。正是这种实际收入水平差距的拉大，我们才可以得出这样的判断，即国有企业原有劳动关系的均衡状态已被打破了。劳动关系的这种不稳定状态的出现，必然会导致劳动关系的紧张化和复杂化。据全国总工会的调查，1992 年至 1997 年的 5 年间，职工与单位之间发生的劳动争议案件逐年增长，总体水平为 8.4%（即劳动争议发生率 = 发生劳动争议的人次数/职工总人数 × 100%）。如果按每年劳动争议发生率平均 1.68% 的水平推算，则每年发生劳动争议为 190.2 万人次；同期，职工参与单位集体劳动争议的总体水平为 5.6%（即集体劳动争议参与率 = 参与集体劳动争议人次数/职工总人数 × 100%）。如果按每年集体劳动争议参与率平均 1.12% 的水平推算，则每年发生集体劳动争议为 126.8% 万人次。①

总之，在这一阶段原有劳动关系的均衡状态被打破，企业经营者和劳动者在利益关系上的潜在的差别和矛盾开始外在化，就劳动关系本身而言，这是一种进步。从理论上讲，这种不均衡的状态经过一段时间后会随着国有企业改革的深化在某一新的均衡点上重新达到均衡，但这种重新达到均衡的过程绝不是靠承包经营责任制式的改革所能完成的。

三、国有企业劳动关系新的均衡还未形成，劳动者的地位正在重新确定

1992 年 1 月，邓小平同志视察南方并发表了重要谈话，以此为标志，我国的经济体制改革进入了一个新的时期，同年秋季召开的党的十四大明确宣布我国经济体制改革的目标模式是建立社会主义市场经济体制。与之相适应，国有企业的改革也开始由政策调整转向制度创新。这一阶段国有企业改革的目标非常明确，就是把传统的社会主义工厂改造成为真正意义上的企业，即面向市场的独立法人实体和市场竞争主体，从根本上解决公有制在市场经济中的微观实现形式。

在现代企业制度下，企业的劳动关系是一种经济利益关系，这种经济利益关系实际上是劳动关系双方在实现劳动的过程中各自经济利益的一种体现，也就是说，双方的利益差别和利益矛盾都会通过劳动关系体现出来，双方的利益要求都必须得到满足，因此，这种企业劳动关系必须是建立在互利互惠的原则基础上，同时，劳动关系中的双方必须是独立的经济主体，只有这样，企业的管理者和劳动者之间才有可能在互利互惠的原则基础上建立与现代企业制度相适应的劳动关系。建立现代企业制度，实质上就是以市场机制来调节企业的运行，企业劳动关系是企业整体运行中的一个重要组成部分，因此，现代企业制度下的劳动关系的运作也是通过市场机制的调节来完成的，企业劳动关系的市场化也正是从这个意义上讲的。从企业劳动关系运作市场化的角度来观察，我国国有企业劳动关系正在发生着以下的变化：

第一，劳动者作为劳动关系一方的主体身份已明确。随着市场化改革和现代企业制度的建立，劳动者在职业流动和就业选择上获得了一定的自由选择和自主支配的权利。主要表现为劳动力的转让和使用实行市场化，劳动者在劳动就业、劳动报酬、劳动保护、社会保险、劳动福利以及职业培训等方面遇到的各种劳动问题，都可以通过市场公平的原则加以合理地解决。劳动力的使用和转让实行市场化，对劳动者而言是一次真正的经济解放，它使劳动者真正摆脱了传统计划经济体制对人身自由的束缚，劳动者第一次成为真正自由的经济主体，在劳动就业等问题上可以自主地做出选择，这种变革必然会引起和强化劳动者及社会各方面对劳动者的权益的

---

① 参见全国总工会：《1997 年全国职工队伍状况调查综合报告》（1998）。

重视和关注，劳动者也会采取各种市场手段来维护自己的劳动权益。

但是，由于劳动者除了自己的劳动力以外，并无其他可以维持生存的生产要素，因此，在整个国民经济处于转型时期，社会就业岗位减少和失业人口增加的双重压力，其切身利益经常受到冲击，劳动者在企业劳动关系中这种地位的变化，在客观上要求作为劳动者集体的代表——工会应该能够真正成为维护劳动者劳动权益的组织和机构。

第二，劳动关系仍处在调整过程中，新的均衡点还未形成。现代企业制度的建立和公司制改造所带来的所有制结构的变革，使得企业劳动关系双方处于一种变动过程之中。在这种变动过程中，企业经营者和劳动者会随着行为的规范及心理的调整而重新在某一点达到新的均衡。新均衡点的形成有赖于劳动关系双方对目前各自地位和利益的认可，所以说，现代企业制度的建立对国有企业经营者和劳动者各自的地位和利益的影响是深远的。

（1）通过规范经营者的行为来维护劳动者的利益

就经营者而言，现代企业制度的建立必将使其行为更加规范化。在承包制改革阶段，由于国有资产和企业法人资产没有分离，一方面，国有企业与政府各级主管部门之间的行政隶属关系依然存在；另一方面，国有资产所有者的缺位使得企业经营承包者既是国有资产的代表又是企业法人资产的代表，造成企业经营者认为自己就是企业的主人。在产权不清晰的情况下，经营者就可以把经营风险转移到国有资产上去，同时，由于缺乏对承包经营者监督机制，承包经营过程中出现的"穷庙富方丈"的现象就不难理解了。

由于经营者的不规范行为是由于制度因素造成的，因此，劳动关系新的均衡点的形成，从经营者一方来看，就是要找到如何对经营者的行为加以控制和制衡的办法。现代企业制度的建立，为解决这一问题提供了基本的前提条件。在国有企业中建立现代企业制度，就是通过股份制形式对国有企业进行改造，即将国有资产和企业法人资产分离，通过国有资产授权经营，由授权经营机构依照《公司法》代表国家所有者拥有股权，以法定方式派代表（股东代表或董事）进入企业，行使选择经营者、重大决策和收益分配等权利，这样，即改变了政企不分，也改变了国有企业内国家所有者代表缺位的状况。

在公司制改造中国家所有者和其他股东一样以派股东代表或董事的形式进入企业，行使所有者的三大权力，股东代表或董事对股东承担信托责任。这与原来政府对企业的管理方式相比较，更有利于所有者职能的到位。而所有者职能的到位将从根本上端正企业的行为。来自所有者追求最高经济效益的动机形成了对企业的激励；避免经营风险的谨慎会形成对企业的约束。

随着公司制改造的完成，经营者在国有独资和国有控股公司中的角色也随之明确，即经营者是以代理人的身份出现的，而不再是企业实际上的主人了。在公司的日常经营活动中，作为代理人的总经理，在董事会委托授权范围内，负责处理公司的日常经营事务并拥有相应的权限。经营者收入必须与企业的经营难度、经营风险和经营管理业绩挂钩。同时，还要建立和健全对国有企业经营管理者的监督制约机制。

（2）通过建立现代企业制度来准确确认劳动者在企业中的地位

就劳动者而言，现代企业制度的建立会使其身份在企业中得到更准确的确认。建立在现代企业制度下的新的劳动关系的均衡点的形成，从劳动者一方来看，就是要解决劳动者在企业中的地位，因为这一地位同时也就决定了劳动者的权益。

因此，问题的关键是国有企业劳动者是在什么样的条件下成为企业的主人。从历史的角度看，劳动者当家做主这种提法最初是从劳动者的政治地位上讲的，新中国成立以后，广大劳动者不仅在经济上摆脱了受剥削的地位，而且在政治上得到了彻底的翻身，成为国家和社会的主人。因此，我们说到劳动者当家做主的时侯，更多的是和劳动者以前受剥削受压迫以及在政治上没有任何的地位相比较而言的，或者说这种主人翁的地位更多的是从劳动者政治地位改变的角度而言的。与此同时，在传统体制下，国有企业政企不分、产权不清晰造成国有资产出资人缺位的状况下，劳动者是主人翁的提法就从劳动者的政治地位延伸到劳动者的工作场所即延伸到了国有企业。从而造成国有企业在所有权方面存在着人人有份，人人又都不负有责任的所谓"所有者缺位"的问题。由于劳动者是主人翁，因此，劳动者的生、老、病、死也就都由企业和国家包了下来。随着国有企业改革的深化，现代企业制度的建立，原来能够体现劳动者主人翁地位的那些东西都受到冲击，"铁饭碗"、"大锅饭"消失了，原有的各种福利待遇被医疗保险、失业保险等所代替，劳动者随时面临着下岗、失业的风险。于是又出现了上述问题。

建立现代企业制度，就是要从根本上解决国有企业产权不清晰的问题。从现代经济的发展趋势来看，只有多元化的产权结构，才能使产权清晰。实践表明，国有企业产权结构的一元化，使得企业产权模糊不清，国有企业也就不可能摆脱行政干预。因此，《决定》指出："股权多元化有利于形成规范的公司法人治理结构，除及少数必须由国家垄断经营的企业外，要积极发展多元投资主体的公司。"由此可知，国有企业建立现代企业制度的改革的实质就是要改变目前的一元化产权结构，以形成多元化产权结构，同时明确界定企业出资人即企业的所有者。

由于在国有企业建立现代企业制度的改革初期，我们没有意识到改革的实质就是要明确界定出资人即企业所有者的身份，并通过产权多元化来使企业产权清晰。因此，在劳动者的身份问题上，仍然沿袭了以前的观念，随着国有企业改革的深化，我们对这一问题的认识也在深化。

从逻辑上讲，劳动者是国家的主人，也就理所当然的是国有资产的主人，因此也就是国有企业的主人翁。但是，这里忽略了这样一个问题，劳动者是国家的主人指的是全体的劳动者，而某一国有企业的劳动者只是全体劳动者中的一部分，他们不可能成为这一国有企业的完全所有者，而最多只是"部分所有者"。《中华人民共和国公司法》第4条中讲得非常明确："公司中的国有资产所有权属于国家。"《决定》也指出："国务院代表国家统一行使国有资产所有权，中央和地方政府分级管理国有资产，授权大型企业、企业集团和控股公司经营国有资产。要确保出资人到位。……政府对国家出资兴办和拥有股权的企业，通过出资人代表行使所有者职能，按出资额享有资产受益、重大决策和选择经营管理者等权利，对企业的债务承担有限责任，不干预企业日常经营活动。"因此，任何部分劳动者群体都不能对国有资产行使"当家做主"的权利。而能够对国有资产行使"当家做主"权利的只能是政府。

在劳动者是否是企业的主人翁的问题上，存在着这样一种误解，即认为如果劳动者不是企业的主人翁，那么全心全意依靠工人阶级的方针是否会改变，事实上，全心全力依靠工人阶级是我们党的一贯方针，这一方针是以现阶段广大职工仍然是企业的主体为基本前提的，而不是以劳动者必须能够对企业的资产"当家做主"为基本前提的。实际上，我们今天谈到劳动者是主人翁，更多的是从充分发挥劳动者的生产积极性、主动性和创造性以及企业民主管理和民主监督的角度讲的，而并不是从企业资产所有权和决策权这一角度来讲的。这是因为，随着现代企业制度的建立，产权结构的多元化和企业产权的界定，企业资产所有权也就变得清晰了，因此，企业的决策权就应掌握在以出资人为主的董事会手中，作为企业的职工，劳动者可以拥有监督权、咨询权和建议权，但没有决策权，因为决策权是资产所有者的权利，由资产所有者的代表行使，而作为"部分所有者"的劳动者只能拥有监督、咨询和建议的权利。现代企业制度下国有企业劳动者的主人翁地位也正是从这个意义上确认的。

实际上，随着国有企业改革的深入，劳动者对自己在企业中地位的自我评价正在发生变化，据全国总工会1997年全国职工队伍状况调查报告显示："在被调查的职工中，4.1%认为1992年以来职工在基层单位的主人翁地位大有提高，29.4%认为有提高，23.6%认为没有变化，15.8%认为有所下降，9.3%认为下降很多，17.8%表示说不清楚。认为主人翁地位大有提高和有提高的，比1992年下降了12.5个百分点，下降幅度很大。职工评价的综合均值为3.02分，与1992年调查时的3.18分比较，下降了0.16分。调查表明职工对其在基层单位主人翁地位的自我评价有显著下降。"每个被调查的职工在回答上述问题时，都是根据自己对这一问题的理解和感受来做出回答的，我们虽然无法知道每一个职工是如何理解和感受这一问题的，但是，将所有被调查的职工的答案汇集在一起，就是一个客观的事实，这一事实至少说明随着企业所有制结构的变化，职工对其在基层单位的主人翁地位的评价较5年前发生了很大的变化，从价值判断的角度看，劳动者对这一问题的看法更加务实了，从劳动者权益的角度看，这种变化是劳动者权益受损的另一种表现，因此，目前我们一再强调维护劳动者权益实际上就是对这种变化的一种反应。

事实上，我们今天强调维护劳动者权益对于劳动者更具有现实意义。因为劳动者的权益更多的是通过企业分配结构而体现出来的，在现代企业制度下，企业的分配结构实际上就是生产要素分配结构。在国有企业中，生产要素主要包括资本、企业家才能、劳动力等，每一种生产要素所取得的收入的多少，取决于该要素的贡献大小以及生产要素三方在企业经济权力结构中的地位和各自权利的实现情况。资本要素的所有者可以通过产权（所有权）取得企业利润的一部分来实现自己的经济利益；企业家也可以通过经营权来分享企业的利润来实现自己的经济利益；而劳动者的劳权通过什么报酬方式才能实现呢，这个问题必须加以解决，否则在企业的经济权力结构中劳动者就无法摆脱处于相对较弱的地位。而劳动者的权益能否实现，直接关系到国有企业新的劳动关系的均衡点能否形成。

参考文献

常凯. 劳动关系·劳动者·劳权——当代中国的劳动问题 [M]. 北京：中国劳动出版社，1995.

翁天真. 利润分享与劳动分红 [M]. 北京：中国劳动出版社，1995.

大卫. 桑普斯福特，泽弗里斯. 劳动经济学前沿问题 [M]. 北京：中国税务出版社，北京滕图电子出版社，2000.

李培林. 中国新时期阶级阶层报告 [M]. 辽宁：辽宁人民出版社，1995.

世界银行. 共享经济增长的收入——中国收入分配问题研究 [M]. 北京：中国财政经济出版社，1998.

高书生. 中国收入分配体制改革20年 [M]. 河南：中州古籍出版社，1998.

郭庆松. 企业劳动关系 [M]. 北京：经济管理出版社，1999.

朱玲. 转型国家贫困问题的政治经济学讨论. 管理世界 [J]. 1998 (6).

魏杰. 国有企业改革的新思路. 管理世界 [J]. 1999 (6).

（原载于《工会理论与实践》2001年第2期，中国人民大学复印报刊资料《工会工作》2001年第4期全文转载）

对我国现阶段劳动者劳动的重新认识

摘要： 目前国有企业劳动关系的不均衡状态源于劳动者权益没有完全实现，劳动者权益实现的关键之一是企业劳动者能否和投资者、经营者一起分享企业的利润。而这又有赖于我们对社会主义市场经济条件下劳动者劳动的重新认识。

关键词： 劳动者权益；剩余劳动；劳动分红

一、劳动者权益全面实现的前提

市场化改革打破了国有企业原有劳动关系的均衡，而新的均衡还未形成，劳动关系新的均衡点的形成有赖于劳动者权益的真正实现。[①]

劳动者权益又称劳权或劳工权益，是指处于社会劳动关系中的劳动者在履行劳动义务的同时所享有的与劳动有关的权益。劳动者权益就其性质而言是一种社会经济权力，这一权利源于现代产业关系中的生产要素结构和经济权力结构的需要，是劳动者在劳动过程中的地位、作用的具体体现。劳动者权益的内容是以劳动权益为基础和中心的社会权利。劳动者权益从广义上讲，包括劳动就业权、劳动报酬权、劳动保护权、劳动者社会保障权、劳动者参与权、劳动者教育与培训权、劳动休息权、劳动者的社会组织权以及劳动力再生产权等。

本文主要是从狭义的角度来讨论劳动者的权益，即劳动者作为劳动力要素的所有者，在向企业提供劳动力要素以后，应获得相应报酬的权利。劳动者权益就其本质而言是一种经济权利，也是劳动者的基本权利。

在传统的计划经济体制下，由于国家直接代表全体社会各阶层的利益并直接管理社会生产，劳动者本身在社会经济关系中特别是在企业劳动关系中并不具备独立的经济主体地位，劳动者权益主要是通过国家和企业代表来行使的。市场化改革以来，随着现代企业制度的建立，国有企业中劳动关系也发生了重大的变化，劳动者作为劳动关系的主体之一，已逐渐成为一个独立的经济利益主体，此时，劳动者的

[①] 信卫平：《国有企业改革进程中劳动关系市场化对劳动者的影响》，《工会理论与实践》2001 年第 2 期。

这一权利已经不再由国家和企业来代表和行使，而是要由劳动者个人来独立行使，并同时承担相应的义务。

劳动者权益（这里主要是指报酬权）的实现，是指劳动者作为劳动力要素所有者而应得到的劳动报酬。在劳动力市场上，劳动者是以劳动力供给一方出现的，而企业则作为劳动力的需求一方，在市场机制的作用下，劳动力的供求双方在劳动市场上通过协商达成一个双方都认可的工资率后，劳动者通过出卖自己的劳动力而取得相应的劳动报酬，企业则获得了生产过程中必不可少的劳动要素，按照通常的理解，此时劳动者的权益就得到了实现。但是，即使这一交易过程是在最公平的条件下进行的，那么，也只能说作为劳动力要素的所有者，劳动者的权益只是部分得到了实现，而没有完全得到实现。

二、马克思主义经典作家的劳动价值理论

要回答上述问题，我们首先来看一下马克思主义经典作家关于劳动和劳动价值的理论，这是我们理解劳动者权益完全实现的理论基础。

对于劳动力，马克思是这样说的："我们把劳动力或劳动能力，理解为人的身体即活的人体中存在的、每当人生产某中使用价值时就运用的体力和智力的总和。"①可见，劳动力是指人的劳动能力。在生产过程中，与其他生产要素相对比较，劳动力要素具有其特殊性，这种特殊性主要表现在：第一，劳动力要素不能独立存在，它必须以活的人体为载体，而不能脱离活着、健康的人体而独立存在，所以劳动者是劳动力的载体。第二，劳动力是人的体力和智力的总和。劳动能力包括每当人们生产某中使用价值时就要运用的体力和智力，同时还包括各种技能，技能是与体力和智力相结合的一种劳动能力，它包含在人的体力和智力的总和之中。第三，劳动力是任何社会生产过程中不可或缺的生产要素。它的作用就在于通过应用劳动资料对劳动对象进行加工，才能创造出具有使用价值的产品。在这个过程中，劳动力能创造出大于自身价值的价值。

劳动则是劳动力的使用和消费。劳动是劳动者运用自己的劳动能力，并使用生产资料创造物质财富和精神财富的有目的的活动。劳动本身是一个广泛的范畴，可以从不同的角度对劳动进行分类，这里我们仅从劳动成果的角度对劳动进行分类，把劳动分为必要劳动与剩余劳动。必要劳动是指劳动者为了维持和再生产劳动力所必需的劳动。剩余劳动是指劳动者超过必要劳动时间所进行的劳动。

在社会主义社会，由于劳动者成为国家和企业的主人，生产资料不再是剥削手段，必要劳动与剩余劳动之间已不再具有对抗性，但劳动者的劳动仍然可以分为两个部分：一部分是必要劳动即劳动者为自己而进行的劳动，这部分劳动通过按劳分

① 马克思：《资本论》，人民出版社1975年版。

配直接构成劳动者个人消费品的部分；另一部分是剩余劳动即劳动者为社会、为集体、为自身的长远利益而进行的劳动，这部分劳动以不同的扣除方式缴给国家和企业，这种积累是社会发展和进步的物质保证。在这部分剩余劳动中，劳动者还要享受一部分通过社会和企业返还的福利。可见，劳动者既是剩余劳动的创造者，又是剩余劳动的占有者，社会主义国家对剩余劳动的分配是本着有利于劳动者利益的原则进行的。

劳动过程是劳动者有目的地使用劳动资料，改变劳动对象，创造使用价值的过程。如果我们撇开各种特定的社会形式来考察，劳动过程的一般特征表现为它是人类通过自己的有目的的活动来引起、调整和控制人和自然之间的物质变换的过程，是人类生活的永恒的自然条件。在生产过程中，劳动力、劳动对象和劳动资料是三个简单而抽象的要素，而人的劳动则是劳动过程中起决定作用的因素。人们为了实现劳动过程，必须运用劳动对象和劳动资料，或者说劳动资料和劳动对象构成了劳动过程的客观条件。劳动者运用自己的劳动力借助劳动资料使劳动对象发生预定的变化，以完成劳动过程。

如果把劳动过程与特定的社会形态联系起来考察，我们就会发现，在不同的社会形态下，劳动过程具有不同的特殊性。就资本主义社会而言，劳动过程中的三要素即劳动力、劳动对象和劳动资料都归资本家所有，生产出来的产品也归资本家所拥有，在这里劳动是从属于资本的。资本家凭借对生产资料的所有权而获得对劳动产品的占有权，收益权成为所有权在经济上的实现形式。而劳动者得到的工资则是劳动者的劳动力所有权的实现形式。当我们把资本主义劳动过程作为价值形成过程来考察时，就会发现资本主义的劳动过程不仅是价值形成的过程，更重要的是它还是价值增值的过程。在这个过程中劳动者创造的价值量大于他按照劳动力价值出卖给资本家时所得到的工资额。因为，劳动力的使用价值不等同于劳动力的价值。劳动力的使用价值是劳动者在劳动过程中创造出的全部价值量，是由可变资本（V）和剩余价值（M）构成的。而资本家支付给工人的工资只相当于劳动力的价值（V），这一部分是由劳动者在劳动过程中的必要劳动时间创造出来的。而劳动者在剩余劳动时间内创造的价值量则是剩余价值（M），对于劳动者来说，剩余价值（M）是劳动者创造的超过劳动力价值的价值；对于资本家来说则是超过资本家前期投入的资本所能带来的利润。

在资本主义制度下，工人在生产过程中创造出来的剩余价值转化成为利润，最终被资本家全部占有。按资本家的观点，生产过程中产生的剩余价值完全是由于自己投入的全部资本所发挥的作用的结果。如果没有资本家投入的全部资本在生产过程中发挥作用，也就不可能产生剩余价值。于是，当剩余价值被看作全部预付资本的这样一种观念上的产物时，就取得的利润这个转化形式，归资本家所有。这是资本主义生产关系所决定的。

在社会主义市场经济条件下，企业的劳动过程与资本主义市场经济条件下的劳动过程具有相同的共性。在价值形成的过程中，"其共性在于：不仅要生产产品，而且要生产商品；不仅要生产使用价值，而且要生产价值；不仅要生产价值，而且要生产剩余价值。两者的区别只是在于由于对生产资料所有权的不同，由此决定了对劳动成果或对商品价值增值部分的占有权不同。"①

随着我国社会主义市场经济体制的建立，收入分配领域也发生了重大的变化，收入分配方式由原来的按劳分配逐渐向按劳分配与按生产要素分配相结合的方式过渡，资本、土地等各种非劳动力要素开始按其在生产过程中的贡献而取得相应的收入。各种非劳动力要素收入在社会总收入中所占的比重越来越大，并提出了"谁投资，谁受益"的提法。因此，有必要在这里重申：在社会主义市场经济条件下，劳动者的劳动同样分为必要劳动和剩余劳动，并承认剩余价值是劳动者的剩余劳动所创造的，如果没有劳动者的劳动，任何资本的投入都不可能在生产过程中增值。社会主义经济的性质决定，劳动者在生产过程中创造的那一部分剩余价值是不能按照资本主义生产关系的决定方式进行分配，而应按照社会主义生产关系的决定方式进行分配，根据按劳分配与按生产要素分配相结合的分配原则，劳动者有权分享一部分剩余价值。

如果从1867年《资本论》的发表算起，马克思创立的劳动价值理论已有100多年的时间了，在这期间人类社会发生了巨大的变化，仅就劳动而言，在马克思所处的时代，可以仅将物质生产部门的劳动，以及为物质生产部门直接服务的运输业、邮政电信业和商品仓储业等服务业的劳动视为生产劳动。因为当时其他服务业在国民经济中的地位还微不足道。但在今天，随着科技、经济和社会的发展，金融、保险、信息等服务业的发展突飞猛进，并成为经济运行的枢纽，知识经济初露端倪，创新浪潮遍及全球，正在以前所未有的深度与广度改变着人们的生产和生活方式。与物质资本在生产过程中的作用相比较，人力资本在生产过程中的作用越来越大，因此，无论是当代世界经济的发展，还是我国经济改革开放与发展的实际，都要求我们必须不断深化对劳动价值理论的认识，特别是对劳动者的劳动在生产过程中的作用的认识。

三、社会主义的剩余价值（M）如何分配

如上所述，今天，我们所面临的问题是在市场经济条件下，劳动者在生产过程中所创造的剩余价值应如何分配。

在传统的经济体制下，国家作为社会资产所有者的总代表，成为分配的主体，对职工的工资是给多少算多少，由政府说了算，同时政府还统一掌管企业劳动者创

---

① 翁天真等：《利润分享与劳动分红》，中国劳动出版社1995年版。

造的剩余价值（当然，国家会以转移支付的形式将其中的一部分返还给劳动者）。在当时，任何企业和个人都不可能直接分享这一部分剩余价值。因此，这个问题以前很少提起。随着现代企业制度的建立，在企业中逐渐形成了投资者、经营者和劳动者等具有不同利益的经济主体。谁能分享企业的剩余价值的转化形式——利润，投资者和经营者是不言而喻的，这一点在各项法律法规以及相关的政策中都有所规定。例如，在《公司法》和产权界定过程中强调"谁投资、谁所有、谁受益"。在《财务通则》中，只强调企业的税后利润向投资者分配。又如，在企业中实行的经营者年薪制实际上肯定了经营者可以分享企业的利润，而唯独劳动者被排除了分享企业利润的权利。

我们承认在市场经济条件下，资本和企业家才能是生产过程中不可或缺的要素，否则我们也就不会大力吸引外资和人才了，因为没有资本的投入，没有企业家的管理，就不可能获得生产资料，也不可能形成有效的生产过程，劳动力也无法发挥其功能和作用。但问题是，在企业劳动者创造的剩余价值的分配中，明确规定了资本等非劳动力生产要素所有者的收益权，而没有明确规定作为劳动力要素所有者的劳动者的收益权，没有充分肯定劳动力要素在生产过程中的重要作用。

之所以会出现这种情况，原因就在于混淆了劳动力的价值和劳动力的使用价值。在市场经济条件下劳动力的价值是由劳动力市场决定的，劳动力市场在供求关系的影响下形成市场工资，市场工资率反映的是劳动力的价值以及市场供求双方都能接受的均衡的劳动力价格。实际上，市场工资率是劳动力市场对不同质、不同种的劳动力要素评价的结果。劳动者从企业那里得到的劳动报酬即工资并不等于劳动者在再生产过程中创造的价值，劳动者在生产过程中投入的凝结在商品中的劳动量的多少最终体现在企业销售收入中扣除生产资料转移价值之后的（V＋M）之中，是企业全体劳动者新创造的全部价值。其中 V 相当于或近似于劳动力价格的转化形式，也可以说是人力资本投资的费用的体现。这部分价值是劳动者在必要劳动时间创造的。M 是劳动者在剩余劳动时间内创造的。因此，真正意义上按劳分配，应该是根据被市场承认的劳动的数量和质量进行分配，即根据劳动力的使用价值进行分配。通常劳动力的使用价值（V＋M）大于劳动力的价值（V），根据按劳分配的原则，劳动者得到的劳动报酬的量应当大于市场工资率的量。也就是说劳动者得到的劳动报酬除了按市场工资率确定的工资收入以外，还应该分享到一部分企业利润即自己创造的剩余价值。那么，这种做法在理论上和实践上是否可行呢？

实际上，随着经济的发展和社会的进步，西方市场经济国家的收入分配理论也在不断发展和创新。在资本主义发展的早期，资本家把支付给工人的一切费用都计入成本，即作为购买劳动力的总的资本支出，从而完全剥夺了劳动力这一重要生产要素分享剩余价值的权利。对此马克思在他的剩余价值理论中通过将资本分为不变资本和可变资本，最终揭露了资本家剥削剩余价值的秘密。由于西方国家长期排除工人分享剩余劳动成果，导致了社会贫富悬殊加剧、社会总需求不足，劳动者及工会通过各种方式的斗争来提高工资、分享利润。这就激化了阶级冲突，使企业失去了凝聚力。70 年代在西方国家普遍出现的"滞涨"与此有着密切的关系。正是在这样一种背景下，1984 年美国经济学家马丁·魏茨曼发表了《分享经济——用分享制代替工资制》一书。魏茨曼认为"滞涨"问题表面上看是宏观问题，但从问题的本质上看则是微观的行为、制度和政策问题。魏茨曼的分享经济理论是在西方国家经济出现危机的时期提出的，其目的是要解决当时西方国家所面临的非常棘手的"滞涨"问题，但是，他提出的用分享制代替工资制的观点，以及在分享经济中提出的劳资双方具有利益的一致性的观点，都是值得我们借鉴的。

就我国情况而言，随着市场化改革进程的进行，国有企业的运行机制已经发生了根本的变化，国有企业逐渐进入现代市场经济的工资分配制度的运行轨道。这种建立在现代企业制度上的分配制度，在一定意义上，也可以看作企业生产过程中各种生产要素的一种特定结构。在现代企业制度条件下，生产要素主要由三部分来构成。即资本（包括土地等各种生产资料）、企业家才能和劳动力。在这三大要素中，资本与企业家才能作为两种不同的生产要素，体现了现代企业制度与传统的企业制度之间的区别。但是在企业实际的运行过程中，所有者的资本是通过企业家的经营活动来实现其增值的。在这里，企业的经营者是资本的具体代表，它必须反映、代表和维护企业资本所有者的利益，并向企业资本所有者负责。这也正是企业法人制度的由来和依据。从这个意义上说，企业的资产所有者和经营者通过企业法人制度共同构成了企业生产过程中生产资料的代表，并作为企业劳动关系的一方，与另一方的劳动者，通过一定的结合方式形成了现代企业中的劳动关系。

与企业生产过程中的三大生产要素相对应的社会经济权利分别为产权（所有权）、经营权和劳权。这三大权利相互制约，共同构成了现代企业制度中的权力结构。与此同时，三大生产要素的所有者正是据此取得相应的收益。针对我国传统经济体制中的弊端，在建立现代企业制度的过程中，首先提出并强调解决企业的产权关系和经营权关系是可以理解的。但是，正如有的学者所指出："如果以为只需建立产权制度和企业法人制度即可实现现代企业制度，则有失偏颇。因为现代企业制度并不是一种经营管理制度，而是一种企业体制或称微观经济体制，在这一体制中，必须要考虑到全部生产要素的相互关系及其地位，否则，便无以形成所谓体制。而在目前关于现代企业制度的讨论和实行中，忽视劳动者和劳权在现代企业制度的生产要素结构和企业经济权力结构中的地位和作用，是一个普遍的倾向。"[1]

正是在这种倾向的指导下，在企业的利润分配上对产权所有者和经营者给予了过多的关注和重视，而忽略了劳动者分享企业利润的权利。这种做法必然地造成了

---

[1] 常凯：《劳动关系·劳动者·劳权》，中国劳动出版社 1995 年版。

目前国有企业的劳动关系仍处于一种不稳定的状态。从经济学的角度分析，劳动者与经营管理者、投资者之间矛盾的焦点就在于三方如何分享企业改制、发展所带来的好处。笔者认为，国有企业劳动关系中存在问题的解决只有循着分享经济的思路，在已建立了现代企业制度的企业中，有计划有步骤地实施劳动分红，劳动者的权益才能真正得到体现，也才有可能使失衡的劳动关系重新达到均衡。

劳动分红通常是指企业按照事先的规定，将利润或超出最低盈利基数的利润按一定比例向职工分配的制度。在西方国家，这种制度被称之为利润分享。[①] 尽管西方国家的企业从实行利润分享的目的来看，有试图缓和劳资矛盾、稳定社会经济和政治制度、排斥工会组织等种种目的。但是实行利润分享的同时也促使劳动者关心企业利润，提高劳动效率，从而提高了劳动者的收入水平。作为社会主义国家的企业，我们更没有理由不搞劳动分红，实际上我国许多企业都在不同程度上搞过劳动分红，即不定期地将企业的利润的一部分以货币或实物的形态分配给职工，只是这种方式不规范，这里所说的劳动分红是指按照市场的原则实施的一种规范的劳动报酬形式，劳动者作为劳动力要素的所有者有权与资本的所有者、企业的经营者共同分享企业的利润。这种分配不应看作资产所有者和经营者对劳动者一种恩赐，而是作为劳动力要素所有者的劳动者分享企业利润权利的具体实现。当然，在实际的操作过程中，劳动分红在企业税后利润中占多大的比例，是可以通过协商谈判确定的。在工会与企业就劳动者工资进行集体协商谈判时就应包括这一方面的内容。[②]

（原载于《工会理论与实践》2002 年第 3 期）

---

① 翁天真等：《利润分享与劳动分红》，中国劳动出版社 1995 年版。

② 为深化企业内部分配制度改革，加快建立与现代企业制度相适应的工资收入分配制度，劳动和社会保障部于 2000 年 11 月 6 日印发了《关于进一步深化企业内部分配制度改革意见的通知》，明确提出在"具备条件的小企业可以探索试行劳动分红的办法。"

提高劳动收入使劳动者分享经济社会发展的成果

摘要： 改革开放带来了社会财富的增大，劳动者作为社会财富的主要创造者，在目前的收入分配体制下，只有通过取得更高的劳动收入才能够分享到经济发展的繁荣，而要实现这一点又有赖于工会矫正失衡的劳动关系和维权范围和力度的加大。

关键词： 劳动者；劳动收入；分享；维权

自 1978 年经济体制改革以来，我国经济一直保持较高的增长速度，社会财富不断增大；另一方面，作为社会财富的主要创造者，劳动者却难以共享改革开放、经济发展带来的繁荣。本文拟就劳动关系市场化进程中劳动者如何分享经济、社会发展成果的问题做一理论上的探讨。

一、改革的目的是使劳动者能够分享到经济改革开放、
社会繁荣发展的成果

自 1978 年以来，我国国民经济保持了快速持续增长的良好势头。1978 年至 2002 年，年平均增长 9.6%，同期国内生产总值的绝对值由 1978 年的 3624.1 亿元增长到 2002 年的 104790.6 亿元，增长了 28.9 倍，其中第二产业和第三产业的国内生产总值的绝对值由 1978 年的 2605.7 亿元增长到 2002 年的 88652.8 亿元，增长了 34.1 倍。经济快速增长，为劳动者收入水平的提高奠定了物质基础，全国职工工资总额由 1978 年的 568.9 亿元增长到 2002 年的 13161.1 亿元，增长了 23.1 倍。[①] 另一方面，我们也注意到，职工工资总额的绝对值尽管有了较大幅度的提高，但仍低于国内生产总值的增长，特别是低于第二产业和第三产业的国内生产总值的增长。

如果把国内生产总值看作社会总收入的话，职工工资总额/国内生产总值的比值则可以看作劳动收入在社会总收入中的所占的份额。我们看到 1980 年以来，职工工资总额/国内生产总值的比值呈现下降的趋势，1980 年为 17.1%，1990 年为 15.9%，2000 年为 11.9%，2002 年为 12.5%。而职工工资总额/第二、三产业的国内生产总值的比值则下降得更多，1980 年为 24.4%，1990 年为 21.8%，2000 年为 14.2%，

---

① 参见《中国统计年鉴》(2003)。

2002 年为 14.8%，。然而，产业结构演进规律表明，在工业化的进程中，随着劳动力向第二、三产业转移，第二、三产业的劳动薪酬总额在国内生产总值中的比例会逐渐上升，一般都会在 25%～50%。可见，改革开放、经济发展所带来的不断增大的社会财富，并未形成更多的劳动收入而从职工工资总额上体现出来，而是转化为其他收入了。2002 年我国居民储蓄增长额为 13233 亿元，① 超过了同年全国职工工资总额就是一个很好的证明。

与此同时，随着经济体制改革的深化，我国劳动关系发生了深刻的变革，劳动者的状况也随之发生了较大变化：

首先，劳动者成为社会的弱势群体。劳动关系市场化的结果，使得传统计划经济体制下的劳动关系模式不复存在，这种变化直接促进了社会结构的重组，改变了劳动关系双方原有的经济权利、社会身份及地位。随着国有企业的转制和非公有制经济的发展，职工群众转变为劳动力市场上的劳动力所有者，成为真正意义上的"工资劳动者"。劳动者身份的转变是建立市场经济的必要环节，因而具有积极的社会意义。问题是在这种所谓的"身份置换"过程中，劳动者已经失去了计划经济时期所享有的诸如就业、工资、保险、福利等方面的权利。而由于制度和政策方面的不完善，他们又未能完全享有诸如就业保障、最低工资、社会保险、集体争议等市场经济下应该享有的权利。原有的社会经济权利已经失去了，新的社会经济权利又未能完全实现，劳动者的权利处于历史转型时期的真空阶段，劳动者成为社会的弱势群体。根据我国学者的研究，90 年代以来，随着我国社会阶层的不断分化，劳动者的社会地位呈下降的趋势，并主要集中在社会的中下阶层中。②

其次，劳动者的相对收入水平也在下降。随着我国经济增长，社会收入水平不断提高。但是，在货币工资水平普遍上升的同时，不同的社会阶层从经济发展中获得的收益是不同的。据国家统计局提供的数字，按等分法测算，1985 年以来我国城镇居民收入差距越来越大：1985 年全国城市居民家庭人均年收入为 821 元，到 2002 年增长到 8177 元，增长 9.0 倍。其中最低收入户人均年收入 1985 年为 483 元，2002 年为 2528 元，增长 4.2 倍，而最高收入户人均年收入 1985 年为 1384 元，2002 年为 20208 元，增长 13.6 倍。最高收入户人均年收入增长倍数大大超过最低收入户人均年收入增长倍数。

另外，从最高收入户人均年收入与最低收入户人均年收入之比也可以看出收入差距的扩大，二者的差距 1985 年为 2.87：1，1990 年为 3.11：1，1997 年为 4.19：1，到 2002 年已扩大到 7.99：1。从收入的绝对差额来看，1985 年最高收入户人均年收入比最低收入户人均年收入高 901 元，到 2002 年增加到 17680 元，收入差额增长

① 参见《中国统计年鉴》（2003）。
② 陆学艺主编：《当代中国社会阶层研究报告》，社会科学文献出版社 2002 年版。

19.6倍。与全国平均收入水平相比，最低收入户1985年人均年收入为全国平均水平的59%，2002年下降到31%，下降了28个百分点；而最高收入户1985年人均年收入为全国平均水平的169%，2002年上升为247%，上升了78个百分点。[①] 由此我们得出如下判断，即随着各阶层收入增长速度的不同，社会收入分配差距正在拉大。

第三，部分劳动者绝对收入水平下降，有些进入了贫困的行列。根据2002年《中国的劳动和社会保障状况》白皮书提供的数据，随着经济结构调整和国有企业建立现代企业制度的改革，1998年至2001年间国有企业下岗职工累计2550万人，至2001年仍有870万人未能实现再就业。[②] 如果加上城镇登记失业人数681万，再加上非国有企业下岗职工600万人，2001年全国大概有2151万下岗和失业人员。城镇失业率实为11.4%。这些劳动者在经历了下岗、失业的痛苦的同时，收入水平的下降使有些人加入了贫困的行列。另据国家统计局提供的数字，2002年全国城市居民家庭中最低收入户、低收入户、中等偏下户年人均可支配收入分别比上年减少了394.23元、207.33元、14.64元，而这些家庭占全国城市居民家庭总数的40%。由于城市居民家庭中低收入组收入偏低，2001年、2002年有60%的家庭人均收入低于全国平均线。[③] 我国的基尼系数也由改革初期的0.16上升到已经超过0.4的国际警戒线，在短短的十几年时间内，我国已经从一个最平等的国家转变为相对不平等的社会。

这就提出一个问题，我们进行经济改革、追求经济高速增长的目的是什么？改革至今天，成功与否，能否继续深入下去并获得社会公众的广泛支持，则主要取决于广大劳动者能否从中受益。如果改革只是使那些手中握有各种资源的"精英"们受益的话，改革就已背离了它的初衷。这就需要在改革与发展的理念上有所突破和创新。也就是说，经济改革和社会发展的战略目标，绝不仅仅是单纯地追求国内生产总值的增长，而是要关注和提高社会大多数人的物质生活水平，在社会财富不断增大的过程中使社会各阶层都能从中获益，并在此基础上促进社会的全面进步，促进人的全面发展。要汲取20世纪50~70年代一些发展中国家单纯追求经济增长的教训。

为此，党的十六届三中全会通过的《中共中央关于完善社会主义市场经济体制若干问题的决定》正是在这一理念的指导下明确地提出了"五个统筹"的重要思想，其中统筹经济和社会发展，就是要切实关注劳动者阶层的收入水平、关注和解决下岗、失业、贫困等社会问题。明确提出"坚持以人为本，树立全面、协调、可持续的发展观，促进经济社会和人的全面发展"，并将其作为我国今后一个时期经济改革与

---

① 参见《中国统计年鉴》（2003）。

② 《中国劳动和社会保障状况》，《经济日报》2002年4月30日。

③ 参见《中国统计年鉴》（2003）。

发展的指导思想和原则。可以说，以《决定》的发表为标志，我国收入分配政策开始由"一部分人先富起来"向"各阶层普遍分享繁荣"过渡。

二、在市场经济条件下，劳动者只有通过劳动来分享
改革开放的成果

随着我国社会主义市场经济体制的建立，收入分配制度和分配原则已基本确立，这就是按劳分配为主、多种分配方式并存的分配制度和坚持效率优先、兼顾公平，劳动、资本、技术和管理等生产要素按贡献参与分配的分配原则。尽管在分配秩序上还存在一些问题，但在基本的"游戏规则"确立的情况下，劳动者只能通过劳动要素取得收入，也只能通过提高劳动收入来分享经济繁荣。

劳动是劳动者运用自己的劳动能力，并使用生产资料创造物质财富和精神财富的有目的的活动。如果从劳动成果的角度对劳动进行分类，可以把劳动分为必要劳动与剩余劳动。必要劳动是指劳动者为了维持和再生产劳动力所必需的劳动；剩余劳动是指劳动者超过必要劳动时间所进行的劳动。经济增长带来的社会财富增大部分则是通过剩余劳动实现的。本文探讨的劳动者能否分享经济繁荣问题，也就是能否分享更多的自己剩余劳动创造的价值。

在人类有史以来的各个剥削制社会中，必要劳动与剩余劳动的对抗性构成了各个社会阶级对抗的基础。在社会主义社会，国有企业中的生产资料不再是剥削手段，必要劳动与剩余劳动之间已不再具有对抗性，但劳动者的劳动仍然可以分为两个部分。如果说在传统经济体制下，社会对劳动者创造的剩余价值采取了一种迂回或间接的方式返还给劳动者，那么，在今天的市场经济条件下，在产权关系逐步明晰及各经济利益主体之间的关系都已明确的条件下，劳动者应主要通过获得更高的劳动收入来达到分享经济发展的好处。

然而，目前经济生活的两种观点却值得注意：

一种观点认为提高劳动者收入会影响企业经济效率。这种观点源于西方主流经济学，它在论证资本家独占剩余价值的合理性时认为，劳动者的社会地位低工资低有利于提高经济效率。此种观点成为一些企业管理者压低、克扣劳动者工资的借口。对此，一些经济学家指出，利润的多少并不是经济效率的唯一标志，美国的工会化企业利润比较低，但其生产率普遍比非工会化企业高。他们认为社会的纯收入可以分为三个部分：劳动者的消费、投资和资本所有者的消费。其中最后一个部分是劳动者的永久损失，是一种他们为实行生产资料私有制所付出的代价。这种代价在不同的国家是很不相同的，例如，在1985年制造业每1美元的附加值当中，资本所有者占的份额在奥地利和挪威是约10美分，在英国和美国是远低于40美分，在巴西是高于60美分，在阿根廷是高于70美分，劳动者的社会地位和工资在前面提到的一些国家较高，在后面提到的一些国家较低。事实上，在为私有制付出代价较小的国家，

工人都有较多财产比较富裕，并且大多具有高度组织化的、有工人广泛参与的和有强大政治影响的工会联盟，这样的国家罢工和阶级冲突较少。相反，在劳动者为私有制付出代价高的国家，罢工和阶级冲突比较多，因为工人有很强的愿望和可能去通过斗争来争得为资本所有者霸占得过多的剩余价值。今天南美各国社会动荡和经济危机与此不无关系。[①]

美国学者戴维·兰德斯在《国富国穷》一书中分析17世纪和18世纪工业革命为什么没有发生在当时棉纺业在世界上首屈一指的印度时，提到的一个原因就是印度当时的劳动者社会地位低、工资低，人们很少试图用机器去完成任何可以靠人力做成的事情，谁也没有浓厚的兴趣简化和减轻工人的工作任务，工人和雇主都把以低工资做繁重劳动看作工人的命运和理应如此的。而工业革命及其工业革命的新技术之所以在英国、美国经济发展过程中出现，则得益于较高的劳动工资带来的激励作用。[②] 据劳动和社会保障部的调查，我国目前技术技能劳动者有7000多万，其中高级以上技工只占4%，远不能满足经济发展的需要，而发达国家这个比例是30%～40%。[③] 为什么在劳动者是社会主人的我国没能出现足够多的高级技工，看来收入状况和社会地位低是主要原因。

对比国外经济发展过程中的经验和教训，再看看劳动者社会地位低工资低对经济发展的深远影响，我们的确应该重新反思一下经济效率与劳动者社会地位及工资的关系。

另一种观点认为，与劳动要素相比，资本要素对现代经济增长的贡献更大，因而在国民收入分配中应占大头。这种观点源于西方主流经济学传统的要素分配理论。这种观点对我国经济生活影响很大，造成在国民收入分配格局中，通过劳动报酬分配的社会财富比例过小，非劳动报酬分配的社会财富比例过大，社会收入贫富悬殊。据统计，2002年我国国内生产总值为10.4万亿元，城乡居民分得5.6万亿元，而职工工资总额只有1.3万亿元，占城乡居民全部收入的23.2%。

实际上，在现代经济中，资本要素和劳动要素在国民收入分配中的地位即使在发达国家也并不是这样。我国学者通过对美国、英国学者的研究成果整理分析，得出以下结论：美国在1870年～1984年期间的114年中，劳动收入所占比重为50%（1870年和1880年）至74%（1980年～1984年），资本要素收入所占比重为24.5%（1880年和1890年）至16.6%（1970年～1974年）。英国在1860年～1984年期间的124年中，劳动收入所占比重为45.2%（1860年～1869年）至688%（1975年～1979年），资本要素收入所占比重为36.5%（1910年～1914年）至21.9%（1975年～

① 裴小革：《当代国外经济学家剩余价值理论评述》，《经济研究》2001年第9期，第75页。
② 戴维·兰德斯：《国富国穷》，新华出版社2001年版。
③ 《人民日报》2004年2月2日。

1979 年）。可见，美国和英国在上述的 100 多年间的国民收入分配格局中，劳动在国民收入分配格局中不仅始终占据主导地位，而且劳动收入所占比重呈稳步上升趋势，而资本要素收入则恰恰相反。① 这种分配格局体现了发达国家对社会生产力发展贡献最大的"人"的激励，否则，社会必然会出现过多的食利者阶层，进而阻碍生产力的发展。

今天，随着科技、经济和社会的发展，金融、保险、信息等服务业的发展突飞猛进，并成为经济运行的枢纽，知识经济初露端倪，创新浪潮遍及全球，正在以前所未有的深度与广度改变着人们的生产和生活方式。与物质资本在生产过程中的作用相比较，人力资本在生产过程中的作用越来越大，因此，无论是当代世界经济的发展，还是我国经济改革开放与发展的实际，都要求我们必须不断深化对劳动价值理论的认识。在分配制度上首先要体现对劳动和劳动者的尊重，这不仅仅是因为我国社会制度的性质所决定，更重要的是在生产领域，劳动和劳动者是社会财富的最主要源泉。

三、工会应成为矫正分配关系失衡的重要力量

劳动关系市场化打破了传统体制下经济利益关系的均衡状态，在经历了经济利益关系的剧烈变动之后，目前形成的劳动关系仍处于一种不均衡的状态。这种不均衡的状态对劳动关系双方而言就是不平等或不对称，由此引发的各种矛盾、冲突不断增多，导致劳动者的诸多合法权益不能很好地得到保障和落实，侵犯劳动者合法权益的现象比较普遍。据统计，1993 年 8 月至 2001 年年底，全国共发生劳动争议案件 68.8 万件，涉及劳动者 236.8 万人。②

劳动关系问题对社会生活和经济发展的影响日益突出，劳动关系中的一些深层次问题，特别是收入分配不公问题，已经影响到经济和社会的稳定发展。为了调整现有的劳动关系，切实维护劳动者的合法权益，社会需要有一种力量来帮助矫正劳动关系这种失衡状态。历史赋予了我国工会重新均衡当前社会已经失衡的劳动关系，使劳动者能够共享经济发展的繁荣的重要角色。

笔者认为，使劳动者能够共享经济发展的繁荣绝不是一朝一夕的事，是工会工作的一项长期任务，就目前而言，我国工会应从保护劳动者权益方面入手：

首先，建立和健全工会组织，保证其存在的完整性。改革开放以来，随着我国所有制结构的变化，出现了大量的三资企业和私营企业。在这些企业中，工会的发展状况是不能令人满意的，主要表现为一些"三资"企业、私营企业没有建立工会

---

① 王振中：《劳动与资本孰大——看美、英国民收入分配中劳动和资本的地位》，《改革内参》2003 年第 14 期。

② 《中国劳动和社会保障状况》，《经济日报》2002 年 4 月 30 日。

组织，国有企业、集体企业中的工会发展也没有受到重视。这是因为有许多人看到和感受到中国工会制度中的入会规则时所产生了误解。有些企业正是利用了这一点而不积极组织和建立工会组织，使劳动者的权益不能得到保障。上述观点和做法已经严重影响了中国工会在社会主义市场经济中的进一步发展，从而最终会影响到工会维护劳动者权益的职能。同时，维护劳动者权益不能拘泥在国有企业、集体企业中，应在私营企业、股份制或合伙制等企业中开展组建工会工作，依法通过平等协商和集体合同制度，协调劳资关系，维护企业劳动者的权益，这是当前工会工作的重点。

其次，组织农民工加入工会，扩大工会的维权范围。据全国总工会统计，2003年我国进城务工人员约有9400多万人，并且仍以每年500万人的速度增长，三个产业工人中就有两个来自农村。2003年9月召开的中国工会十四大的报告中，已把进城务工人员定义为"工人阶级队伍的新成员"。农民工虽然构成了产业工人阶层的一个组成部分，但受户籍制度的影响，在工资、劳保和福利等方面的待遇明显不如城市工人。大多数进城务工农民工的合法权益得不到维护，他们处于社会边缘地带，游离于城乡之间，许多基本生活问题没有解决，权利频频受侵却无处申诉，甚至连最基本的劳动报酬都无法按时得到，更谈不上分享改革开放的成果。以至于在2003年年底前，为了不让农民工空着手回家过年，党中央、国务院在全国范围内开展一场"清理拖欠工程款和农民工工资的攻坚战"来确保农民工拿到工资。

拖欠农民工工资问题，属于发生在农民工与企业之间在劳动关系领域内的劳务合同纠纷，本应可以通过工会和企业协商解决。由于农民工中没有建立工会组织，农民工的权益受到侵害时无法及时获得工会的帮助，以致许多民工工资被拖欠多年，成为影响社会安定团结的因素，最后由政府出面才得以解决。因此，尽快解决农民工加入工会的问题，通过工会组织把他们进一步组织起来、团结起来，给予他们更多的关心和帮助，维护好他们的合法权益，不仅有利于社会稳定，也是贯彻落实三个代表精神的具体体现。否则，广大农民工的利益长期受到侵害，必然会影响到我国城市化进程，影响经济和社会的全面发展。

最后，突出维护职责，切实保护劳动者的合法权益。我国《工会法》明确规定："维护职工合法权益是工会的基本职责。工会在维护全国人民总体利益的同时，代表和维护职工的合法权益。"工会是社会劳动关系矛盾的产物。在市场经济条件下，企业侵犯劳动者权益的现象时有发生，其原因在于劳动者在劳动关系中始终处于弱者的地位，单个劳动者在与企业谈判时处于力量上的"不对称博弈"状态，这就需要以工会的集体力量来制约企业的侵权行为。

劳动与资本的矛盾不仅在我国而且在国际上也是一个普遍存在问题。其实，劳资双方就如同一个硬币的两面，谁也离不开谁。从这个意义上讲，劳资双方的利益又具有一致性。在经济全球化的过程中，国外一些大公司在向海外推进的同时，制定了公司守则，强调企业必须承担社会责任，承担对劳动者合法权益的保护。① 因此，工会在履行维权职责的过程中，不应担心是否一谈维护劳动者权益就会吓跑投资方。而是首先要了解对方，在维权的过程中，要跳出"零和博弈"的"彼之所得必为我之所失"的思维逻辑，因为这种对抗性博弈最终只能导致劳资双方两败俱伤的结局。在解决和处理劳资矛盾时，唯有合作性博弈才能够增进妥协双方的整体利益。

（原载于《工会理论与实践》2004 年第 2 期）

---

① 常凯：《经济全球化与企业社会责任运动》，《工会理论与实践》2003 年第 4 期。

论我国工会在收入分配领域的维权职能^①

摘要：在建立社会主义和谐社会的过程中，我国工会维护劳动者权利的重点是维护其获得劳动报酬权利。劳动报酬不仅包括劳动力价值部分，还应包括劳动者能与其他要素所有者共同分享改革开放和经济发展带来的成果，而仅从微观层面的维权中很难做到，这就要求工会的维权应扩展到宏观领域，通过提高劳动标准来实现广大劳动者的这一权利。

关键词：收入分配；工会；维权；劳动报酬标准

一、研究背景

市场化改革以来，我国社会经济发生了巨大的变化，这种变化实质上是社会经济利益的一次重新分配，在这个过程中，一些社会成员会从中受益，而另一部分社会成员则有可能利益受损，转型时期的这一重要特征可以通过企业改革特别是国有企业改革表现出来。企业职工的收入状况如何也是经济体制改革的过程中利益重新分配是否公平的一个重要的观察点。从这个角度看，我国职工收入分配经历了三个主要的阶段。

第一个阶段是从 1984 年~1994 年。这一时期的特点是企业职工普遍从改革开放中获益。我国企业大规模的工资制度改革始于 1985 年，当时要求国有企业同行政机关和事业单位实现脱钩，国有企业实行工资总额和经济效益挂钩，同时，改革并没有涉及职工原有的就业、住房、公费医疗和退休金等福利。因此，企业的收入分配制度改革得到了全体职工的一致同意和支持，改革形成了几乎全体职工人人受益而无人受损的帕累托改进状况。在这一阶段，企业收入分配制度改革是一个"双赢博弈"。

第二个阶段是从 1995 年~2001 年。这一时期的特征是因下岗、失业和社会收入分配不平等的增加，部分企业职工则成了利益的受损者。20 世纪 90 年代中期，由于

---

① 本文为作者与燕晓飞共同署名的文章。

以企业经营承包责任制为主的改革效应释放殆尽，企业的激励机制和产权不清问题日益突出，国有企业亏损日趋严重，同时，来自非国有部门的竞争日益加剧。这样，对国有企业进行深层次的改革就不可避免，企业的减员增效直接导致了一部分职工因此而下岗、失业和提前退休。同时，改革也涉及了职工的福利，通过住房货币化改革和将医疗保险、养老保险转移给城市和省级政府等措施，使企业不再承担为职工提供社会服务的职能。这一时期的改革可以看作游戏规则的改变，市场规则取代了政府对职工在就业与福利方面的承诺。部分职工由于下岗、失业和强制性提前退休导致收入水平下降而成为利益的受损者。

第三个阶段是 2002 年至今。这一时期社会收入差距日益扩大，劳动者权益经常受到侵犯，并成为社会弱势群体。党的十六大以来，党中央提出以人为本，构建和谐社会，收入分配原则由"兼顾公平"逐渐向"更加注重社会公平"过渡。提高低收入者收入水平已成为社会共识，同时，工会以"维护职工合法权益为基本职责"的角色日益受到社会重视。

二、我国工会在转型时期维权所面临的重大挑战

首先是不同所有制的存在对工会的维权提出了挑战，随着市场化改革的深化，国有经济在国民经济中所占的比重不断下降的，非国有经济的比重不断上升。根据国家统计局 2003 年第二次全国基本单位普查公报，2001 年末，在全部企业法人单位中，国有企业（包括国有、国有联营和国有独资企业）占 12.2%。在全部企业法人单位从业的人员中，国有企业占 30.6%。① 国有及国有控股企业 2001 年的工业增加值为 14652.1 亿元，占当年全部国有及规模以上非国有工业企业工业增加值的 51.7%，2004 年下降到 42.4%。②

随着我国社会经济转型，非国有企业的比重不断上升，但这些企业的工会建会率却比较低，目前大量的私营企业和三资企业没有建立工会组织，按照工会统计的数字计算，工会的覆盖率只有 1/3 强。另据《北京青年报》报道，北京现有 7000 多家外资企业和非公有制企业，只有 1853 家企业成立了工会，③ 建会率为仅 26%。而这些企业又恰恰是工会维权的重点。我们在对不同类型企业的调查中发现，大部分企业职工，尤其民营企业职工没有意识到工会具有维护职工收入权益的职能。而意识到这一点的职工对此也不抱太大希望。

其次是职工队伍的变化，原来意义上的职工人数不断下降，大量的农民工加入到工人阶级的队伍中来，改变了职工队伍的结构。根据国家统计局提供的数据，

---

① 国家统计局：《第二次全国基本单位普查公报》，2003 年 1 月 17 日。
② 国家统计局：《中国统计年鉴》（2005），中国统计出版社 2006 年版。
③ 《六成外企年内要建工会》，《北京青年报》2006 年 5 月 27 日。

1995年我国职工人数为14908万人，2000年为11259万人，2005年为10942万人。和1995年相比我国职工人数减少近26.6%。① 与此同时，我国的农民工数量在不断增加并日益成为支撑我国工业化发展的重要力量。根据国务院政策研究室的一项研究报告，目前我国外出农民工的数量为1.2亿人左右，如果加上在本地区乡镇企业就业的农村劳动力，农民工总数为2亿人。② 根据全国第五次人口普查资料，农民工在第二产业从业人员中占58%，在第三产业从业人员中占52%，在加工制造业从业人员中占68%，在建筑业从业人员中占80%。农民工已经成为中国产业工人的重要组成部分。③ 然而，由于没有建立工会，农民工权益受到侵害的问题日益突出，主要表现为工资水平普遍低下，欠薪现象较普遍，劳动环境恶化，社会保障待遇普遍缺失，无法享受城市政府提供的公共服务，农民工维权工作困难重重。因此，在农民工中建立工会组织以维护农民工的权益是当前我国工会亟待解决的一个问题。

第三，一些地方政府在追求本地区利益的过程中已与各利益集团结成一体，在企业与社会之间构成了一道坚固的屏障。也使这些利益集团在侵犯职工权益时更加有恃无恐。近年来我国的煤矿特大恶性事故频繁发生，严重危及从事采矿作业的广大职工的生命安全就是一个典型的例证。④

三、我国工会在收入分配领域维权有待进一步探讨的问题

工会在收入分配领域维权主要表现在两个层面：

第一个是微观层面，这里主要是保证劳动者能够按时得到应得的劳动收入，企业工会的日常维权主要表现在这个领域。保障职工按时得到劳动收入是当前工会依法维权的一项主要任务，我国基层工会以往在此做了许多工作，当前，工会应将工作重点转移到非公企业，通过在非公企业建立工会组织，发展工会会员，为工会维权提供组织上的保障。

第二个是宏观层面，这里的维权主要是使劳动者能够分享到改革开放和经济发展的成果，这是劳动者应有的权益。从社会发展的角度看，我国今天市场经济之所以得到不断发展和完善，恰恰是以某些社会成员（如国有企业职工）牺牲原有的经济利益为代价。《中共中央关于构建社会主义和谐社会若干重大问题的决定》明确指出："在经济发展的基础上，更加注重社会公平。"各省市、自治区工会的维权主要

---

① 国家统计局：《中国统计摘要》（2006），中国统计出版社2006年版。
② 中国农民工问题研究总报告起草组：《中国农民工问题研究总报告》，《改革》2006年第5期。
③ 国家统计局：《第五次全国全国人口普查公报》2001年5月15日。
④ 据《参考消息》2005年11月22日报导，中国的煤炭产量占世界煤炭产量的1/3，而中国煤矿事故死亡人数占世界煤矿事故死亡人数的4/5。2005年1至9月，共有4228人死于煤矿事故。2004年，大约有6000名矿工在煤矿事故中遇难。世界上发生的20起死亡人数最多的煤矿灾难中，有8起发生在中国，其中4起是2005年发生的。

表现在这个层面。

与资本主义市场经济不同，社会主义市场经济为工会维权提供了更大的活动空间，工会的维权不应仅仅局限于微观层面上，而应上升到国民经济的宏观层面上。让广大职工分享到改革开放，经济繁荣的成果，应成为各级工会维权的重要目标之一。

但是，我国工会要在市场经济中真正起到维护广大职工权益的作用，就必须按照市场经济所固有的规律来进行。特别是要考虑到我国目前经济发展阶段的特点，就劳动力市场而言，我国目前或者说今后相当一段时间期内劳动力供给大于劳动力需求是一个基本特征，在目前企业自主决定职工收入水平的条件下，如何保障职工的劳动报酬不被资本收益过分压低就是一个非常现实的宏观问题，也是工会作为劳动者的代表在维权时必须要面对和解决的问题。

四、工会当前在宏观层面的维权应以提高劳动报酬标准为重点

随着我国社会主义市场经济体制的建立，收入分配制度和分配原则已基本确立，这就是按劳分配为主体、多种分配方式并存的分配制度，坚持劳动、资本、技术和管理等各种生产要素按贡献参与分配的分配原则。尽管在分配秩序上还存在一些问题，但在基本的"游戏规则"确立的情况下，劳动者只能通过劳动要素取得收入，也只能通过劳动报酬的提高来分享经济繁荣的成果。因此，维护劳动者的劳动报酬与其他要素收入同步增长是工会维权的重点。

从宏观上看，劳动报酬的高低与以下四种关系的变动相关：

1. 居民收入占国民收入的比例关系

国民收入分配是指国民可支配总收入在政府、企业、居民三者之间的分配比例及其相互关系。这个层次的收入分配是一个国家最高层次的分配，国内生产总值作为分配的起点，经过三个分配阶段（即第一个阶段国内生产总值在国内与国外之间的分配，形成我国国内可支配总收入，即国民可支配总收入；第二个阶段政府、企业、居民的初次分配，形成三者各自的初次分配收入；第三个阶段政府、企业、居民的再分配，形成三者各自的可支配收入）最终形成了政府、企业、居民各自的可支配收入，亦称可支配总收入。所谓三者分配，就是指三者可支配收入所占的比重及其相互关系。

根据国家统计局提供的数据，20世纪90年代以来，我国居民、企业和政府三者的分配比例变动趋势相对稳定，虽然年度之间比值有所波动，但总体上没有出现大起大落的情况。大体上可以分为两个阶段，自1992年~1999年以来，居民的份额从69.2%下降到67.1%，企业的份额从11.6%上升到14.3%，政府的份额从19.2%下降到18.6%。从2000年开始，政府的收入开始有缓慢的上升，到2002年上升到

20.5%，同期，居民的收入下降到65.2%，企业的份额则保持不变。①

2. 职工工资总额占国内生产总值的比例关系

自1978年以来，我国国民经济保持了快速持续增长的良好势头。1979年至2005年，年平均增长9.6%，同期国内生产总值的绝对值由1978年的3645.2亿元增长到2005年的182320.6亿元，增长了49.0倍，其中第二产业和第三产业的国内生产总值的绝对值由1978年的2626.8亿元增长到2005年的159602.2亿元，增长了59.8倍。经济快速增长，为劳动者收入水平的提高奠定了物质基础，全国职工工资总额由1978年的568.9亿元增长到2005年的19980.8亿元，增长了34.1倍，年平均增长6.6%。② 另一方面，我们也注意到，职工工资总额的绝对值尽管有了较大幅度的提高，但仍低于国内生产总值的增长，特别是低于第二产业和第三产业的国内生产总值的增长。

如果把国内生产总值看作社会总收入的话，职工工资总额/国内生产总值的比值则可以看作劳动收入在社会总收入中的所占的份额。我们看到1980年以来，职工工资总额/国内生产总值的比值呈现下降的趋势，1980年为16.9%，1990年为15.8%，2000年为10.7%，2005年为11.0%，下降了5.9个百分点。而职工工资总额/第二、三产业的国内生产总值的比值则下降得更多，1980年为24.2%，1990年为21.6%，2000年为12.6%，2005年为12.5%，下降了11.7个百分点。③ 然而，产业结构演进规律表明，在工业化的进程中，随着劳动力向第二、三产业转移，第二、三产业的劳动薪酬总额在国内生产总值中的比例会逐渐上升的，一般都会在25%~50%之间。可见，改革开放、经济发展所带来的不断增大的社会财富，并未形成更多的劳动收入而从职工工资总额上体现出来，而是转化为其他收入了。2005年我国居民储蓄年增长额为21496.8亿元，超过同年全国职工工资总额就是一个很好的证明。④

职工工资总额相对下降对一般劳动者的影响还远不止于此，从经济转型时期工资结构的变化来看，在20世纪80年代，机关事业单位与企业职工工资差别不大，企业经营者与普通职工工资差别不大，而且那时企业职工基本不交纳社会保险费。但是，20世纪90年代中期以来，情况变化很大，一是机关事业单位多次增长工资，二是企业中经营管理层和一般职工间收入差距目前普遍在20倍以上；三是国有行政性垄断行业职工工资增长过快；四是目前企业职工工资总额中还包括要交纳约10%的基本工资的养老、医疗、失业保险费。⑤ 可以肯定，与改革初期相比，企业普通职工

① 国家统计局：《中国统计年鉴》（1995~2005），中国统计出版社1996~2006年。
② 国家统计局：《中国统计摘要》2006，中国统计出版社2006年版。
③ 国家统计局：《中国统计摘要》2006，中国统计出版社2006年版。
④ 国家统计局：《中国统计摘要》2006年，中国统计出版社2006年版。
⑤ 宋晓梧：《我国收入分配体制研究》，中国劳动社会保障出版社2005年版。

实际收入占 GDP 的比重比上述数字还要低得多。

3. 劳动收入与经营收入、财产收入增长速度的关系

近年来，我国人均经营性收入和财产性收入增长速度超过劳动收入（城镇工薪收入和农村经营性收入）的增长速度。我国城镇居民人均年收入的绝对值从 1990 年的 1516.21 元增长到 2005 年年底的 11320.8 元，增长了 6.4 倍。同期人均工薪收入增长 5.8 倍，人均经营性收入增长 29.2 倍，人均财产性收入增长 11.4 倍。

以 2005 年为例，我国城镇居民家庭人均年收入同比增长了 11.7%，其中，人均工资收入同比增长 9.0%，而人均经营性收入和人均财产性收入分别实现了 37.6% 和 19.7% 的增长，[1] 也就是说当一部分人还在努力出卖劳动力换取劳动报酬时，另一部分人已经可以坐享财产带来的收益了，而且前者增长的速度远不及后者。收入差距的扩大逐年积累起来就形成了财产差距的不断扩大。

我国城市居民个人财产主要由实物财产和金融财产所构成。金融资产是居民财产中增长较大的部分。1984 年，城市居民户均金融资产仅为 0.13 万元。根据抽样调查，至 2002 年 6 月末，户均达到 7.98 万元，1984 年到 2002 年户均金融资产的增长速度为 25.5%。在城镇居民金融资产不断增加的同时，居民金融资产数量在居民家庭间的分布呈不平均态势。从调查结果看，金融资产出现了向高收入家庭集中的趋势。

根据国家统计局 2002 年发布的《首次中国城市居民家庭财产调查总报告》，我国最低收入 10% 的家庭其财产总额占全部居民财产的 1.4%，而最高收入 10% 的富裕家庭其财产总额占全部居民财产的 45.0%，另外 80% 的家庭占有财产总额的 53.6%。城市居民家庭财产的基尼系数为 0.51，远远高于城市居民收入的基尼系数 0.32。

由于财产性收入的增幅较大，财产差距扩大会进一步加剧收入分配的不平等，这一问题在我国城镇已经凸显出来。1995 年城镇居民 20% 最高收入家庭人均收入为 20% 最低收入家庭人均收入的 2.17 倍，2000 年为 3.61 倍，到 2005 年就已上升到 5.70 倍了。

4. 最低工资标准与平均工资的关系

最低工资标准，是指劳动者在法定工作时间或依法签订的劳动合同约定的工作时间内提供了正常劳动的前提下，用人单位依法应支付的最低劳动报酬。最低工资标准一般采取月最低工资标准和小时最低工资标准的形式。

我国的最低工资标准是由劳动和社会保障部制定并于 2003 年 12 月 30 日通过，2004 年 3 月 1 日起开始施行的。最低工资标准的确定一般考虑城镇居民生活费用支

---

① 国家统计局：《中国统计摘要》（2006），中国统计出版社 2006 年版。

出、职工个人缴纳社会保险费、住房公积金、职工平均工资、失业率、经济发展水平等因素。2004 年的《最低工资规定》中讲到最低工资标准测算方法有三个，这就是比重法、恩格尔系数法和社会平均工资法。

自 2004 年 3 月最低工资标准实施以来，我国各省市都相继规定了本地区的最低工资标准，各地在实施的过程中都采用比重法和恩格尔系数法来确定最低工资标准。但是，如果按照国际上通用的方法，即"社会平均工资"来衡量，全国没有一个省市的最低工资标准达到当地月平均工资 40%～60% 的标准。

例如，北京市 2005 年最低工资标准为每月 580 元，而同年北京市职工的平均月工资为 2734 元，最低工资标准为月平均工资的 21.2%。河北省总工会对全省各类企业 2005 年执行最低工资标准情况进行的调查显示，在所调查的 1021 家企业中，42%的企业未执行最低工资标准，在 267 家公有制企业中，82% 达到了最低工资标准，在 754 家非公有制企业中，达到最低工资标准的只有 49%。[1]

全国各地最低工资标准过低较为普遍，究其原因，除了我国劳动力市场供大于求，劳动者"一职难求，一职难保"等因素外，生产经营者的反对也是导致这一现象的重要原因。一些地方领导也常说，最低工资标准高了影响投资环境，把好不容易招来的投资者给吓跑了。

可见，在国民收入总体格局不变的条件下，提高劳动者收入就意味着资本要素所有者的利润减少。因此，最低工资标准已成为目前我国劳动关系领域劳资双方利益的一个焦点。即使按照"社会平均工资法"40%～60% 的要求，最低工资也仅达到了平均工资水平的一半左右。我们知道，享受最低工资标准的，大多是劳动力市场上的弱势群体。劳资关系的核心问题是工资，劳资关系在实际经济生活中并不是一种平等的关系，劳动者总是处于弱势。维护弱者利益，是一个社会维护公平正义的客观要求，也是一个国家法律的神圣使命。任何国家的劳动法律的基本价值取向，都是侧重保护处于弱势一方的劳动者。

工会是社会劳动关系矛盾的产物。在市场经济条件下，企业侵犯劳动者权益的现象时有发生，其原因在于劳动者在劳动关系中始终处于弱者的地位，单个劳动者在与企业谈判时处于力量上的"不对称博弈"状态，这就需要以工会的集体力量来制约企业的侵权行为。经过上百年的实践，工会组织被证明是行之有效的制度安排。[2] 我国《最低工资规定》中明确规定："各级工会组织依法对本规定执行情况进行监督"。

通过以上分析，我们可以得出以下几点结论：

第一，从目前情况来看，我国国民收入分配的基本格局不会发生大变化，居民、

---

① 《四成企业工资敢比"最低"还低》，《人民日报》2006 年 6 月 22 日。

② 信卫平：《提高劳动收入，使劳动者分享经济社会发展的成果》，《工会理论与实践》，2004 年第 2 期。

企业和政府三者之间的分配比例基本稳定，虽然在年度之间比值有所波动，但没有出现大起大落的情况，这反映了居民、企业和政府三者的收入随着国内生产总值规模的扩大而相应的增加。

第二，从职工工资增长率和经济增长率的比较看，职工工资增长率虽低于经济增长率，但始终与其保持同步增长。

第三，如果从城镇居民内部收入分配来看，则问题比较严重。主要表现为劳动收入的增长率远低于经营性收入和财产性收入的增长率。由此导致城镇居民内部收入差距不断拉大，2003年反映城镇居民内部收入差距的基尼系数为0.33，表明城镇居民之间收入差距仍在继续扩大。

第四，与其他生产要素收入相比较，劳动要素报酬较低。而劳动报酬的高低不仅与经济发展阶段及劳动力市场供求状况有关，更与劳资双方的力量对比有关。因此，目前急需在各类企业中建立和健全工会组织以形成有效的力量来改善目前劳动报酬过低的状况。

基于上述分析，本文认为我国工会目前在收入分配领域的维权从宏观上看应将重点放在提高劳动报酬特别是提高最低工资标准方面，理由如下：

第一，在当前的经济发展时期，要想从改变目前国民经济收入分配的总体格局来提高劳动者报酬是很困难的。

第二，在市场经济条件下，工资增长率是不会超过经济增长率的。试图通过提高工资增长率来提高劳动者报酬也是不现实的。

第三，我国目前的体制下，基层工会通常都隶属的所在的企业，企业的工会主席通常被称之为"副厂级"。因此，要求他们和企业经营者、管理者面对面地通过谈判来提高职工工资收入，从实际操作的角度看也是勉为其难的。

所以，由各省市、地区工会和当地的劳动和社会保障部门采用"社会平均工资法"共同制定最低工资标准，就可在源头上起到维护劳动者权益的作用，也为基层工会组织的维权工作提供了一个有利的客观环境。因为在劳动和社会保障部的颁布的《最低工资规定中》中已明文规定最低工资标准的计算方法的有三，其中包括"社会平均工资法"，同时明文规定最低工资法的实施由各地各级工会监督执行。当然，目前执行的《最低工资规定》是劳动和社会保障部颁布的，是一项政府部门规定。工会应与有关部门和立法机构合作，尽快制定和实施《最低工资法》，使工会可以依法维权。《中华全国总工会办公厅关于推动提高和落实最低工资标准的指导意见》指出："工会是职工群众利益的表达者和维护者，认真研究和积极参与最低工资标准的制定与调整是工会组织应当承担的一项重要工作。"

从目前的统计数据来看，如果按照"社会平均工资法"来确定最低工资标准，那么各地的最低工资标准至少要提高一倍以上。这对于提高低收入者的收入水平，缩小社会收入差距都将是很有效的。同时，根据《最低工资规定》所规定的，最低工资标准至少每两年调整一次，这样就可以保障领取最低工资标准的这部分劳动者（主要是农民工）的收入也可以同经济增长率挂钩而同步增长，并可由此分享到改革开放的成果。

（本文为全国总工会 2006 年委托重点课题《从经济转型看我国工会在收入分配领域的维权职能》的阶段性研究成果，原载于《中国劳动关系学院学报》2006 年第 6 期）

关于提高劳动收入的宏观思考

摘要：社会主义和谐社会的重要标志之一就是广大劳动者能与其他要素所有者共同分享改革开放和经济发展带来的成果，而目前的状况是劳动收入水平远低于其他要素收入水平，从宏观经济总量和结构的分析看，矛盾的关键在于居民收入总量的分配不合理，为此，政府有关部门应通过提高劳动报酬标准来提高劳动要素收入，以实现各要素所有者之间收入水平的增长保持和谐和有序。

关键词：和谐社会；国民收入分配；劳动报酬标准

当前，我国收入分配差距过大已经成为影响社会和谐的突出矛盾，为此，党的十六届六中全会提出构建社会主义和谐社会，就是要通过改革收入分配制度，提高低收入者收入水平，扩大中等收入者的比重，以缓解不断扩大的收入差距，让广大劳动者都能分享到改革开放的成果。

我国目前或者说今后相当一段时间期内劳动力供给大于劳动力需求是一个基本特征，在目前企业自主决定劳动者收入水平的条件下，如何保障劳动报酬不被资本收益过分压低就是一个非常现实的问题，也是各级政府在构建和谐社会时必须要面对和解决的问题。在劳资双方力量不对称的条件下，这个问题的解决不能仅仅依靠以往在收入分配领域微观层面的集体协商谈判，而应上升到宏观层面即国民经济总体分配上来考虑。

一、劳动报酬的高低及相应关系

1. 居民收入占国民收入的比例关系

国民收入分配是指国民可支配总收入在政府、企业、居民三者之间的分配比例及其相互关系。这个层次的收入分配是一个国家最高层次的分配，GDP 作为分配的起点，经过三个分配阶段（即第一个阶段国内生产总值在国内与国外之间的分配，形成我国国内可支配总收入，即国民可支配总收入；第二个阶段政府、企业、居民的初次分配，形成三者各自的初次分配收入；第三个阶段政府、企业、居民的再分配，形成三者各自的可支配收入）就形成了政府、企业、居民各自的可支配收入，亦称可支配总收入。所谓三者分配，就是指三者可支配收入所占的比重及其相互关系，而劳动报酬是居民收入中的一部分。

自 1992 年以来，我国居民、企业和政府三者的分配比例变动趋势相对稳定，虽然年度之间比值有所波动，但总体上没有出现大起大落的情况。大体上可以分为两个阶段，自 1992 年~1999 年以来，居民的份额在 67%~69% 内，企业的份额有所上升，政府的份额在 17%~19% 内。从 1999 年开始，政府的收入开始有缓慢的上升，平均每年上升近 1 个百分点，与此同时，居民的收入呈缓慢下降的趋势，平均每年下降 1 个百分点左右。

2. 职工工资总额占 GDP 的比例关系

自 1978 年以来，我国国民经济保持了快速持续增长的良好势头。1979 年~2005 年，年平均增长 9.6%，同期国内生产总值的绝对值由 1978 年的 3645.2 亿元增长到 2005 年的 182320.6 亿元，增长了 49 倍，其中第二产业和第三产业的国内生产总值的绝对值由 1978 年的 2626.8 亿元增长到 2005 年的 159602.2 亿元，增长了 59.8 倍。经济快速增长，为劳动者收入水平的提高奠定了物质基础，全国职工工资总额由 1978 年的 568.9 亿元增长到 2005 年的 19980.8 亿元，增长了 34.1 倍。另外，尽管职工工资总额的绝对值有了较大幅度的提高，但仍低于 GDP 的增长，特别是低于第二产业和第三产业的国内生产总值的增长。

如果把 GDP 看作社会总收入的话，职工工资总额占 GDP 的比值则可以看作劳动收入在社会总收入中所占的份额。1980 年以来职工工资总额占 GDP 的比值呈现下降的趋势，1980 年为 17.0%，2005 年为 11.0%，下降了 4.6 个百分点。而职工工资总额/第二、三产业的国内生产总值的比值则下降得更多，1980 年为 24.2%，2005 年为 12.5%，下降了 9.1 个百分点。

然而，产业结构演进规律表明，在工业化的进程中，随着劳动力向第二、三产业转移，第二、三产业的劳动薪酬总额在 GDP 中的比例会逐渐上升，一般都会在 25%~50% 之间。可见，经济发展所带来的不断增大的社会财富，并未形成更多的劳动收入而从职工工资总额上体现出来，而是转化为其他收入了。2005 年我国居民储蓄增长额为 21496.8 亿元，超过当年全国职工工资总额就是一个很好的证明。

职工工资总额相对下降对一般劳动者的影响还远不止于此，从经济转型时期工资结构的变化来看，在 20 世纪 80 年代，企业职工基本不交纳社会保险费，而且机关事业单位与企业职工、企业经营者与普通职工的工资差别均不大。20 世纪 90 年代中期以来，情况变化很大，一是目前企业职工工资总额中还包括要交纳约 10% 的基本工资的养老、医疗、失业保险费；二是机关事业单位多次增长工资；三是企业中经营管理层和一般职工间收入差距目前普遍在 20 倍以上；四是国有行政性垄断行业职工工资增长过快。所以事实上，与改革初期相比，企业普通职工实际收入占 GDP 的比重比上述数字还要低得多。

3. 劳动收入与经营收入、财产收入增长速度的关系

近年来，我国人均经营性收入和财产性收入增长速度超过劳动收入（城镇工薪收入和农村经营性收入）增长速度的近 1 倍。除了日常的储蓄存款外，国债等有价证券、分红型保险、外汇、房产和股票等投资，都成为居民"以钱生钱"的途径。

我国城镇居民人均年收入的绝对值从 1990 年的 1516.21 元增长到 2005 年的 11320.8 元，增长了 6.4 倍。同期人均工薪收入增长 5.8 倍，人均经营性收入增长 29.2 倍，人均财产性收入增长 11.4 倍。

以 2005 年为例，我国城镇居民家庭人均年收入同比增长了 11.7%，其中，人均工资收入同比增长 9.0%，而人均经营性收入和人均财产性收入分别实现了 37.6% 和 19.7% 的增长，收入差距的扩大逐年积累起来就形成了财产差距的不断扩大。

根据国家统计局 2002 年发布的《首次中国城市居民家庭财产调查总报告》，我国最低收入 10% 的家庭其财产总额占全部居民财产的 1.4%，而最高收入 10% 的富裕家庭其财产总额占全部居民财产的 45.0%，另外 80% 的家庭占有财产总额的 53.6%。城市居民家庭财产的基尼系数为 0.51，远远高于城市居民收入的基尼系数 0.32。

我国城市居民个人财产主要由实物财产和金融财产构成。金融资产是居民财产中增长较快的部分。1984 年，城市居民户均金融资产仅为 0.13 万元。到 2002 年 6 月末，户均达到 7.98 万元，年均增长 25.5%。在城镇居民金融资产不断增加的同时，居民金融资产数量在居民家庭间的分布呈不平均态势。从调查结果看，金融资产出现了向高收入家庭集中的趋势。

调查表明，城镇居民的金融资产的差距要明显大于收入的差距。20% 最高收入家庭的城市居民户均收入达到 4.18 万元，是 20% 最低收入家庭的 4.1 倍，但从户均金融资产及其在金融资产总量中的比重来看，2002 年，20% 最高收入户的户均金融资产为 26.49 万元，20% 最高收入户占有的金融资产在城市居民金融资产总量中的比重也达到 66.4%，为 20% 最低收入户的 51.1 倍。

由于财产性收入的增幅较大，财产差距扩大会进一步加剧收入分配的不平等，这一问题在我国城镇已经凸显出来。1995 年城镇居民人均收入高低倍数为 2.17 倍，2000 年为 3.61 倍，到 2005 年就已上升到 5.70 倍了。

4. 最低工资标准与社会平均工资水平的关系

最低工资标准，是指劳动者在法定工作时间或依法签订的劳动合同约定的工作时间内提供了正常劳动的前提下，用人单位依法应支付的最低劳动报酬。最低工资标准一般采取月最低工资标准和小时最低工资标准的形式。我国的最低工资标准是由劳动和社会保障部制定并于 2003 年 12 月 30 日通过，2004 年 3 月

1 日起开始施行的。

最低工资标准的确定一般考虑城镇居民生活费用支出、职工个人缴纳社会保险费、住房公积金、职工平均工资、失业率、经济发展水平等因素。2004 年的《最低工资规定》中讲到最低工资标准测算方法有三个，即比重法、恩格尔系数法和社会平均工资法。

自 2004 年 3 月最低工资标准实施以来，我国各省市都相继规定了本地区的最低工资标准，各地在实施的过程中都采用比重法和恩格尔系数法来确定最低工资标准。但是，如果按照国际上通用的方法，即"社会平均工资"来衡量，全国没有一个省市的最低工资标准达到当地月平均工资 40%～60% 的标准。

全国各地最低工资标准过低的情况较为普遍，究其原因，除了我国劳动力市场供大于求等因素外，不少生产经营者的反对和抵制，也是导致这一现象的重要原因。

可见，在国民收入总体格局不变的条件下，提高劳动者收入就意味着资本要素所有者的利润减少。因此，最低工资标准已成为目前我国劳动关系领域劳资双方利益的一个焦点。即使按照"社会平均工资法"40%～60% 的要求，最低工资也仅达到了平均工资水平的一半左右。

二、通过提高劳动报酬标准是缩小劳动要素与其他要素收入差距的有效途径

通过以上分析，我们可以得出以下几点结论：

第一，从目前情况来看，我国国民收入分配的基本格局不会发生大变化，居民、企业和政府三者之间的分配比例基本稳定，虽然在年度之间比值有所波动，但没有出现大起大落的情况，这反映了居民、企业和政府三者的收入随着国内生产总值规模的扩大而相应地增加。

第二，从职工工资增长率和经济增长率的比较看，职工工资增长率虽低于经济增长率，但始终与其保持同步增长。

第三，如果从城镇居民内部收入分配来看，则问题比较严重。主要表现为劳动收入的增长率远低于经营性收入的增长率和财产性收入的增长率，由此导致城镇居民内部收入差距不断拉大。

第四，与其他生产要素收入相比较，劳动要素报酬较低。根本原因在于在经济转型时期，企业为了降低生产成本，将劳动力价值等同于劳动报酬，并在实际操作中常常以低于劳动力的价值来支付，导致长期以来劳动报酬始终低于劳动力价值。这种做法实际上剥夺了广大劳动者分享经济发展成果的权利。这种状况的形成不仅与经济发展阶段及劳动力市场供求状况有关，也与劳资双方力量对比的不对称直接有关。因此，目前除了在各类企业中建立和健全工会组织以形成有效的力量来与资本抗衡以改善目前双方悬殊的力量对比外，还需要各级政府通过有效的宏观调控来

提高职工工资水平。

为此，从宏观上看各级政府目前在收入分配领域的调控应将重点放在提高劳动报酬特别是提高最低工资标准方面。

一是在当前的经济发展时期，要想通过改变国民经济收入分配的总体格局来提高劳动者报酬是很困难的。

二是市场化改革以来的统计数据表明，工资增长率是不会超过经济增长率的。试图通过提高工资增长率来提高劳动者报酬也是不现实的。

三是当前我国城镇居民收入差距过大的原因主要在于居民收入分配内部存在着问题或不合理的方面，劳动报酬被资本收益压低的问题仅依靠市场经济自身的力量来调节是很困难的，这就是所谓的"市场失灵"，应由政府担负责任。

四是在我国目前的企业制度中，基层企业工会通常都隶属于所在的企业，企业的工会主席通常被称之为"副厂级"。因此，要求他们和企业经营者、管理者面对面地通过谈判来提高职工工资收入，从实际操作角度看是很困难的。这样的制度安排很难保证劳动者的利益不受损害。

因此，政府现阶段在收入分配领域调控的重点是由各省市、地区的劳动和社会保障部门统一采用"社会平均工资法"来制定各地区的最低工资标准，这样就可以在源头上起到提高劳动报酬水平的作用。这一做法从政府调控的角度看也具有可操作性。

从目前的统计数据来看，如果按照"社会平均工资法"来确定最低工资标准，那么各地的最低工资标准至少要提高一倍以上。这对于提高低收入者的收入水平，缩小社会收入差距都将是很有效的。事实上，享受最低工资标准的，大多是劳动力市场上的弱势群体。而维护弱者利益，是一个社会维护公平正义的客观要求。同时，根据《最低工资规定》，最低工资标准至少每两年调整一次，这样就可以保障领取最低工资标准的这部分劳动者的收入可以同经济增长率挂钩而同步增长，从而分享到改革开放的成果。

（原载于《宏观经济管理》2007 年第 2 期）

工资太高就会失去竞争优势吗

问：日前有报道说，劳动和社会保障部将采取 5 项措施提高企业普通职工工资收入，促进劳资和谐。一些地方甚至规定职工工资不涨，领导就不能加薪。但也有人担心，廉价劳动力是我国经济发展和吸收外资的"优势"之一，给职工的工资太高很可能会失去竞争优势。情况果真是这样的吗？

——上海水丰路　孙文杰

答：一个国家要在竞争中获得优势，通常有两种选择：一是通过压低职工工资降低企业运营成本，从而获得竞争中的价格优势；另一个就是加大科技投入，在不断创新的过程中取得竞争优势。一种比较流行的观点认为，中国在过去 20 多年的时间里，经济能够保持快速增长，一个重要因素就是低廉的劳动力价格。然而应当看到，随着国内经济社会的发展和经济全球化的深入，继续依靠低廉的劳动力，实行低工资、低价格、劳动密集型的发展模式，已不再有助于我国参与国际经济合作与竞争能力的提升。

首先，我国劳动力市场的供求关系已开始由过剩向短缺转变，这决定了职工工资积极变化的基本趋势。有分析表明，我国劳动力市场的主要资源即 40 岁以下的剩余劳动力，目前的绝对数量只有 5212 万，远低于 1 亿到 1.5 亿这一数据。我国的劳动力供给结构，已渐渐褪去了过剩的色彩。可以作为例证的是，2004 年出现的以"民工荒"为表现形式的劳动力短缺现象，开始从沿海地区蔓延到中部地区甚至劳动力输出省份。我国正在经历由劳动力过剩向劳动力短缺时代的结构性转变。这个转变预示着剩余劳动力无限供给时代的结束，人口数量优势带来的浅层次竞争优势正在逐渐减少。由此，带来的直接要求就是城乡劳动者工资水平的上涨，此次劳动和社会保障部出台的提高企业普通职工工资收入的措施，应该说就是基于这样的背景展开的。

其次，要提升我国产业的发展水平和整体竞争优势，就不能再刻意压低职工工资，漠视改善职工全方位福利待遇的要求。如果一个人的工资与经济发展和公民生存发展成本不相匹配，整日只能为生计而疲于奔波，那么产业结构升级、人力资本增值等都将成为空谈，整个社会也将因此陷入低生产效率、低层次产业结构的地步。

产业结构演进规律表明，在工业化的进程中，二、三产业劳动者的收入在国内生产总值中的比例会逐渐上升，一般在25%～50%之间。根据国家统计局提供的数据，1980年以来我国的GDP持续快速增长，但同期职工工资总额占国内生产总值的比值却呈下降趋势。1980年为17.0%，1990年为15.8%，2000年为10.7%，2005年为11.0%。可见，产业结构演进过程中所带来的不断增大的社会财富，并未形成更多的劳动收入，没有在职工工资总额上体现出来。相对于其他社会群体，企业普通职工收入增长缓慢已成为不争的事实。

事实上，收入水平的相对或绝对低廉，不仅导致了当前我国生产一线工人素质提升的不足和生活水平的相对下降，而且严重影响了青年人择业的期望。要成为一个具有创新精神的现代化国家，就必须要有一支庞大的高素质的职工队伍。高素质工人，是国家核心竞争力的体现；而相对合理的工资激励，则是提升国家竞争优势和实力的推动器。一个经典的事例是，英美等国就是得益于合理的工资分配对劳动者带来的激励作用，在工业革命和产业升级进程中占据了先机。从这个意义上说，适当提高普通工人工资，不仅不会削弱国家的整体竞争优势，反倒会刺激劳动者的劳动积极性和创造能力，推动产业结构的优化升级，促进科技创新和市场繁荣。

第三，在构建社会主义和谐社会的进程中，廉价劳动力本就不应成为我国经济社会发展的"优势"之一。当前，一种颇具争议的观点是："我们确实要关心低收入者，但也要考虑到企业的承受能力，如果工资提得太高，投资者就会把产业都转移到工资更低的越南去。"应当说，改革开放初期，我们也许有过这方面的顾虑。这其实反过来证明了，以廉价劳动力为竞争优势的国家缺乏全球竞争的真正实力和底气，它的竞争优势只是在一定时期内相对于其他更加不发达的国家或地区而言。低廉的劳动力价格所带来的竞争优势是有限的，而且非常脆弱，这种通常以牺牲人民部分福利，降低社会伦理标准为代价的发展路径，绝不应成为和谐社会进程中的选择。

今天，随着经济社会的发展，注重企业与职工的共同福利、逐步提高普通职工的工资，已成为企业认同的理念。它要求企业在创造利润、为股东利益负责的同时，还要承担起对员工、消费者等的责任。可以说，保障员工利益是企业社会责任中最基本、最直接的内容。因此，我们不应过于担心是否一谈提高工资、一谈维护劳动者权益就会吓跑投资方，就会削弱我们的竞争优势。构建社会主义和谐社会，不能以牺牲普通职工的利益和劳动权益为代价。

当然，并非所有的企业都能主动承担社会责任。现实情况是，职工与企业之间话语权不平等、信息严重不对称，资方在工资决定中处于绝对主导的地位。这就很容易导致某些企业故意压低工人工资，甚至出现连续十年每年只给工人涨不到10元工资的情况。这个时候，就需要作为公众利益代表的政府主动站出来，积极承担公共责任。在遵循市场经济基本规律的前提下，加强对企业的监管，制定最低工资标准，采取适当措施提高普通职工工资水平，对不落实最低工资标准、违反劳动法等行为进行严厉处罚，维护普通劳动者的合法权益。

总之，职工收入高低反映了社会对职工的尊重程度，反映了民生、民权、民利。提高职工工资，确保每个职工分享到企业和国家发展的成果，是我国经济社会可持续发展的需要，有利于提升我国的整体国际竞争力，必将进一步充实社会主义和谐社会共同建设、共同享有的时代内涵。

（原载于《解放日报》2007 年 6 月 25 日）

关于提高劳动报酬在初次分配中的比重的思考

摘要： 如果将"提高劳动报酬在初次分配中的比重"与按劳分配为主、多种分配方式并存的分配原则联系起来理解，按劳分配为主应该是劳动报酬在国民收入分配中占较大的比重。这既可以实现共同富裕，又与当今世界发展趋势相一致。通过对国民收入初次分配领域现状的分析，可以得出以下两点：一是自1992年以来劳动报酬在初次分配中的比重不断下降，二是通过比较分析，劳动报酬提高的空间还是很大的。政府通过实施工资倍增计划，可以为提高劳动报酬在初次分配中的比重创造一个十分有利的宏观环境。

关键词： 国民收入初次分配；提高劳动报酬；工资倍增计划

一、问题的提出

收入分配是经济社会各种利益矛盾的焦点，在我国当前收入分配领域，提高劳动报酬在初次分配中的比重可以说是一个亟待解决的问题。随着经济的不断增长，社会收入分配差距也越来越大，直至超出了国际上公认的警戒线，导致社会发展过程中出现了不和谐。当初以为初次分配的不公平可以通过国民收入再分配来解决，实践证明这是很困难的。经济发展的现实使我们认识到收入差距扩大这一表面现象实际是初次分配领域问题的体现，初次分配领域劳动报酬过低是导致社会收入分配差距不断扩大的重要原因。为此，党的十七大明确提出了"提高劳动报酬在初次分配中的比重"，以此为标志，我国收入分配理论的研究进入了一个新的阶段。

但是，从目前来看，情况并不尽如人意。一方面，在实际经济运行中，国民收入初次分配领域的各要素报酬的多少是由市场机制决定的，在要素市场供求不均衡以及长期实行的"效率优先、兼顾公平"的分配原则，已经形成了强资本、弱劳动的分配格局并造成在初次分配层面劳动报酬过低。短期内靠市场的力量难以扭转。另一方面，理论界对这一问题的研究还处于探索阶段，例如，在按劳分配为主、多种分配方式并存的原则中，按劳分配为主的含义是什么？体现在那些方面？与提高劳动报酬在初次分配中的比重的关系是什么等一系列理论问题还需要研究。① 本文认为，如果我们将"提高劳动报酬在初次分配中的比重"与按劳分配为主、多种分配方式并存的分配原则联系起来理解，按劳分配为主应该是劳动报酬在国民收入分配中占较大的比重。这既可以实现共同富裕，又与当今世界发展趋势相一致。当然，随着改革的深化，理论界会对这一问题做出更加深刻的理解，但目前的关键是要切实解决劳动报酬过低的问题，而要解决这一问题，首先需要对收入分配的现状有一个准确的把握。

二、我国初次分配的现状

为了更好地分析近年来我国国民收入初次分配状况，本文使用国家统计局公布的国民经济核算中的《资金流量表》中近年来各部门初次分配的数据，并采用学术界通常的做法，将该表中的5个部门归并为住户部门、企业部门（包括非金融企业部门和金融企业部门）和政府部门，简称为居民、企业和政府。

表1　政府、企业和居民三者初次分配比例表　　　　　　　　单位：亿元

年份	初次分配总收入	政府		企业		居民	
		总量	比例%	总量	比例%	总量	比例%
1992	26651.83	4138.27	15.53	4205.63	15.78	18307.94	68.69
1993	34560.48	5814.99	16.83	5333.35	15.43	23412.15	67.74
1994	46670.13	7655.90	16.40	7427.72	15.92	31586.51	67.68
1995	57494.88	8823.70	15.35	9144.74	15.91	39526.44	68.75
1996	66850.56	10381.47	15.53	11522.47	17.24	44946.63	67.23
1997	73142.02	11829.72	16.17	13250.94	18.12	48061.36	65.71
1998	76967.31	12982.84	16.87	13489.32	17.53	50495.15	65.61
1999	80579.22	13654.71	16.95	14563.77	18.07	52360.74	64.98
2000	88288.62	14737.24	16.69	16724.61	18.94	56826.77	64.36
2001	95726.93	17573.36	18.36	17339.54	18.11	60814.03	63.53
2002	103936.00	18167.10	17.48	17923.90	17.25	67845.00	65.26
2003	116742.00	20991.30	17.98	21969.90	18.82	73780.80	63.19
2004	159587.10	28465.00	17.84	39076.50	24.49	92045.60	57.68

资料来源：1995年~2007年《中国统计年鉴》. 北京：中国统计出版社

从表1可以看到，1992年~2004年我国国民收入初次分配过程中，初次分配总

---

① 张宇：《完善中国特色社会主义经济理论体系需要深入研究的若干问题》，《经济学动态》2008年第7期。

收入由 1992 年的 26651.83 亿元增加到 2004 年的 159587.10 亿元，增长了 4.99 倍，年均增长率为 16.08%。然而，各个部门的年均增长率却不尽相同，政府为 17.43%，高于初次分配总收入增长率 1.35 个百分点；居民为 14.41%，低于初次分配总收入的增长率 1.67 个百分点；企业为 20.41%，高于初次分配总收入的增长率 4.33 个百分点，同时高于居民初次分配总收入 6 个百分点。

上述数据表明，1992 年～2004 年期间，我国初次分配的国民收入向政府、特别是向企业倾斜比较明显，由此导致居民初次分配总收入占国民收入初次分配收入的比重下降最多，由 68.69% 下降到 57.68%，下降了 11.01 个百分点。企业初次分配总收入占国民收入初次分配收入的比重则由 15.78% 上升到 24.49%，上升了 8.71 个百分点，政府收入则由 15.53% 上升到 17.84%，上升了 2.31 个百分点。

在国民收入初次分配中，居民收入中主要由劳动者报酬和财产收入构成，其中劳动者报酬占 90% 左右。因此，劳动报酬在初次分配中的比重，更能反映劳动者的收入状况。根据国家统计局提供的数据，1992 年～2004 年劳动报酬占初次分配总收入的比重从 63.47% 下降到 47.14%，下降了 16.33 个百分点，下降幅度明显高于居民初次分配总收入占初次分配总收入的下降幅度。① 可见，居民初次分配总收入下降幅度低于劳动报酬占初次分配总收入比重下降幅度，是因为近年来财产收入的提高在一定程度上掩盖了劳动者报酬的下降程度。

三、我国企业部门初次分配的现状

由于居民收入中包括农村居民收入和城镇居民收入，而农村居民收入的增长长期低于经济增长，也会影响到居民收入的增长，从而影响到我们对企业劳动者报酬与资本收益相关性的分析。因此，为了更准确地把握劳动与资本的关系，需要做进一步的分析。

根据国家统计局的定义，一个国家（或地区）的初次分配是指在一定时期内生产活动形成的净成果在参与生产活动的生产要素的所有者及政府之间的分配。而生产活动的净成果是增加值。生产要素包括劳动力、土地、资本。劳动力所有者因提供劳动而获得劳动报酬；土地所有者因出租土地而获得地租；资本的所有者因资本的形态不同而获得利息收入、红利或未分配利润等不同形式的收入；政府因直接或间接介入生产过程而获得生产税或支付补贴。

因此，我们探讨劳动报酬在初次分配中的比重的问题实际上就是分析在一定时期内劳动报酬在生产活动的净成果中的比重问题，亦即劳动报酬在每年增加值中的比重。本文探讨的提高劳动者报酬，主要是指企业劳动者的劳动报酬。因此，需要对企业部门的初次收入分配做进一步的分析，以更准确地把握劳动要素与资本要素

① 国家统计局：《中国统计年鉴》（2007），中国统计出版社 2007 年版。

近年来的收入状况。为此，我们可以通过对非金融部门劳动者报酬占该部门增加值的比重的变动来分析近年来我国企业的初次分配的状况。

表2　非金融部门劳动者报酬占增加值的比重　　　　　单位：亿元

年份	非金融部门增加值	劳动者报酬	劳动者报酬占增加值的比重%
1992	15489.24	7976.40	51.50
1993	21092.00	10682.50	50.65
1994	27724.50	13238.60	47.75
1995	36025.00	17192.57	47.72
1996	40885.40	17336.50	42.40
1997	44628.72	17844.76	39.98
1998	45510.20	17052.80	37.47
1999	47223.60	17093.33	36.20
2000	50662.93	18126.53	35.78
2001	56017.42	20005.22	35.71
2002	60811.80	24174.80	39.75
2003	67652.10	26169.70	38.68
2004	93347.90	34472.60	36.92

资料来源：1995年~2007年《中国统计年鉴》.北京：中国统计出版社

从表2可以看到，1992年~2004年期间我国非金融部门增加值由1992年的15498.24亿元增加到2004年的93347.90亿元，增长了5.03倍，年均增长率为16.15%。然而，劳动者报酬由1992年的7976.40亿元增加到2004年的34472.60亿元，增长了3.32倍，年均增长率为12.97%，低于增加值3.18个百分点。这样在1992年~2004年这13年中，我国非金融部门劳动者报酬在初次分配中的比重变动呈现明显的下降趋势，从1992年的51.50%下降到2004年的36.92%，下降了14.58个百分点，平均每年下降1.215个百分点。

具体分析，这13年可以分为两个阶段，1992年~1996年为第一阶段，劳动者报酬的份额从在51.50%下降到42.40%，5年下降了9.1个百分点，平均每年下降2.275个百分点。下降速度之快，是与这一时期的外部环境相一致的，这一时期我国收入分配的特点是"增长但收入不均等"，即在收入增长的同时，分配不平等的程度明显加剧了。[1] 1996年~2004年为第二阶段，劳动者报酬的份额从42.40%下降到36.92%，8年下降了5.48个百分点，平均每年下降0.685个百分点。

劳动报酬下降并不意味着资本收益增加，这还需要做进一步的分析。因为，在

[1]　世界银行：《共享增长的收入——中国收入分配问题研究》，中国财政经济出版社1998年版。

初次分配阶段，企业部门在生产活动过程中创造的增加值要扣除劳动者报酬、生产税净额、财产收入（包括利息、红利、土地租金等）后才形成企业的初次分配总收入。所以，还要看生产税净额和财产收入占企业增加值的比重的变动情况。

1992年非金融部门生产税净额和财产收入占增加值的比重为25.16%；然后经历了一个先上升后下降的过程，其中1998年最高达到34.22%，但由劳动者报酬占增加值的比重下降过快，当年企业收益所占比重还是在上升。2004年非金融部门生产税净额和财产收入占增加值的比重下降到24.09%；这表明到2004年生产税净额和财产收入占增加值的比重在企业初次分配中的比重又与1992年基本相同，而劳动者报酬同期则下降了14.58个百分点。

通过上述分析，我们可以得出以下判断：2004年非金融部门在税收和财产收入占增加值比重与1992年相比基本保持不变的情况下，企业部门劳动者报酬比重的下降意味着资本收益的增加，也可以理解为资本利润挤占了劳动报酬。而劳动者报酬在我国初次分配中的比重下降至今仍然没有缓解的迹象。这种情况与我们的分配原则相悖，既造成社会收入分配差距过大；又不利于经济社会的和谐发展。因此，提高劳动者报酬在初次分配中的比重是我们在经济发展到现阶段必须破解的一道难题。

四、解决的途径

党的十七大以来，提高劳动报酬在初次分配中的比重这一思想，已逐渐成为社会的共识。然而，多年来按效率优先的分配原则所形成的分配格局，使得这一改革阻力重重。而市场经济条件下，政府既不能对企业分配进行干预，又要保证劳动报酬不被资本收益过分压低。这一难题凸显了提高劳动报酬在初次分配中比重的研究的紧迫性和现实意义。更为引人注意的是，反对提高劳动报酬的声音也一直不断。

从理论上讲，在正常、完善的市场经济条件下，国民收入的初次分配是劳动、资本、土地等生产要素按贡献参与分配的关系，即按照各生产要素的市场价格决定其报酬的分配，政府一般是不应干预的。但是从我国目前情况看，我们虽然已初步建立了社会主义市场经济体制，但尚不完善，特别是生产要素市场发育不健全，一些生产要素的价格还没有市场化。例如，在资本要素方面，反映资本价格水平的利率尚未真正市场化；在土地要素方面，获得土地的机会上存在着不均等，还有相当一部分靠行政审批和政府定价，没有按市场化运作；在劳动力要素方面，城乡统一的劳动力市场还未形成，等等。除此之外，垄断经营、分配秩序混乱都会使初次分配关系出现扭曲。在这种情况下，政府若不进行适度的干预，必然会造成初次分配领域的事实上的不公平。

当然，政府干预并不是要直接干预企业的分配，而是要创造一个有利于要素所有者各方，特别是相对弱势一方的环境。通过建立和健全各种市场规则，规范分配各方的行为。综合当前有关文献的论述，企业劳动者的劳动报酬过低与下列制度的不健全有关：一是企业劳动者工资正常增长机制和支付保障机制不完善；二经济增长与最低工资标准的适时调整及标准的选定的不到位；三是政府发布的工资指导线、劳动力市场价位、行业人工成本信息对企业的工资水平缺乏影响力度；四是初次分配领域秩序混乱，使劳动报酬增长低于经济增长和企业效益增长；五是劳动合同制度和工资集体协商制度远未达到人们的预期。

上述涉及的制度建设问题是需要一个较长的时间才能完成，而当前需要解决的问题是尽快提高劳动报酬在初次分配中的比重。尽管劳动报酬过低目前已是社会的共识，但是否提高则有截然不同的看法，反对的观点主要认为提高劳动报酬会影响我国产品出口的竞争力及外商投资，对此，笔者曾专文讨论过。① 这里只延续上面的分析思路，即在提高劳动报酬的前提下，劳动报酬应该提高多少？

随着经济全球化，任何一个国家都不可能与世界经济过分脱节，特别是像我国这样一个大国在社会经济转型阶段更是如此。因此，提高劳动报酬的比重多少为宜，应放在世界经济的范围内来讨论，看看我国劳动报酬目前的水平与其他国家相比差距有多少。

我们以制造业雇员的平均工资为例，2005 年中国制造业雇员的平均月工资为1313.1 元人民币，为同期发达国家美国的 7.27%，德国的 5.43%，法国的 5.04%，英国的 5.44%，加拿大的 6.22%，澳大利亚的 5.86%，日本的 7.0%；为同期新兴工业化国家如韩国的 9.17%，新加坡的 7.87%；为同期转轨国家捷克的 19.37%，波兰的 22.29%，俄罗斯的 45.02%；乌克兰的 79.95%，为同期发展中国家如墨西哥的45.68%，巴西的 38.02%，泰国的 103.5%。② 可见，我国劳动者报酬不仅远远低于发达国家的水平，而且还低于新兴工业化国家、转轨国家和一些发展中国家水平。

这样，我国劳动者报酬可提高的空间大体是：与发达国家相比，我国制造业雇员的平均工资有 12 倍~18 倍的提高空间；新兴工业化国家相比，我国制造业雇员的平均工资有近 10 倍的提高空间；与转轨国家相比，我国制造业雇员的平均工资有 1倍~4 倍的提高空间；与同我国大体相同的发展中国家相比，我国制造业雇员的平均工资有 1 倍多的提高空间。若从国内的数据看，如果恢复到 1992 年初次分配领域劳动者报酬占增加值的比重的水平，非金融部门劳动者报酬 2004 年就会增加 13601.5亿元，相当于在 2004 年的基础上增长了近 40%。

综上所述，我国现阶段制造业劳动者报酬提高的幅度与转轨国家或发展中国家相比至少应提高 1 倍，退一步讲，即使恢复到 1992 年的水平也要提高 40% 左右，而这是 16 年前的水平。

最后一点就是如何理解劳动报酬了，在 21 世纪的今天，对劳动报酬的理解不能

---

① 信卫平：《工资太高就会失去竞争优势吗》，《解放日报》2007 年 6 月 25 日。
② 根据《中国统计年鉴》2007 年提供的数据计算，其中墨西哥、俄罗斯和乌克兰的数据是 2006 年的。

停留在资本主义机器大工业时期的"生存工资"的层面。殊不知，在资本主义市场经济的今天，工资理论已发展到通过劳资双方的谈判，达到使劳动者能够分享经济增长的红利、分享企业发展的好处的分享工资理论的阶段了。而生存工资理论是资本主义经济初期古典经济学的理论，而古典经济学家更多的是通过这一理论来揭示资本主义原始积累的本质的。

根据社会主义共同富裕的原则，我国广大的劳动者有权分享到经济发展和改革开放的成果，而从目前来看，这种权利只能通过劳动报酬这一途径才能实现。遗憾的是，过低的劳动报酬不仅没有使大多数的劳动者分享到经济发展的成果，反而成为不同改革阶段成本的负担者。从这个意义上讲，提高劳动报酬实际上是对劳动者所做的牺牲的一种补偿。[1] 广东省从 2008 年起开始实施的"工资倍增计划"计划，就是要建立健全企业职工工资正常增长机制。根据该计划，从 2008 年开始连续 5 年广东全省职工工资每年递增 12% 以上，到 2012 年时工资水平将比 2000 年翻一倍，让职工分享到经济发展的成果。[2] 工资倍增计划的意义也正在于此。可以说，劳动报酬长期偏低的坚冰已经开始打破。

尽管人们对这一计划表示疑惑，主要是认为工资倍增计划在执行过程中缺乏强制力。例如北京等城市曾于 1997 年开始发布工资指导线，但劳动者报酬没有明显的提高，过高的收入差距没有得到抑制。其原因就在于指导线缺乏强制力，最终仅成为企业制定工资标准的参照物。因此，"工资倍增计划"要想真正惠及广大劳动者，就必须完善配套措施，其中最重要的一点就是要强化工资集体协商制度，使其成为决定企业劳动者报酬的重要方式。因为只有当职工能够与资方平等谈判时，工资倍增计划才不至于落空，提高劳动者报酬在初次分配中的比重才会真正实现，从而最终形成符合社会主义市场经济发展需要的收入分配机制。

工资倍增计划可以说是政府为提高劳动者报酬创造一个良好的制度环境，事实上，"工资倍增计划"的实施不仅仅是一个提高劳动报酬的问题，而是一项涉及诸多方面的系统的社会工程。因此，适时在全国范围内实施工资倍增计划，就显得非常重要。要使"工资倍增计划"真正发挥作用还必须增强一线职工在劳资谈判中的维权力量，这就需要各级工会组织的参与，在工会的组织下，企业职工才能真正平等地参与到劳资谈判的博弈中。

（原载于《中国劳动关系学院学报》2008 年第 6 期）

---

[1] 信卫平：《提高劳动收入的深层思考》，《中国劳动关系学院学报》2007 年第 5 期。
[2] 广东省劳动和社会保障厅：《2008 年广东省劳动和社会保障事业发展计划》。

国际金融危机与中国最低工资标准

摘要：国际金融危机打断了中国最低工资制度良好的发展趋势，使最低工资的增长出现停滞，并导致劳资双方的矛盾通过最低工资这一问题而公开化。鉴于金融危机对我国最低工资政策的冲击、我国不但不应冻结最低工资标准的正常调整，而且应该使最低工资的年均增长率高于职工年均工资增长率，以尽快达到最低工资的下限标准。

关键词：国际金融危机；最低工资标准；中国；最低工资

一、国际金融危机对中国最低工资政策的冲击

自 2004 年劳动和社会保障部发布了《最低工资规定》以来，最低工资在中国有了长足的发展，表现为各地方政府开始对其有所重视，各地最低工资标准近几年出现了较大幅度的增长，其增长率超过了以往历年。最低工资制度对我国经济发展和社会稳定的重要性已为全社会所共识，它的实施已有了广泛的社会基础。但是，2008 年 9 月以美国雷曼兄弟公司破产为标志的国际金融危机打断了中国最低工资良好的发展趋势，并出现了以下变化：

1. 最低工资政策的转向

由于国际市场环境的恶化，中国东部地区大量出口加工企业出现停产、半停产甚至倒闭的情况，影响到企业的正常运行，为摆脱困境，企业纷纷降低人工成本，要求降低和停止最低工资的呼声越来越高。迫于压力，人力资源和社会保障部 2008 年 11 月 17 日发出通知，指出根据当前经济形势和企业实际，近期暂缓调整企业最低工资标准。而在三个月前的 2008 年 8 月 7 日该部还刚刚发布了《关于进一步做好失业保险和最低工资有关工作的通知》，规定"今年尚未调整最低工资标准的地区，下半年应及时调整"。

2. 劳资双方对立的公开化

最低工资政策的变化直接引发了劳资关系中久已存在的矛盾。在 2009 年 3 月召开全国人民代表大会前夕，有人大代表和政协委员明确提出取消或停止执行最低工

资规定。例如,广东人大代表卢光霖2009年2月15日接受记者采访时说:政府不要再搞最低工资标准了,最低薪水应由市场决定。① 全国政协委员林嘉騋在2009年3月3日接受记者采访时说:将在两会上提议降低全社会最低工资标准,以减轻企业压力。② 上述提法遭到了全国总工会的坚决反对。中华全国总工会发言人2009年3月9日明确表示,全国总工会不赞成取消最低工资标准制度。实行最低工资标准制度是维护普通劳动者利益的一个主要手段,也是劳动者在法定的劳动时间内,从事正常劳动得到的最低工资标准,是普通劳动者最基本生活的"保险绳"。企业经营者不要总在职工的劳动报酬上打主意。③ 这一争论表明,劳动者与资方的利益对立在最低工资问题上公开化了。

3. 各地区最低工资的定期调整全面冻结

受到国际金融危机和政府政策变化的影响,2009年以来各省、自治区、直辖市相继宣布暂缓调整最低工资标准,其中10个已经到期应该调整的省市也未做调整。调整最低工资标准,主要考虑两个因素:一是物价水平,二是职工平均货币工资水平。从物价走势看,虽然2009年2月份以来物价指数呈小幅度的负增长,但居民消费价格指数之外的房价、资源性产品的价格已上升不少,通胀预期不断增大。中国经济景气监测中心2009年8月提供的数据显示,反映经济运行状况的先行指数、预警指数等4个景气指数均呈上升势态。④ 从职工平均工资水平看,根据国家统计局2009年7月提供的数据:上半年全国城镇单位在岗职工平均工资同比增长12.9%,企业职工工资同比增长11.9%。城镇职工工资同比增长率在两位数以上,最低工资标准有上调的基础。各地政府暂缓上调最低工资标准的理由都是让职工与企业共渡难关,但事实上是一般职工承担了金融危机的风险,而企业管理层却是高薪照拿、奖金照发。这种做法显然是有悖于暂缓调整最低工资标准的初衷,也是对低收入职工利益的漠视。

4. 最低工资政策争论的国际背景

由国际金融危机所引发的上述变化并不是孤立的,即使在最低工资制度比较成熟的欧洲,也出现了与我国相似的情况。根据欧盟的统计,2000年以来欧盟各国的最低工资有了较大的增加,2000年至2008年期间,20个实行法定最低工资欧盟成员国的最低工资平均每年增长为8.9%。其中原9个老欧盟成员国年均增长4.1%,11个新欧盟成员国年均增长12.9%。许多欧盟国家的最低工资自2000年以来年均增长速度一直超过了平均工资的增长速度,从而进一步提高最低工资的相对价值。但是,

① 卢光霖:《政府别再搞最低工资标准》,《新快报》2009年2月15日。
② 《政协委员建议全社会最低工资标准应下调》,《辽一网–华商晨报》2009年3月3日。
③ 全国总工会:《不赞成取消最低工资标准制度》,《北京商报》2009年3月10日。
④ 国家统计局景气监测中心. http://www.stats.gov.cn/tjsj/jdsj/hgjjjqzs/ 2009-10-10。

2008 年下半年爆发的国际金融危机打断了这一增长势头。据欧盟统计，2009 年 1 月 1 日 20 个实行法定最低工资欧盟成员国的名义最低工资增长率为 5.7%，而 2008 年 1 月 1 日这个增长率为 10.8%。① 与此同时，金融危机在欧洲各国也引发了最低工资政策的新一轮争论。

在法国，雇主代表和政府的保守派表示，最低工资自 2000 年以来上升过快，建议取消最低工资指数自动与价格挂钩。在法国工会的影响下，经过冗长的辩论，政府最终决定维持现有的指数化机制不变。法国工会还呼吁在目前的经济衰退状况下，最低工资应有一个更大的增长，达到每月 1600 欧元（10.5 欧元/小时）。在英国和爱尔兰，许多雇主代表提出在经济危机期间冻结最低工资。而英国贸易工会联合会职工大会针锋相对地提出 2009 年英国最低工资应从目前的 5.73 英镑/小时提高至 6.10 英镑/小时。爱尔兰贸易工会也提出了相似的主张。

在捷克，尽管工会不断抗议，但保守党政府自 2006 年中旬以来一直没有提高最低工资水平。在立陶宛，2008 年 7 月通过的最低工资法中规定在物价水平上升后，最低工资自动增加 3%。在罗马尼亚，工会在 2008 年举行了重大的抗议行动后签署了最低工资标准中期发展的三方协议。协议不仅保障 2008 年最低工资增加，而且规定到 2014 年实现最低工资相当于 50% 的平均工资水平。在西班牙，政府也宣布最低工资的长远计划，立法机关在 2012 年将最低工资从目前的 624 欧元/月增加到 800 欧元/月。西班牙政府和工会共同追求的目标是将最低工资水平提高到平均工资水平的 60%。斯洛伐克政府也有类似的计划。

总之，国际金融危机使欧洲各国最低工资增长的步伐放慢，但并没有停止。各国政策的选择更多地取决于政府的政治倾向，保守倾向的政府追求对最低工资政策的限制，更多的具有社会民主倾向的政府则在逐步提高最低工资水平。②

相比较而言，我国受金融危机的影响要低于欧洲各国。但是，与欧洲各国最低工资增长减速相比较，我国在最低工资问题上的反应已远远超过了欧洲各国。以冻结最低工资增长来对应国际金融危机，只能说明我国最低工资制度的不完善和劳资双方力量的不均衡。由于广大最低工资受益者的利益受到损害，我们有必要探讨一下中国最低工资标准的高低。

二、中国最低工资的水平和相对价值

1. 中国目前的最低工资水平

由于中国国家地域广大，各地区经济发展不均衡，与欧洲等实行法定最低工资

---

① Minimum wages in Europe: new debates against the background of economic crisis, ETUI Policy Brief—European Economic and Employment Policy, Issue 2/2009; Beate CZECH: Minimum Wages in January 2009, eurostat, Data in focus, 29/2009

② Lothar Funk and Hagen Lesch. Minimum wages in Europe, Cologne Institute for Economic Research, IW

国家的单一标准不同，中国的最低工资标准是由各省、自治区、直辖市人力资源和社会保障厅（局）制定的。由于各省、自治区、直辖市辖区内的经济发展的不均衡，目前，除北京和上海两个直辖市实行单一的最低工资标准外，其他29个省、自治区、直辖市均实行2~9个不同档次的最低工资标准。图1是2008年中国各省、自治区、直辖市的月最低工资标准，① 图中的数据均为各省、自治区、直辖市最高一档的月最低工资标准。多数地区的最低工资标准高低相差1.5倍左右。

图1显示，2008年中国各省、自治区、直辖市的月最低工资标准大体可以分为四档：800元（含800元）以上6个；700元（含700元）以上6个；600元（含600元）以上15个；500元以上4个。可见，中国80%地区的最低工资在560~760元人民币/月这个范围。由于最低工资标准中包含了就业者及其赡养人口的最低生活费用，2008年这个系数是1.97。按照这个标准计算，人均每天的收入在两美元以下，这是世界银行2000~2001年的贫困标准。② 这一标准还是按各地最高一档标准计算的，应该说中国最低工资标准是很低的。

中国目前职工个人要缴纳养老保险金、失业保险金、医疗保险金和住房保险金。由于在《最低工资规定》中没有明确规定最低工资标准中是否包括这些项目，因此各地在制定最低工资标准时，有些地区的最低工资标准没有包括上述项目，如上海、北京；而有些地区的最低工资标准则包括上述项目，如河北等地。这一部分的费用大概要占到社会平均工资水平的20%，其中个人要缴纳8%左右，这样一些地区职工得到的最低工资收入比图1中的数据还要低。

2. 中国最低工资标准与职工平均工资的关系

最低工资水平的高低一方面看它的绝对值，另一方面要看它的相对价值，即最低工资占当地职工平均工资的百分比。中国《最低工资规定》要求各地区月最低工资标准范围应在当地职工平均工资的40~60%之间。③ 按照通常标准，最低工资标准接近或低于平均工资50%的工资水平应该被看作"贫穷工资"。④ 根据各地区的最低工资标准及职工平均工资水平计算，2008年中国各地的月最低工资标准均低于当地职工平均工资的40%，最高的地区也只有38.89%，最低的地区只有17.04%，见图2。

图2中各省、自治区、直辖市的月最低工资标准用的是最高一档的最低工资标准，而各地区的职工工资水平用的是平均工资水平。因此，图2中各地区最低工

---

① 2009年各省、自治区、直辖市的月最低工资标准均未做调整，还是延续各地的2008年标准。

② 世界银行：《2000/2001年世界发展报告：与贫困作斗争》，中国财政经济出版社2001年版。

③ 中华人民共和国劳动和社会保障部：《最低工资规定》，中国法制出版社2004年版。

④ Thorsten Schulten, Reinhard Bispinck and Claus Sch? fer (eds)：Minimum wages in Europe, ETUI - REHS Brussels 2006

省市	最低工资标准（元）
上海	960
广东	860
浙江	850
江苏	800
新疆	800
北京	800
山东	760
福建	750
天津	740
西藏	730
山西	720
辽宁	700
云南	680
重庆	680
黑龙江	680
内蒙古	680
河北	680
广西	670
湖南	665
贵州	650
四川	650
河南	650
吉林	650
海南	630
甘肃	620
青海	600
陕西	600
湖北	580
江西	580
宁夏	560
安徽	560

资料来源：各省、自治区、直辖市网站

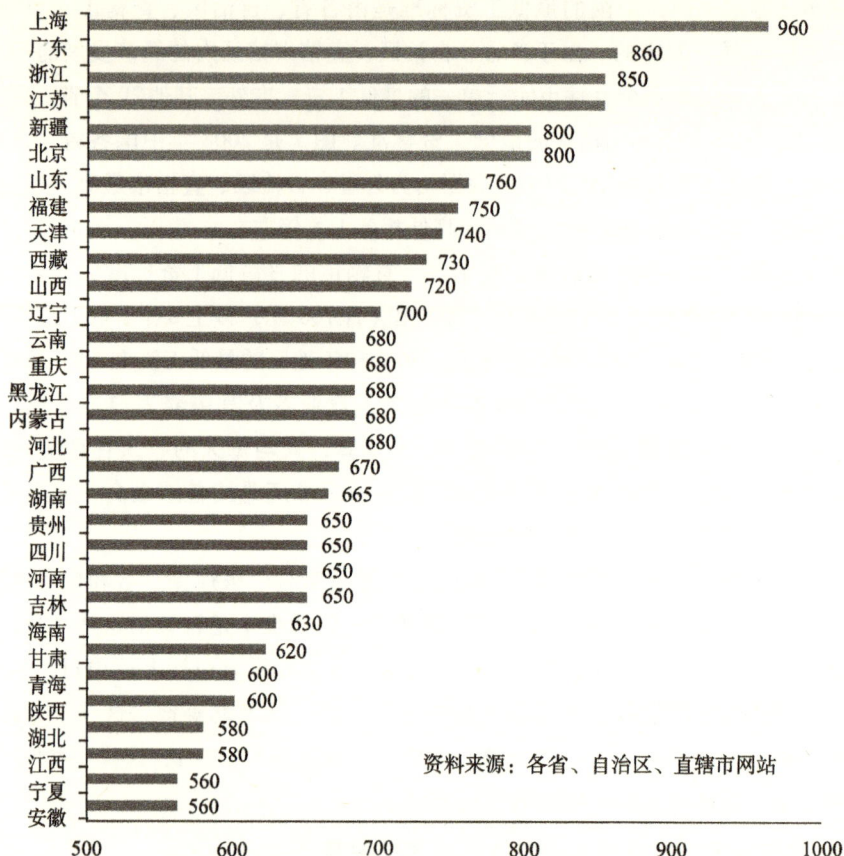

图1：2008年中国各省市、自治区月最低工资标准（元）

占平均工资的比例应该看作上限了。即使这样，一些地区的职工收入还未达到当地的最低工资标准。据湖北省委政策研究室、省总工会的调查，该省一些企业以地区最低工资标准为工资支付起始线，若减去有关津贴及福利待遇后，13.6%的职工月工资低于当地最低工资标准。①

需要注意的是，一些地区在制定最低工资标准时，并没有完全按照《最低工资规定》中规定的最低工资的含义来制定本地区的最低工资标准，而是给处于非正常经营状态的用人单位制定的一个最低的工资支付标准。例如，山东省劳动和社会保障厅在2006年发布的关于最低工资执行中几个具体问题的通知中明确指出："最低工资标准是少数生产经营困难、经济效益下降，确无正常工资支付能力的用人单位（连续3个月以上不能正常发放工资的），支付给劳动者的最低劳动报酬。有支付能

---

① 湖北省委政策研究室、省总工会联合调查组：《关于全心全意依靠工人阶级方针贯彻落实情况的调研报告》，工运研究（13）2009－07－10

力的用人单位不得将最低工资作为正常的工资支付标准。"

综上所述，无论是从最低工资标准绝对数看，还是从相对价值看，我国的最低工资标准都是比较低的。

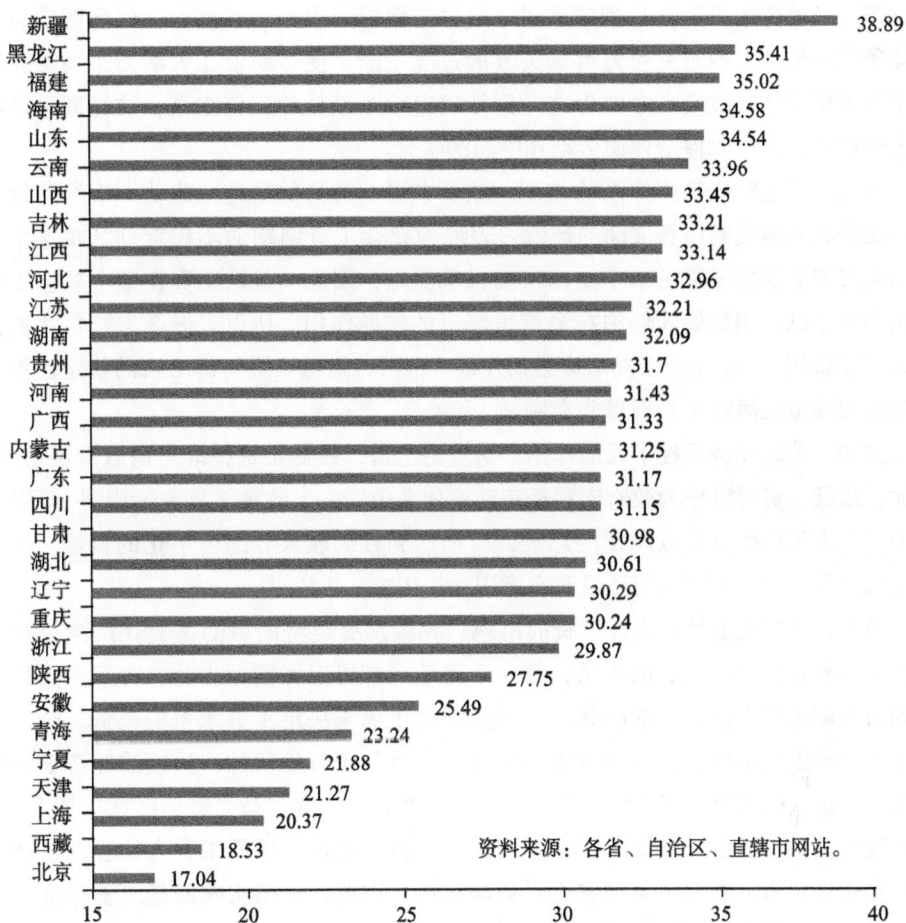

新疆	38.89
黑龙江	35.41
福建	35.02
海南	34.58
山东	34.54
云南	33.96
山西	33.45
吉林	33.21
江西	33.14
河北	32.96
江苏	32.21
湖南	32.09
贵州	31.7
河南	31.43
广西	31.33
内蒙古	31.25
广东	31.17
四川	31.15
甘肃	30.98
湖北	30.61
辽宁	30.29
重庆	30.24
浙江	29.87
陕西	27.75
安徽	25.49
青海	23.24
宁夏	21.88
天津	21.27
上海	20.37
西藏	18.53
北京	17.04

资料来源：各省、自治区、直辖市网站。

图2：2008年中国各省市、自治区最低工资占职工
平均工资的比例（％）

三、国际金融危机背景下提高最低工资标准的政策选择

1. 中国最低工资在经济中的作用

国际金融危机背景下的最低工资政策的选择取决于最低工资在经济中的作用。从实践的角度看，中国最低工资在经济中的作用主要体现在以下几个方面：

第一，对弱势群体的保护作用。中国劳动力市场上的弱势群体通常是指在某些行业、部门从事劳动的劳动者，他们流动性大，缺乏有效的集体谈判能力，如建筑业、服务业等。目前在这些行业、部门从业的劳动者以农民工为主体，受户籍制度、文化程度、工作经验的影响，在劳动力市场上处于弱者的地位，最低工资制度为他们提供了一个无需与资方谈判而得到的工资水平。

第二，保障低收入公平性的作用。中国目前劳动力低端市场上仍处于供大于求的状态，随着中国城镇化过程的推进，这种局面短期内难以改变。为保障劳动力市场竞争的公平性，抑制劳动力市场买方的过度垄断，使劳动者在劳动力市场上获得公平的工资水平，政府有必要为这一群体确定一个最低的工资水平，这样既可以减少劳资纠纷，又可以保证体面劳动在中国的实现。

第三，稳定整个工资体系的作用。随着中国市场化的推进，劳动力市场的价格——工资越来越受到市场波动的影响，表现为社会工资结构的不稳定性。在这个工资结构底部的最低工资由于不是由市场供求决定，因此，最低工资在整个社会工资结构中的基础作用就如同停泊在海湾里船只的锚的作用。所以，最低工资常常被比喻为"工资锚"。在社会工资结构遇到外部冲击时，最低工资发挥出来的稳定性作用在此次国际金融海啸中表现得非常明显。

第四，宏观经济调控手段的作用。从理论上讲，最低工资标准是由政府制定的，因此，最低工资可以作为政府宏观经济政策体系中的一个政策工具来运用。① 可以对职工工资水平产生直接或间接的影响，以期达到社会收入分配公平化的目标。但从目前的情况来看，中国政府还没有有意识地运用这一手段。

第五，从制度上杜绝血汗工资的出现。我国发展经济的目的是要让广大劳动者都能分享到社会经济发展的成果，每一个劳动者都可以体面地生活。对于中国目前劳动力低端市场上供大于求的状况，不能任由市场来决定工资水平的高低。因为在一个供过于求的市场上，劳动力市场价格一定是低于其价值的，从政治经济学的角度来看，过低的工资水平会使得劳动力的再生产难以为继，马克思早已在《资本论》中对这种低工资的血汗工资制度做过深入的分析。这种以极低工资为标志的血汗工资制在今天的西方资本主义国家也是被唾弃的。因此，我国实施最低工资标准实际上是从制度上杜绝血汗工资的出现。

2. 国际金融危机背景下提高最低工资标准及政策选择的重点

从 1998 年中国广东省珠海市最早实施最低工资以来，中国最低工资制度经历了 11 年的发展历程。党的第十七大报告指出：合理的收入分配制度是社会公平的重要体现。初次分配和再分配都要处理好效率与公平的关系，提高劳动报酬在初次分配中的比重。着力提高低收入者收入，逐步提高最低工资标准。这标志着我党对最低工资制度的认识已由过去满足劳动者基本生活的生存保障目标向公平分享这一更高社会目标的转变。在反国际金融危机背景下，在各种经济数据表明金融危机对我国

---

① 杰拉尔德·斯塔尔：《最低工资——实践与问题的国际评述》，经济管理出版社 1997 年版。

的影响已经过了最严重的时期时，最低工资政策的选择对我国社会的发展显得尤为重要，建议从以下几个方面做进一步的改进。

（1）提高最低工资立法层次，昭示建立公平社会的理念。目前的《最低工资条例》是一个部颁的条例，建议由人大单项立法，如《中华人民共和国最低工资法》。在当今社会，有无最低工资法关系到人们对这个社会核心价值观的认同。因为，在早期人们常常以是否减少贫困为标准来评价最低工资法，在今天人们支持最低工资法是因为它体现了社会公平。①

（2）提高最低工资水平。根据国际劳工大会面向发展中国家特别推荐建立最低工资确定办法的第 131 号公约和第 135 号建议书，② 以及国际劳工局倡议的"体面劳动"的观念，③ 逐步提高最低工资标准，并设立时间表，争取使各地的最低工资标准在 2 年均达到职工平均工资的 40%。并争取在 10 年内使最低工资标准达到职工平均工资的 60%。中华全国总工会在 2006 年曾提出用 3 至 5 年的时间，逐步使最低工资标准达到各地平均工资的 40% ~60% 的水平。④ 这就要求各地区在调整最低工资标准时，使其年均增长率在一定时期内要超过职工年均工资增长率，否则，达到 40% 的下限目标都难以实现。当务之急是解冻目前各地方政府的暂缓调整的通知，恢复最低工资正常的按期调整。

（3）国家应加强对各地最低工资标准的管理，统一最低工资标准的计算口径。例如，《最低工资规定》第六条提到："确定和调整月最低工资标准，应参考职工个人缴纳的社会保险费等因素。"但是没有明确职工个人缴纳的社会保险费是否包含在最低工资标准中，这样就造成各地在确定本地区最低工资标准时出现不一致的情况，也容易在劳动者和企业经营者之间造成混乱。因此，明确规定最低工资标准不包括上述各项上缴费用，使各地区的最低工资标准统一规范。

（4）扩大最低工资的覆盖范围。最低工资制度的最基本的职能是保护社会上最低收入劳动者的利益。《最低工资规定》第二条提到："本规定适用于在中华人民共

① 唐纳德·帕森斯：《最低工资，新帕尔格雷夫经济学大辞典》（第三卷）K–P，经济科学出版社，1992 年版。

② 在 1970 年召开的第 54 届国际劳工大会，通过了面向发展中国家特别推荐建立最低工资确定办法的第 131 号公约（1970 年）《确定最低工资并特别考虑发展中国家公约》和第 135 号建议书（1970 年）《确定最低工资并特别考虑发展中国家建议书》。其中 135 建议书提出："确定最低工资，应当成为旨在战胜贫困、保证满足全体工人及其家庭需要的政策内容之一。""确定最低工资的根本目的是为工资劳动者得到可容许的最低水平工资提供必要的社会保护。"

③ 在 1999 年 6 月第 87 届国际劳工大会上，国际劳工局局长胡安·索马维亚提出了"体面劳动"（Decent work）的新观念。体面劳动"意味着劳动者的权利应得到保护、有足够的收入、充分的社会保护和足够的工作岗位。"2008 年 1 月 7 日，中国国家主席胡锦涛在出席"2008 经济全球化与工会"国际论坛开幕式的致辞中指出："让各国广大劳动者实现体面劳动，是以人为本的要求，是时代精神的体现，也是尊重和保障人权的重要内容。"

④ 中华全国总工会负责人：《3~5 年内达到当地平均工资的 40%》，《人民日报》2006 年 5 月 19 日。

和国境内的企业、民办非企业单位、有雇工的个体工商户和与之形成劳动关系的劳动者。"这样，就把大量进城务工的农民工、实习或学徒工、家庭保姆等排除在最低工资的保障范围之外了。导致一些企业大量雇佣农民工、实习生、学徒工，并付给他们低于最低工资标准的工资，形成事实上的血汗工资制，而劳动者却又不能依法保护自身的权益。

（原载于《中国劳动关系学院学报》2010 年第 1 期）

重建公平与效率相统一的分配制度

摘要：公平与效率的统一是指在竞争性市场经济中使收入分配达到社会普遍认可的状态，这也是我国收入分配体制改革成功与否的关键所在。在我国 30 年改革与发展的进程中，由于没有意识到效率不断提高的根本原因在于竞争性市场体系的建立，为追求效率我们长期将公平置于次要的位置，导致不同阶层在改革中获利的不一致，从而形成了改革的相对受益者和受损者，并造成收入分配差距不断扩大。2008 年的国际金融危机为我国重建公平与效率相统一的收入分配制度提供了一个难得的契机，政府可以通过对利益受损者的补偿来完成对收入分配差距过大的调整。

关键词：公平；效率；收入分配；改革路径；补偿

一、问题的提出

任何一个社会都要面临公平与效率关系的挑战。改革开放以来，我们在摆脱了平均主义的羁绊后，又陷入了贫富悬殊的困境。如何实现公平与效率的统一，是当前我国改革与经济发展面临的一个极为现实的问题。

从经济学的角度看，此问题的难点不在于效率一方，因为关于效率的定义经济学已有普遍认同的表述，这就是帕累托关于效率的定义，又称帕累托最优，当然这是以竞争性市场为前提的。正是基于追求资源有效配置这一点，党的十四大报告就已经明确提出经济体制改革的目标是建立社会主义市场经济体制，我国理论界具有代表性的观点也认为，我国"选择了市场经济就意味着选择了效率优先"①。

所以，公平与效率问题的难点在于对公平的理解。公平是一个非常复杂、抽象的命题，是一个人们可以对它做出任何解释的概念，因而在客观上难以给出一个确定的参照标准。经济学对公平与效率的讨论，通常将公平置于收入分配这个特定的平台上。自 20 世纪 60 年代以来，经济学家和社会学家所沿用的公平含义接近于均等或公正的意思，即如果在一种分配中，没有任何一个人羡慕另外的一个人，那么这

---

① 高尚全：《把提高效率同促进社会公平结合起来》，《人民日报》2008 年 10 月 6 日。

种分配就称之为公平分配。①

经济学已证明，在纯粹的交易经济中，存在着既是公平的又是帕累托最优的分配。要找到一个既是公平的又是帕累托最优的分配，就要从均等分配开始，并把经济推移到一个竞争性均衡状态。根据福利经济学第一定理，竞争性均衡是帕累托最优的，因为均衡是建立在均等分配基础之上的，每个人都有同样的预算，这样就不会产生妒忌。所以，这一定理在公平和帕累托最优性之间建立起了一种联系。② 尽管这种分析是一种理论分析，但是它为我们在收入分配体制改革中如何处理好公平与效率关系提供了一种思路，即在竞争性市场经济中如何使分配达到社会普遍认可的状态，是我国收入分配体制改革成功的关键所在。

二、我国收入分配制度从公平到不平的路径演变

探寻我国下一步收入分配制度改革的路径，首先需要从理论上对我国收入分配制度改革30年的路径做一描述。为了使得这一描述更加客观和准确，我们采用抽象的方法并借用经济学的效用可能性边界曲线来分析，并假设：

1. 经济中只有两个经济主体甲和乙，他们可以代表两个阶层或两个收入不同的群体。由于效用可能性边界曲线是甲和乙的所有无差异曲线切点的集合，即在每一点上甲和乙的边际替代率都相等，因此它表示在其他条件不变的情况下，甲和乙能得到的最大的效用组合。

2. 甲和乙的效用的大小与其收入正相关，因此，图1中双方效用的大小即意味着其收入水平的高低。图1中的横轴代表甲的效用，纵轴代表乙的效用。在边际可能性曲线与坐标构成的区域内的任何一点都是甲和乙的无差异曲线的交点，因此，区域内的任何一点都不是双方效用最大化点。提高效率的改革同时就意味着区域内的点向边际可能性曲线上移动。因为只有边际可能性曲线上的任何一点代表甲和乙的无差异曲线的切点达到了效用最大，即帕累托最优。

3. 为了确定公平的位置，我们在图中加入一条45°线。该线段上的任意一点代表甲和乙的效用即双方的收入相等。但只有在45°线与边际可能性曲线相交的 E 点处才是公平与效率的统一，也即双方收入的完全均等与效率的统一。E 点在理论上是存在的，所以我们将 E 点作为一个公平与效率达到完美统一的点，并作为我们追求的收入分配体制改革目标的参照标准。

经济体制改革前，我国实行的是计划经济体制，在收入分配制度上以平均主义和大锅饭为特征，这种表面公平，实则缺乏激励机制的分配制度，导致了低效率。我们将这种平均主义和低效率的状态放入图中，并确定在 A 点的位置，A 点在45°线

---

① 约翰·伊特韦尔等：《新帕尔格雷夫经济学大辞典》（第三卷），经济科学出版社1992年版。
② 约翰·伊特韦尔等：《新帕尔格雷夫经济学大辞典》（第三卷），经济科学出版社1992年版。

下侧一点上，表明 A 点的分配是非常接近完全均等的，由于离原点较近，表明 A 点的经济效率是低下的。实际上，我国的收入分配制度改革就是从 A 点这样的状态出发的。

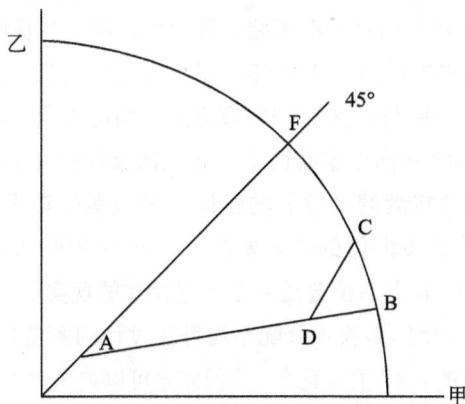

图1　我国 30 年收入分配体制改革的路径

　　经济体制改革的实质是利益关系的重新调整，因此，邓小平在谈到"改革是中国第二次革命"时就指出：改革面临着极大的风险，"因为改革涉及人民的切身利害问题，每一步都会影响成亿的人"①。中国改革走一条什么样的道路，改革初期并不明确，只是"摸着石头过河"。由于我们最初认定平均主义是低效率的根源，所以当时改革的指导思想和政策措施主要是"效率优先"和"让一部分人先富起来"。"效率优先"必然使得 A 点向效用可能性曲线的移动，而"让一部分人先富起来"则使得 A 点必然逐渐远离 45°线，这两者的合力最终使得收入分配制度改革形成了从 A 点到 B 点的发展路径。

　　从长期和发展的角度看，收入分配体制改革最终会使甲和乙都从中受益。但是，我们不否认在特定时期和领域内，某些社会阶层和成员的利益因改革而受到一定程度的损害，也不排除人们从改革中获取的利益有多寡之别。我国收入分配制度改革实际上就是一种制度创新与变迁，根据新制度经济学的理论，只有当制度创新与变迁所获得的收益大于为此而支付的成本时，制度创新与变迁才有可能发生。"但是，由于制度变迁的成本 – 收益的分布往往是不对称的，也就是受益者未必承担成本或承担较少成本，这样，某些制度变迁就有可能以很多人的利益损失为代价而让少数人获益。"②

　　由于 A 点向 B 点移动过程中越来越远离 45°线，在这个过程中必然会形成两个基

---

① 邓小平：《邓小平文选》（第三卷），人民出版社 1993 年版。
② 程恩富等：《新制度经济学》，经济日报出版社 2007 年版。

本的社会群体，即从改革中受益较多的社会群体和从改革中受益较少或受损的社会群体。这两个社会群体可以理解为改革的相对受益者和相对受损者。如图 1 中的甲和乙。甲从改革中获益要远远大于乙，是改革的最大获益者；乙是获益较少者或目前的低收入群体。从 A 到 B 的这一改革路径是效率提高与贫富两极分化并存的过程。

根据国家统计局提供的数据，2008 年我国城镇家庭居民人均可支配收入按收入等级计算，最高的 10% 家庭与最低的 10% 家庭的人均可支配收入已经相差 9.17 倍。① 另据九三学社中央在 2010 年向全国政协十一届三次会议提交的《关于优化国民收入分配结构，推动经济社会持续健康发展的建议》的提案中提供的数据，我国收入最高 10% 群体和收入最低 10% 群体的收入差距，从 1988 年的 7.3 倍上升到 2007 年的 23 倍。② 由此推论，图中 B 点的位置是一个客观存在的现实。

如果以基尼系数的变化作为收入分配不均等化过程的衡量尺度，我国基尼系数从改革之初的 0.16 到目前的 0.47 的变化③，我们完全可以得出以下判断：在 30 年经济体制改革与发展的进程中，我们以社会公平为代价，完成了经济效率由低向高的转变。

从 A 点到 B 点的变化可以看作帕累托改进，即一项社会变革使得一部分人的社会福利增加的同时，并不减少其他社会成员的福利。但是，帕累托改进是一个效率概念，不能用它作为评价经济体制改革的唯一标准。因为帕累托改进的过程中会出现利益不一致。如果一项社会变革使得所有时候成员的福利都有所改善，则这项改革是最理想的，如 1984 年以前的以土地承包制为主要举措的农村经济体制改革，几乎所有社会阶层都从中受益。如果一项社会变革使得一部分人的社会福利增加的同时，给另一部分社会成员的福利造成了不利的影响，这项社会变革是否可行就需要对这项社会变革进行成本—收益分析，然后利用补偿理论来判断这项社会变革的可行性。一般来说，只要符合卡尔多—希克斯补偿标准④，改革就应当继续推进。这也是我国理论界在意识到改革会使一部分人利益受损的情况下，仍一直坚持推进改革的理论依据。

例如，1984 年以后的国有企业改革，无论是最初的"砸三铁"，还是后来的"三项制度改革"，"减员增效、下岗分流、买断工龄"等，都直接触动了广大职工的切身利益，没有考虑到职工的历史贡献和切身利益，使部分职工成为利益受损者。⑤ 根据中国社会科学院的一项研究报告，1995 年～2001 年，国有部门的职工人数从

① 国家统计局：《中国统计年鉴》(2009)，中国统计出版社 2009 年版。
② 《贫富两个 10% 收入差距相差 23 倍》，《北京晚报》2010 年 3 月 6 日。
③ 国家统计局：《国际统计年鉴》(2009)，中国统计出版社 2009 年版。
④ 卡尔多—希克斯补偿标准是指如果由 A 状态改变为 B 状态，由此而获益的那部分人能对由此而受损的那部分人做出补偿且仍处于比原来更优的境地，则 B 状态优于 A 状态。即如果一项改革使得一部分人受益，另一部分人受损，而受益者能完全补偿受损者之后还有剩余，则整个社会福利会有所改善。
⑤ 信卫平：《提高劳动收入的深层思考》，《中国劳动关系学院学报》2007 年第 5 期。

11300 万人下降到 6700 万人，大约减少了 4600 万人，约占原来职工人数的 40%。同一时期，城镇集体部门的职工减少了 1860 万人，接近原来职工总量的 60%。在这个时期，4300 万职工成了登记注册的下岗者，其中 3400 万来自国有部门。① 为了使得广大职工支持改革，各级政府经常以改革是符合工人阶级长远利益的观念来教育职工，并承诺将来经济发展了，职工的利益是会得到补偿的。这也就是改革之初邓小平讲的，要让一部分地区一部分人先富起来，再以先富带后富的改革思路。尽管卡尔多—希克斯补偿标准在理论上是虚拟补偿，但在实际经济生活中，如果长期忽视对改革成本负担者的利益补偿，必然会影响经济的发展和社会的稳定。

三、收入分配制度失衡的根源在于对公平与效率关系的片面理解

收入分配差距的不断增大使我们意识到了这一问题的严重性，效率优先、兼顾公平的分配原则已不适应我国现阶段的经济发展了。党的十七大报告指出："初次分配和再分配都要处理好效率和公平的关系，再分配更加注重公平。"这一新的分配原则提出了一个问题，即社会经济效率的取得是否要以牺牲公平为代价。

福利经济学对公平与效率的分析，对我们是很有启发的。根据福利经济学第一定理，整个社会的消费和生产在满足消费者的边际替代率等于产品的边际转换率的条件下，即达到了均衡。此时，无论资源配置和产品分配怎样改变，都不可能改变帕累托最优，即提高一个人的福利而不会使另一个人的境况不变坏。它表明竞争性市场的特定结构具有实现帕累托最优的性质。

福利经济学第一定理的逆定理即福利经济学第二定理讲的更为清楚：在与第一定理相同的前提条件下，每一种帕累托最优的资源配置方式都可通过适当在消费者之间分配禀赋后的完全竞争一般均衡来达到。即收入分配与效率问题是可以分开来考虑的。市场机制在收入分配上是中性的，不管分配的起点如何，都可以通过竞争性市场来达到帕累托最优。②

从理论上讲，效率的高低在于资源配置是否通过竞争性市场来完成，而与资源在消费者之间分配状况无关。这意味着，改革初期认定要提高效率就不可能顾及公平的观点，至少在理论认识上的准备是不充分的。我们当时把注意力全部放在如何打破平均主义，改变吃大锅饭的局面，设想随着效率的提高，每个社会成员的利益都可以得到改善。但是，我们忽略了一点，即效率与公平是不可分的，效率是不可能脱离公平而独自提高的，对于公平分配问题则缺乏长远考虑。

早在 1984 年我们刚刚开始城市经济体制改革时，针对当时制定的改革战略，世

---

① 蔡昉等：《经济重组如何影响城市职工的就业和福利》，《中国劳动经济学》2004 年第 1 卷，中国劳动社会保障出版社 2004 年版。

② 王桂胜：《福利经济学》，中国劳动社会保障出版社 2007 年版。

界银行就曾经善意地提醒改革过程中可能会出现的不平等问题。"对中国这个社会主义国家来说，收入分配问题——更全面地说就是生活水平问题——极为重要，因为中国最重要的经济目标不仅仅是取得快速增长，还要把增长带来的效益广为散布。"在谈到提高效率时，又讲到"为了取得更大的经济效益所做的改变又可能引出一些棘手的问题，特别是公平与否的问题"。还讲到了决定工资的三要素：效率、公平待遇和稳定性。① 只可惜，我们当时对此并没有给予足够的重视，没有意识到有效率的市场经济是建立在人人平等的基础上。针对我国经济发展过程中收入差距的迅速扩大，世界银行在1996年的研究报告以"更富了，但更不平等了"为题描述了中国从1981年到1996年的收入分配体制改革，指出："过去15年来，东欧转轨国家和前苏联的不平等状况虽日益加重，但也不像中国那么严重。"②

我国经济体制改革以来，效率不断提高的根本原因在于我们在改革开放30年间已经初步建立起来竞争性的市场体系——这是保证效率实现的关键。那种认为要保证经济的高效率就必须容忍分配不公的观点实际上是源于"库兹涅茨假说"。"库兹涅茨假说"之所以在学术界引发长期的争论，一个重要的原因是这一假说具有很强的政策含义。如果收入差距的变动与经济发展的阶段密切相关，那么，收入差距扩大在我国经济转型阶段就是不可避免的，政府的分配政策也是无效的。我们需要的只是等待，等到经济发展拐点的到来，收入差距自然就会缩小。因此，效率优先，加速发展经济，缩短拐点到来这一过程就成了唯一的选择。然而，根据我国学者的研究，迄今为止还没有证据表明中国收入差距的变动在遵循库兹涅茨所谓的倒U形轨迹。③ 这也意味着，改革目前收入分配体制，实现公平分配是完全可行的，是不会影响经济效率的。

早在党的十七大之前，我们已经意识到了这个问题，并多次提出要重视公平分配的问题。但由于路径依赖作用及在经济高速增长时期，代表经济均衡的这个点始终在效用可能性边界附近，即始终保持着高效率。这种状态接近于经济学中的帕累托最优，此时若要改进收入差距过大的分配状态，就意味着受益者要将自己的收益拿出一部分来补偿受损者。如同图1中B点移动到E点，意味着甲的收入下降，甲作为改革的最大获益者自然会极力反对，这正是收入分配制度改革的难点所在。2007年5月国资委曾发出通知，要对部分国企职工工资偏低、增长缓慢的原因进行调查，但最后不了了之。据相关权威人士向《瞭望新闻周刊》透露，在持续困扰我国的体制痼疾中，收入分配问题始终位列其间，早在2006年，有关收入分配制度改

① 世界银行经济考察团：《中国：长期发展的问题和方案》，中国财政经济出版社1985年版。

② 世界银行：《共享增长的收入：中国收入分配问题研究》，中国财政经济出版社1998年版。

③ 李实：《经济增长与收入分配》，引自蔡昉：《中国经济转型30年》，社会科学文献出版社2009年版。

革的方案已初步拟定，并一度进入征求意见阶段，但因制度设计难度大、利益调整阻力大等原因，这一改革方案迟迟未出台。① 对于此种状况，就连国家发改委的官员也表示："不管怎么样，今年必须拿出东西来，收入分配不能总是空谈。"②

四、在危机中重建公平与效率相统一的收入分配制度

2008 年爆发的国际金融危机给中国经济带来了严重的影响。犹如受到了强烈的外部冲击，中国高速增长的列车突然减速。国外市场环境的变化而导致的出口下降，意味着原有的三驾马车并驾齐驱式的经济增长模式已不适应外部环境的变化了。反映在图 1 上，危机带来的效率下降使得 B 点回到了 D 点，甲、乙的收入都降低了。金融危机在带来冲击的同时，在客观上为收入分配制度改革提供了一个绝好的机会，使我们可以重新调整其发展的路径。

此时，政府若通过立法或其他行政手段干预经济，使国民收入分配更加向低收入群体倾斜，则会取得事半功倍的效果。反映在图 1 中，就是通过外部力量使得 D 点改变原有的路径，向更加公平的 C 点移动。这一改革相当于帕累托改进，由于在这个过程中，甲、乙的收入状况都会得到改善，改革遇到的阻力会小于从 B 点到 C 点的改革。若能把握住这次机遇，深化我国的收入分配制度改革，重新建立起公平公正的分配制度，将会为我国今后较长时期的经济增长提供一个制度保证。如果这次机遇不能抓住，以后这样的机会将难以再现。更何况经历了这次国际金融危机，西方发达国家的经济结构也会发生新的变化，原有的国际经济格局不会再现。我们如果寄希望于通过政府救市这一临时措施而等待发达国家的经济复苏，以便在不久重新回到原来的经济发展轨道，则是不现实的。

历史上曾经有过借助经济危机来改变收入分配失衡，从而改变国家经济增长模式的例子。1933 年罗斯福就任美国总统时，美国正在经历有史以来最严重的经济危机。当时美国年收入超过 10 万美元的 24000 个家庭，其总收入是 600 万个最贫穷家庭的总收入的 3 倍。顶层群体的平均收入是底层群体的 630 倍。③ 与胡佛政府不同，罗斯福认为美国危机的根源在国内，经济复兴固然重要，但迫在眉睫的是改革。④ 就收入分配而言，如果不通过提高工人工资来提高他们的购买力，经济复苏和振兴是不可能实现的。在资强劳弱的情况下，发挥工会的作用，通过集体谈判提高劳工收入就成为振兴经济的一个重要举措。在此背景下，美国在 1933 年通过了《国家工业复兴法案》，1935 年通过了《国家劳工关系法案》。此后，以工会为代表的劳动者一

① 王仁贵：《中国收入分配酝酿改革新案拟加强初次分配调整》，《瞭望》新闻周刊，2009 年第 20 期。
② 《收入分配不能总是空谈，年内动刀垄断工资？》，http：//politics. people. com. cn/GB/1027/11393162. html.
③ 狄克逊·韦克特：《大萧条时代 1929－1941》，新世界出版社 2008 年版。
④ 狄克逊·韦克特：《大萧条时代 1929－1941》，新世界出版社 2008 年版。

方同资方进行集体谈判，成为美国现代社会的一项重要制度，也是协调劳资关系，矫正劳动者收入在国民收入初次分配中比例过低的重要机制。

综上所述，尽管在国际金融危机期间，收入分配制度改革对获利者仍是一种帕累托改进，但既得利益者也不愿意放弃原有的高收益率，自觉的补偿过程不会在获利者和受损者之间进行。因此，政府对收入分配领域的干预，特别是对受损者的补偿是我国下一步收入分配制度改革的关键所在。

首先，政府在制定国民经济和社会发展计划时，特别是在正在编制的"十二五"规划中，应将提高城乡居民收入水平作为硬性指标，写进"十二五"规划和各地考核指标体系。在年度的国民经济和社会发展计划中则要根据对年度国内生产总值增长的预期，确定年度城乡居民收入和职工工资增长率，在"十二五"期间，城乡居民收入、职工工资增长率应高于经济增长率，这样才能逐步扭转目前居民收入比重过低、劳动报酬比重持续下降的局面。

其次，在初次分配领域通过制度创新让更多劳动者拥有财产性收入，以补偿其曾经为经济体制改革做出的牺牲。同时，正在制定中的《关于加强收入分配调节的指导意见及实施细则》和《工资条例》必须要体现出在初次分配中适当提高劳动报酬比重的理念，确保劳动要素按其边际产量取得相应的收入，以改变目前劳动报酬比重持续下降、资本利润侵蚀劳动收入的状况。要改变初次分配领域资强劳弱的局面，必须突出工会的维权职能，在制度上使工会成为拥有更多资源、真正能够代表职工利益的工资谈判的主体，这样才可以通过切实有效的工资集体谈判建立起企业职工工资正常增长机制。

第三，通过提高最低工资水平来提高全社会的平均工资水平。最低工资标准，是指劳动者在法定工作时间或依法签订的劳动合同约定的工作时间内提供了正常劳动的前提下，用人单位依法应支付的最低劳动报酬。最低工资标准的高低不仅仅是一个收入水平高低的问题，还是一个社会公平理念的具体体现，会直接影响到劳动力市场的工资决定。目前我国最低工资水平远远低于世界平均水平，鉴于此，我们认为，应以提高最低工资标准的年均增长率为宜，使其超过各地区的经济增长率，在2～3年内使各地区最低一档的最低工资达到当地平均工资的40%。

第四，在再分配领域，将资源更多地投向民生领域，如社保、医疗、教育等方面，以确保政府在改革初期的补偿承诺真正落实。同时，运用财税杠杆调节收入差距，只有这样劳动者的实际收入水平才会提高，中国才有可能建立起一个真正公平有效的分配制度。

（原载于《中国劳动关系学院学报》2010年第3期，中国人民大学复印报刊资料《社会主义经济理论与实践》2010年第9期全文转载）

促进民富国强的思考

——基于提高劳动报酬的视角

摘要： 国强民未富，是我国当前面临的一个最为棘手的社会问题。这一问题的产生与国民收入分配结构的不合理直接相关。政府收入的增长率超过职工工资增长率、劳动者报酬在国内生产总值中所占的比重持续下降，必然会导致"国富民穷"这一经济现象的出现，但是它所带来的问题却绝不仅仅是劳动者自身收入高低的问题，而是涉及经济发展和社会和谐。因此，提高劳动报酬的基础水平是改变这一现状的唯一途径。

关键词： 国民收入初次分配；劳动报酬；国富民穷

一、问题的提出

中国经济经过 30 年的改革开放，近年来突飞猛进，社会财富迅速增加，年国内生产总值一跃排在世界第三位，取得了举世瞩目的成就。但是，在 2008 年国际金融危机的冲击下，经济结构存在的矛盾进一步凸显出来。内需问题，特别是消费需求相对不足，成为制约中国经济下一阶段发展的瓶颈。国内消费需求不足背后的问题是在国家经济实力日益增强的同时，广大居民的收入水平进而消费水平并没有得到相应的提高。国强民未富，是我国当前面临的一个最为棘手的社会问题。

我们认为这个问题的解决，需要在当前国际金融危机的背景下重新审视劳动者特别是以农民工为主体的中国工人在 30 年改革开放进程中的作用，以及他们的劳动报酬和社会地位问题。在这一点上，欧盟和美国《时代》周刊给了我们一个有益的启示。2010 年 1 月 4 日欧盟发表公告将 2010 年定为"消除贫困和社会排斥年"。欧盟认为凡是收入不足本国平均收入的 60% 的人即被视为贫困。2009 年 12 月 16 日，美国《时代》杂志公布了 2009 年年度人物，"中国工人"获得了年度人物"亚军"的称号。该刊认为：中国经济顺利实现"保八"，在世界主要经济体中继续保持最快的发展速度，并带领世界走向经济复苏，这些功劳首先要归功于中国千千万万勤劳坚韧的普通工人。

上述两个事件都是发生在国际金融危机的背景下，一个是要消除本地区的贫困人口，一个是表达对引导世界经济复苏的有功之臣的尊重，令人深思。经济发展的规律是不以人的意志为转移的。中国工人长期的低报酬，多数劳动者处于贫困边缘的状况，已对中国经济的发展构成了直接的影响。"国富民穷"就是对这一现象的最直观的描述。从根本上讲，"国富民穷"问题的产生与国民收入分配结构的不合理直接相关。

二、我国近年来国民收入初次分配状况

我国国民收入分配领域存在的问题主要表现为：在初次分配领域中劳动报酬的比重持续下降，国民收入分配存在明显向政府倾斜、资本利润侵蚀劳动报酬的趋势。在再分配领域中政府再分配的调节力度不够、并成为再分配的净获益者；居民可支配收入占国民可支配收入的比重呈明显下降趋势。上述问题综合在一起，就形成了"国富民穷"这样一种社会经济现象，对此我们可以从以下几个方面来观察：

1. 政府与职工的收入及增长情况

我们先来看一下改革开放30年以来政府与职工的收入及增长情况：根据国家统计局提供的数据，1978年~2008年国家财政收入由1132.26亿元增长到61330.35亿元，年均增长14.23%；职工平均货币工资由615元增长到29229元，年均增长13.74%。① 具体分析，这30年又可以分为两个阶段：

1978年~1995年为第一阶段，在这一阶段，国家财政收入年均增长10.56%，职工收入年均增长13.75%；职工工资的增长率快于政府的财政收入增长率。

1996年~2008年为第二阶段，在这一阶段，情况发生了变化，国家财政收入年均增长19.22%，2008年财政收入比1995年增加了8.83倍；同期，职工收入年均增长13.71%；比1995年增加了4.31倍。

可见，从1996年开始，我国财政收入的增速超过职工收入增速。其原因与20世纪90年代中期关于国民收入分配的政策转向有直接的关系。这种此消彼长的变化可以通过政府收入（包括政府预算内和预算外收入）、职工工资总额占GDP比重体现出来，见表1。

表1　政府收入、职工工资总额及占GDP比重　　　　　　单位：亿元

年份	政府预算内、外收入总额	政府预算内、外收入占GDP的比重（%）	职工工资总额	职工工资总额占GDP比重（%）
1978	1479.37	40.58	568.9	15.6
1980	1717.33	37.78	772.4	17.0
1985	3534.85	39.21	1383.0	15.3
1990	5645.74	30.24	2951.1	15.8

① 国家统计局：《中国统计摘要》（2009），中国统计出版社2009年版。

年份	政府预算内、外收入总额	政府预算内、外收入占GDP的比重（%）	职工工资总额	职工工资总额占GDP比重（%）
1991	6392.78	29.35	3323.9	15.3
1992	7338.29	27.26	3939.2	14.6
1993	5781.49	16.36	4916.2	13.9
1994	7080.63	14.69	6656.4	13.8
1995	8648.70	14.23	8100.0	13.3
1996	11301.33	15.88	9080.0	12.8
1997	11477.14	14.53	9405.3	11.9
1998	12958.24	15.35	9296.5	11.0
1999	14829.25	16.54	9875.5	11.0
2000	17221.66	17.36	10656.2	10.7
2001	20686.04	18.86	11830.9	10.8
2002	23382.64	19.43	13161.1	10.9
2003	26282.05	19.35	14743.5	10.9
2004	31095.65	19.45	16900.2	10.6
2005	37193.45	20.30	19789.9	10.8
2006	45168.08	21.31	23265.9	11.0
2007	58142.10	22.60	28244.0	11.0

资料来源：2009 年《中国统计年鉴》，其中政府收入根据相关数据计算得出。

从表 1 可以更清楚地看到，30 年来政府收入与职工工资总额占国内生产总值的比重及变动趋势：

政府收入占国内生产总值的比重 30 年来走出了一个 V 字形，其中 1978 年～1995 年为下降阶段，政府收入占国内生产总值的比重从 40.58% 下降到 14.23%，下降了 26.62 个百分点。然后从 1996 年开始政府收入占国内生产总值的比重逐步回升，到 2007 年为 22.60%，比 1995 年增加了 8.7 个百分点。职工工资总额占国内生产总值的比重则呈现一个在波动中缓慢下降的趋势，从 1978 年的 15.6% 下降到 2007 年的 11.0%，下降了 4.6 个百分点。问题更为严重的是 92% 的全国职工只占有职工工资总额的 45%，其余 55% 为占全国职工人数的 8% 的高管和垄断行业职工所有。[1]

与此同时，各级地方政府千方百计地通过各种途径，招商引资，扩大生产规模为地方创造更多税收，由此使得政府获得的生产税净额增长大大快于经济增长，政

---

[1] 余荣华等：《干得多，能挣得多吗？》，《人民日报》2009 年 12 月 3 日。

府在初次分配收入占 GDP 的比重不断上升。另外，在国民收入再分配过程中政府继续扩大收入比例。近年来，政府在经常转移中获得的收入税和社会保险交款等转移收入的增长远快于社会补助等转移支出，导致政府经常转移净收入占国民可支配总收入比重持续上升。同时，各地方政府卖地也成为其收入的一个重要来源。国土资源部提供的数据显示，2009 年全国土地出让总价款为 15910.2 亿，同比增加 63.4%。以北京市为例，2007 年~2009 年三年间政府通过卖地得到的土地出让金分别为 438 亿元、503 亿元和 923 亿元。① 相当于 2007、2008 年度财政收入的 29.34% 和 27.38%。

2. 劳动报酬在 GDP 中的比重持续下降

根据目前我国国家统计局的统计口径，职工工资总额只包括在国有、城镇集体、联营、股份制、外商和港、澳、台投资、其他单位及其附属机构工作，并由其支付工资的各类人员。不包括乡镇企业就业人员、私营企业就业人员、城镇个体劳动者等。这个统计口径过于窄小，2008 年我国仅城镇私营企业就业人员就有 5124 万人，相当于职工工资总额统计口径人数的 42%。若再加上城镇个体劳动者 3609 万人，则相当于职工工资总额统计口径人数的 71.6%。这还没有算上在乡镇企业和乡镇私营企业的 18231 万就业人员。② 因此，为了更全面地考察劳动报酬在 GDP 中的比重的变化，我们采用收入法计算的国内生产总值的劳动报酬来做进一步的分析。

表2　我国国内生产总值收入法构成项目占 GDP 比重（%）

年份	国内生产总值（亿）	劳动者报酬	生产税净额	固定资产折旧	营业盈余
1994	43196.2	51.02	11.98	13.78	23.28
1996	68584.30	53.40	12.80	12.57	21.23
1997	76956.61	52.79	18.28	13.16	20.55
1998	82780.25	53.14	14.47	13.40	18.99
1999	87471.59	52.50	15.10	13.58	18.82
2000	97209.37	51.38	15.40	14.16	19.06
2001	106766.30	51.45	15.72	14.08	18.76
2002	118020.72	50.92	15.67	14.04	19.36
2003	135539.14	49.62	15.90	14.29	20.19
2005	197789.03	41.40	14.93	14.12	29.56
2006	231053.35	40.60	14.16	14.56	30.67
2007	275624.62	39.74	14.81	14.16	31.29
		—11.28	+2.83	+0.38	+8.01

资料来源：根据 1994 年~2009 年《中国统计年鉴》有关数据计算。

---

① 余美英：《今年土地最后一拍溢价率 599%》，《北京青年报》2009 年 12 月 31 日。
② 国家统计局：《中国统计年鉴》（2009），中国统计出版社 2009 年版。

收入法是根据生产要素在国民收入初次分配中应得到的收入份额来计算增加值，然后加总各部门增加值计算国内生产总值。增加值的构成要素包括固定资产折旧、劳动者报酬、生产税净额、营业盈余，将它们相加就得到国内生产总值。

从表2的数据可以看出，从1994年至2007年期间，劳动者报酬占国内生产总值的比重呈现递减的趋势，从1994年的51.02%到2007年的39.47%，13年下降了11.28个百分点。而同时期的固定资产转移比重变动不大，只增加0.38个百分点。劳动者报酬减少的比重主要转化为政府税收和企业利润了。这是导致出现"国富民穷"现象的主要原因。

3. 部分国家劳动报酬占国内生产总值比重的比较

如果我们将劳动报酬占国内生产总值比重的这一数据同国际上其他国家做一比较，问题则更为严重。根据经济合作与发展组织OLIS数据库提供的数据，[①] 我们用收入法计算的劳动报酬占国内生产总值的比重来比较，我们发现在同16个发达国家和地区、新兴国家、转型国家及发展中国家相比较，我国劳动报酬占国内生产总值的比重是偏低的，仅排在第15位，见图1。

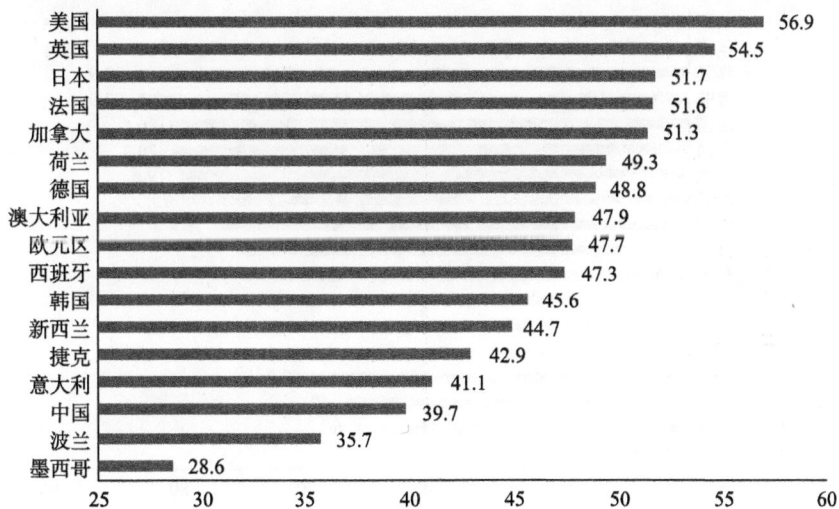

图1　部分国家劳动报酬占国内生产总值比重（%）

三、"国富民穷"的后果

上述分析表明，"国富民穷"这一现象在我国现阶段出现的主要原因是劳动报酬过低所致。但是，它所带来的问题却绝不是劳动者自身的收入高低问题，而是涉及

---

① 国家统计局：《国际统计年鉴》（2009），中国统计出版社2009年版。

经济发展与社会和谐的问题。

1. 过低的消费率导致我国经济结构转型难以实现

当前中国经济结构,从总需求的角度看,拉动经济增长的因素主要有最终消费、投资和净出口,2007年三者对经济增长的贡献率分别为:39.7%,38.8%和21.5%。也就是说,在2007年11.9%的经济增长率中,有2.6%是靠净出口拉动的。到2008年,净出口对经济增长的贡献率下降到9.2%,对当年经济增长率的拉动只有0.8个百分点。国际金融危机迫使我们要转变经济结构,增加内需并使其成为经济增长的主要源泉,就成为我们的唯一选择。

根据国家统计局提供的数据,从2003年到2008年的6年间,我国投资率平均为42.5%,成为历史最高时期,其中2008年更是高达43.5%,2009年的投资率预计要超过2008年,会再创历史新高。而同期居民消费率为37.7%,为历史最低时期,其中2008年降为35.3%。投资与消费失衡的情况愈加严重。这其中劳动报酬低下是导致我国消费率过低的重要原因。发达国家居民消费率一般为70%左右,比我国高一倍。

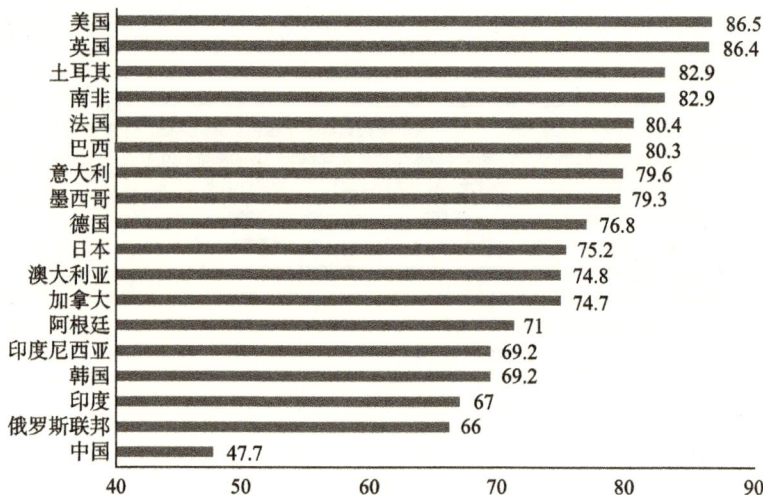

图2 世界20国集团主要国家消费率(%)

根据世界银行提供的数据,自20世纪90年代以来,我国的消费率一直低于世界平均水平。消费率是指最终消费支出占国内生产总值的比重,从图2可以看出,在世界20国集团中,我国的消费率无论是与发达国家还是与同我国国情相近的发展中国家相比较,都是比较低的。① 而在我国的消费率中近1/3还是政府消费支出。

---

① 国家统计局:《国际统计年鉴》(2009),中国统计出版社2009年版。图中各国数据为2006年数据,其中美国、日本和加拿大为2005年数据。

2. 过低的劳动报酬导致国家缺乏创新能力

美国学者戴维·兰德斯在《国富国穷》一书中分析17世纪和18世纪工业革命为什么没有发生在棉纺业当时居世界首位的印度时，指出印度当时的劳动者社会地位低、工资低是一个重要的原因。① 人们很少试图用机器去完成任何可以靠人力做成的事情，谁也没有浓厚的兴趣简化和减轻工人的工作任务，工人和雇主都把以低工资做繁重劳动看作是工人的命运而理应如此的。而工业革命及其工业革命的新技术之所以在英国、美国经济发展过程中出现，则得益于较高的劳动工资带来的激励作用。

目前，我国各级政府都在探寻如何建立创新型社会，并把注意力放在引进新技术上，而忽略了一个非常重要的问题，这就是一个国家的创新能力与这个国家的劳动者素质的高低呈正相关。而劳动者素质又同其工资收入的高低具有紧密联系。劳动者过低的工资收入，是产生"低工资陷阱"的主要原因。劳动力无限供给下的低工资高竞争力，正使中国经济陷入一个"低技术的陷阱"。中国劳动力的低廉，使厂家不愿意投资更新技术、提高工人的素质，因为新技术虽然节省人力，却需要花费成本。这样就形成了一种恶性循环，即劳动力成本越低，企业越不愿意投资新技术和新设备；另一方面，企业为了保证产品的低成本优势，就越不愿意为职工提高工资，职工的素质与技术水平就越得不到提高。而一个国家的劳动者素质的高低主要表现为这个国家的劳动者中有多少技工特别是高级技工。据人保部的统计，我国目前技能劳动者中技工和高级技工有429万人，约占4%，需求缺口目前达1000多万，② 远不能满足经济发展的需要，而目前发达国家这个比例是30%~40%。为什么在劳动者是社会主人的我国没能出现足够多的高级技工，看来劳动者报酬和社会地位低下是这一问题的主要原因。

3. 工薪收入成为城镇居民家庭收入来源中增长最慢的收入

城镇家庭总收入指家庭成员得到的工薪收入、经营净收入、财产性收入、转移性收入之和。根据国家统计局提供的数据，我国城镇居民家庭自1990年以来人均年收入的绝对值从1990年的1516.21元增长到2008年的15780.80元，增长了9.4倍；同期，人均工薪收入增长8.8倍；人均经营性收入增长63.6倍；人均财产性收入增长23.8倍。③ 从年均增长率看，人均年收入增长率14.4%，经营性收入为26.1%，财产性收入为19.5%，都超过了人均年收入增长率。只有工薪收入增长低于人均年收入增长率，为13.5%，这对于以工资收入为主要生活来源的广大职工有着直接的

① 戴维·兰德斯：《国富国穷》，新华出版社2001年版。
② 崔鹏：《高级技工哪里找》，《人民日报》2009年11月2日。
③ 国家统计局：《中国统计摘要》（2003~2009），中国统计出版社2003~2009年。

影响。

4. 劳动者在社会上不能得到应有的尊重。

改革开放以来，我们在经济发展的理念一直是秉承西方经济学的比较优势理论，将中国城镇化进程中涌现出来的大量的廉价劳动力看作我们的比较优势，把低薪看作市场竞争的合理结果，认为企业家是中国经济发展的最大功臣，是社会财富的创造者。为了保证产品具有竞争力，就必须为维护劳动报酬的低薪制，这样，政府就有意无意地站在企业家一边，一味强调"改善投资环境"，保持出口产品的竞争力，以牺牲广大工人的利益来换取投资和外汇。坦率地讲，30 年来我们取得了举世瞩目的经济成就，但是也要清醒地看到，就目前的状况而言，我们既无世界一流的技术，也无世界一流的管理，无法依靠产品的高附加值去国外市场赚钱。我们是依靠出口大量低附加值产品而积累起居世界第一位的外汇储备，我们取得的经济成就主要依靠"人口红利"，即充足的廉价人力资源。从这个意义上讲，中国经济发展的最大功臣是包括农民工在内的 3 亿多中国工人。

根据我国官方的提供的数据，2009 年中国对世界经济增长的贡献超过 50%。[1]从这个意义上讲，美国《时代》杂志认为：中国经济顺利实现"保八"，在世界主要经济体中继续保持最快的发展速度，并带领世界走向经济复苏。这一评论是公允客观的。但是，《时代》杂志明确指出：这些功劳首先要归功于中国千千万万勤劳坚韧的普通工人。他们经常是远离家乡、远离亲人，到沿海的城市工作……。《时代》杂志对中国工人的这个评价是对 3 亿多中国工人吃苦耐劳和忍辱负重的精神以及他们在世界经济的发展做出重要贡献的充分肯定。

中国工人可以说是我国改革开放时代的"脊梁"。在中国经济发展的进程中，他们的付出最大，得到的报酬却很低，中国工人的收入只有欧美同行业工人的十几分之一甚至更低。不仅如此，在现实生活中，面对强势资本，中国工人又是那样弱势。不期而至的国际金融危机，使他们深受国际资本和国内资本的双重冲击和挤压，降薪、失业使许多工人的生活陷入困境。在金融危机突袭的"返乡潮"中，他们是最直接的牺牲者。我们常说维护职工的权益，而是否真正维护只有到经济危机到来时才能看得清。冻结最低工资、下调工资指导线、放弃"工资倍增"计划，可以说我们应对国际金融危机的举措无一不是以牺牲中国工人的利益为前提的，而在做出这一决定时却全然不顾广大职工的切身感受。

5. 工会维权的难度加大

"国富民穷"的问题加大了中国工会维权的难度。我们知道，工会的基本职责是维护广大职工的基本权益。在这样一种环境中，基层工会是很难履行其职责的。因

---

① 任仲平：《迎战国际金融危机的"中国答卷"》，《人民日报》2010 年 1 月 5 日。

为工人的权益在源头上就受到了侵害，即在国民收入初次分配领域就存在着不公平。若是寄希望于基层工会通过集体协商来维护职工的权益，是非常不现实的。为此，工会的维权在现阶段就不能仅仅停留在下游的维权上，即在企业这个层面与资方协商谈判。而是要将维权的重点上移，通过各省市总工会及全国总工会的源头参与，实现源头维权。工会应将维权的重点放在国民收入初次分配领域，选准突破口，着力提高劳动报酬的基础水平。只有当劳动报酬的基础水平提高了，劳动报酬在国民收入初次分配中的比重偏低的状况才能从根本上得到改变。同时也可以为企业的基层工会维权创造一个更有利的环境。如果劳动报酬在国内生产总值中的比重提高10个百分点，即恢复到10年前的水平，以2008年国内生产总值310000亿计算，就可以多发30000多亿工资，广大劳动者的境况就会大为改善。"国富民穷"的现状才能转变，民富国强这一宏伟目标才有可能实现。

（原载于《江汉论坛》2010年第9期）

构建"工资集体协商"的社会基础

——基于一线劳动者的视角

摘要：工资集体协商制度作为市场经济中劳动者报酬水平正常增长的重要机制，在我国由于社会基础薄弱而始终处于艰难的推行中。在新收入分配原则确定的情况下，需要重新审视效率和公平的关系、改革中利益受损者的补偿、最低工资标准的功能以及工会集体行动的权利等问题，力争取得社会共识，从而使得工资集体协商制度全面实施的社会基础更加牢靠。

关键词：工资集体协商；公平；效率；补偿；集体行动

一、问题的提出

自 2000 年 11 月劳动和社会保障部颁布《工资集体协商试行办法》以来，工资集体协商在我国一直处于艰难的推行中，种种原因造成一些地区的工资集体协商流于形式。今年以来，随着一系列的劳资纠纷不断出现，全面推进工资集体协商的社会呼声日益高涨。与此同时，"提高劳动者报酬"已成为今年经济体制改革的重点内容之一。五一节前夕，胡锦涛总书记在全国劳动模范和先进工作者表彰大会上明确提出"不断增加劳动者特别是一线劳动者劳动报酬"的讲话更是鼓舞人心。但是，与广大劳动者收入直接相关的《工资条例》，因遭到部分大企业的极力反对而迟迟不能出台。这让寄希望于通过工资集体协商来更好地体现公平原则、实现多劳多得的一线职工深感不安。

2010 年 7 月，国家统计局发布了城镇职工年平均工资情况，2009 年城镇私营单位就业人员年平均工资为 18119 元，与上一年相比，名义增长 6.6%。同年，城镇非私营单位在岗职工年平均工资为 32736 元，名义增长 12%。（国家统计局，2010）前者年平均工资仅为后者的 55.3%，2008 年前者的就业人数为后者的 44.5%。这样计算下来，2009 年全国城镇职工的年平均工资水平仅为 28234 元，月均收入 2353 元。职工收入低下的问题依然严重。

鉴于此，我们认为提高劳动者报酬已构成当前社会各方利益博弈的焦点。因此，要改变目前劳动者报酬低下的这种局面，在企业全面推行工资集体协商的谈判制度就是一个刻不容缓的问题。但是，由于社会上对工资集体协商与提高一线劳动者劳动报酬关系的认识仍停留在问题表面，特别是在一些与此有关的问题上还未在全社会达成共识。为了使工资集体协商的社会基础更加牢固，有必要对以下问题做进一步的研究。

二、"工资集体协商"是否会影响到企业效率

"实行工资集体协商会提高企业的生产成本"，一谈到工资集体协商，我们就会听到这样的议论。从问题的表面看，似乎提高工资会影响到企业的效率。但如果深入分析，我们会发现，这一问题的提出，是源于多年来社会上对公平与效率的关系已经形成的一种定式，即公平与效率是不能兼得的，如果不是效率优先，企业也不会有今天的效率。但是，经济发展的现实表明一味地追求效率，使得我们在摆脱了平均主义的羁绊后，又陷入了贫富悬殊的困境。改革以来，我国企业效率提高的根本原因是什么？这是一个关乎工资集体协商能否顺利实施的关键问题。

关于效率，经济学已有普遍认同的表述，这就是帕累托关于效率的定义，又称帕累托最优。正是基于追求资源有效配置这一点，党的十四大报告就已经明确提出经济体制改革的目标是建立社会主义市场经济体制，我国理论界具有代表性的观点也认为，我国"选择了市场经济就意味着选择了效率优先"。（高尚全，2008）但是，我们在选择市场经济、选择效率优先的同时，却忽视了它的前提条件。也就是说，市场经济并不直接等同于效率。因为，市场并不都是有效率的，根据新福利经济学的观点，市场经济只有满足一定的条件才会是有效率的，这个条件就是完全竞争，市场经济等同于效率也正是基于这一点而成立的。

改革开放以来，我国的企业，特别是国有企业的效率有了极大的提高。其关键在于通过所有制改革，国有企业以多种新的形式实现了与市场经济的结合，或者说，国有企业进入竞争性的市场是其走出困境、提高效率的关键所在。一个竞争性市场的存在是企业效率的保障。但是，市场经济条件下并不是所有企业都是有效率的。一个企业是否有效率，不仅仅取决于它生产了多少产品，更重要的是看它在市场经济的环境中是否具有持续的竞争力。因此，那种将影响企业效率的因素简单地归结于劳动成本增加，认为提高劳动者工资就会降低企业效率的观点在理论上是难以成立的，且与现实中的情况不相符合。

根据中国社会科学院产业与企业竞争力研究中心2008年的一项研究报告，我国工业企业工资占工业总产值的比例从1977年~2008年不断下降。2008年，规模以上工业企业工资仅占总产值的6.52%。如果工资分别上涨10%、20%、50%和100%，企业生产成本上涨仅占工业总产值的0.65%、1.30%、3.26%和6.52%；而利润总额占总产值的比重分别下降8.62%、17.25%、43，12%和86.24%。上述数据表明，目前我国工业企业有能力承受员工工资上涨的影响，通过中国政策综合评估模型进行的评估表明，企业工资上涨20%左右对中国经济的影响很小。（金培，2008：23~

24）这表明在中国企业中推行"工资集体协商"制不会影响到企业的经济效率。

三、追求效率是否一定要牺牲公平为代价

当前企业职工收入偏低与社会收入分配差距不断增大的现状，使我们意识到了效率优先、兼顾公平的分配原则已不适应我国现阶段的经济发展了。党的十七大报告指出："初次分配和再分配都要处理好效率和公平的关系，再分配更加注重公平。"这一新的分配原则提出了一个问题，即社会经济效率的取得是否要以牺牲公平为代价。

公平是一个非常复杂、抽象的命题，是一个人们可以对它做出任何解释的概念，因而在客观上难以给出一个确定的参照标准。经济学对公平与效率的讨论，通常将公平置于收入分配这个特定的平台上。自20世纪60年代以来，经济学家和社会学家所沿用的公平含义接近于均等或公正的意思，即如果在一种分配中，没有任何一个人羡慕另外的一个人，那么这种分配就称之为公平分配。（约翰·伊特韦尔等，1992：197）在今天，这种公平分配可以理解为是社会大多数人对当前收入分配状况的认可。

经济学已证明了在纯粹的交易经济中，存在着既是公平的又是帕累托最优的分配。要找到一个既是公平的又是帕累托最优的分配，就要从均等分配开始，并把经济推移到一个竞争性均衡状态。根据福利经济学第一定理，竞争性均衡是帕累托最优的，因为均衡是建立在均等分配基础之上的，每个人都有同样的预算，这样就不会产生妒忌。所以，这一定理在公平和帕累托最优性之间建立起了一种联系。（约翰·伊特韦尔等，1992：198）尽管这种分析是一种理论分析，但是它为我们在收入分配体制改革中如何处理好公平与效率关系提供了一种思路，即在竞争性市场经济中如何使分配达到社会大多数人普遍认可的状态，是我国收入分配体制改革成功的关键所在。因为，这涉及一个社会公平分配与否到底应由谁来评价的问题，是由学者来证明，还是由百姓来判断。根据美国经济学家哈桑伊的"无知之幕"理论，判断一个社会资源分配是否公平，只要问一问那些并不知道自己社会处境的社会成员就可以了。（卢周来，2010）或者说，"所有的社会预期人员在不知道自己社会处境的前提下同意的资源分配才是公正的"。（世界银行，2006：3）

福利经济学对公平与效率的分析，对我们是很有启发的。根据福利经济学第一定理，整个社会的消费和生产在满足消费者的边际替代率等于产品的边际转换率的条件下，即达到了均衡。此时，无论资源配置和产品分配怎样改变，都不可能改变帕累托最优，即提高一个人的福利而不会使另一个人的境况不变坏。它表明竞争性市场的特定结构具有实现帕累托最优的可能。

福利经济学第二定理讲的更为清楚：在与第一定理相同的前提条件下，每一种帕累托最优的资源配置方式都可通过适当在消费者之间分配禀赋后的完全竞争一般

均衡来达到。即收入分配与效率问题是可以分开来考虑的。市场机制在收入分配上是中性的，不管分配的起点如何，都可以通过竞争性市场来达到帕累托最优。（王桂胜，2007：25）

综上所述，公平与效率的统一是指在竞争性市场经济中使收入分配达到社会普遍认可的状态。效率的高低在于资源配置是否通过竞争性市场来完成，而与资源在消费者之间分配状况无关。也就是说，公平与效率是可以兼得的。改革初期认为要提高效率就不可能顾及公平的观点，至少在理论认识上的准备是不充分的。

早在1984年我们刚刚开始城市经济体制改革时，针对当时制定的改革战略，世界银行就曾经善意地提醒改革过程中可能会出现的不平等问题。"对中国这个社会主义国家来说，收入分配问题——更全面地说就是生活水平问题——极为重要，因为中国最重要的经济目标不仅仅是取得快速增长，还要把增长带来的效益广为散布。"在谈到提高效率时，又讲到"为了取得更大的经济效益所做的改变又可能引出一些棘手的问题，特别是公平与否的问题"。指出效率、公平待遇和稳定性是决定工资的三要素。还强调指出："工资在极少数国家中是完全由市场力量自由决定的：即使在资本主义国家，一般也是由(1)市场力量，(2)工会代表工人进行谈判，(3)以及有关最低工资的立法这三方面进行某种程度的结合而决定的。"（世界银行经济考察团，1985：42，175～176）

可惜我们当时没有对这些问题给予足够的重视，没有意识到有效率的市场经济应该是建立在公平分配的基础上。而过多地强调劳动报酬的市场化。以牺牲公平为代价的经济增长，"往往会忽略增进公平所带来的长期效益。增进公平意味着经济运行的效率更高，冲突更少，信任更多，制度更合理。"（世界银行，2006：3）

四、受损者的利益应该如何得到补偿

尽管中国的经济体制改革最初是由政府推动的，但是改革走一条什么样的道路，在改革初期并不明确，只是"摸着石头过河"。由于我们最初认定平均主义是低效率的根源，所以当时改革的指导思想和政策措施主要是"效率优先"和"让一部分人先富起来"。同时，由于改革初期资本要素的稀缺性，改革中一些政策的制定和实施明显对资本要素更加有利。

我国收入分配制度改革实际上就是一种制度创新与变迁，根据新制度经济学的理论，只有当制度创新与变迁所获得的收益大于为此而支付的成本时，制度创新与变迁才有可能发生。"但是，由于制度变迁的成本—收益的分布往往是不对称的，也就是受益者未必承担成本或承担较少成本，这样，某些制度变迁就有可能以很多人的利益损失为代价而让少数人获益。"（程恩富等，2007：195）在这个过程中必然会形成两个基本的社会群体，即从改革中受益较多的社会群体和从改革中受益较少或受损的社会群体。这两个社会群体可以理解为改革的相对受益者和相对受损者。

回顾 30 多年的改革历程，可以说，广大的一线职工承担了我国经济体制改革的成本，并为此做出了牺牲。例如，1984 年以后的国有企业改革，无论是最初的"砸三铁"，还是后来的"三项制度改革"，"减员增效、下岗分流、买断工龄"等，都直接触动了广大职工的切身利益。在政府单方面改变"游戏规则"的同时，没有考虑到职工的历史贡献和切身利益。仅以下岗分流为例，根据中国社会科学院的一项研究报告，1995 年~2001 年，国有部门的职工人数从 11300 万人下降到 6700 万人，大约减少了 4600 万人，约占原来职工人数的 40%。同一时期，城镇集体部门的职工减少了 1860 万人，接近原来职工总量的 60%。在这个时期，4300 万职工成了登记注册的下岗者，其中 3400 万来自国有部门。（蔡昉等，2004：1~2）"这些情况说明：经济改革使全体居民受益的阶段已经结束，开始出现（至少短期中）明显的受损者。"（SimonAppleton 等，2004：92）

如果一项社会变革使得一部分人的社会福利增加的同时，给另一部分社会成员的福利造成了不利的影响，就需要对这项社会变革进行成本—收益分析，然后利用补偿理论来判断这项社会变革的可行性。一般来说，只要符合卡尔多—希克斯补偿标准，改革就应当继续推进。这也是我国理论界在意识到改革会使一部分人利益受损的情况下，仍一直坚持推进改革的理论依据。但是，对利益受损者的补偿却始终没有有意识地进行。

为了使利益受损的广大职工支持改革，各级政府经常以改革是符合工人阶级长远利益的观念来教育职工，并承诺将来经济发展了，职工的利益是会得到补偿的。这也就是改革之初邓小平讲的要让一部分地区一部分人先富起来，再以先富带后富的改革思路。

但是我们在谈到邓小平关于收入分配的思想时，只讲让一部分人先富起来，而很少提及他的上述关于先富带后富的思想。按照补偿理论，改革进行到一定阶段，获益者要从因改革而获得的收益中拿出来一部分补偿给受损者，否则改革到一定阶段就会难以继续深入。

近年来我国的劳资纠纷日益增长，根据人力资源和社会保障部提供的数据：2007 年全年各级劳动争议仲裁机构共处理劳动争议案件 50 万件、2008 年为 96.4 万件、2009 年为 87.0 万件。另据中华全国总工会 2008 年《第六次全国职工队伍状况调查总报告》的调查发现，当企业发生集体劳动争议导致的群体性事件时，61% 的职工表示有参加的可能。（中华全国总工会研究室"劳动关系状况"课题组，2008）

这表明，如果长期忽视对改革成本负担者的利益补偿，就容易引发社会的不安宁，还有可能掉入"中等收入陷阱"。2010 年 5 月发生的持续了数十天的泰国"红衫军事件"就是一个非常典型的例证。邓小平在晚年非常明确地指出："十二亿人口怎样实现富裕，富裕起来以后财富怎样分配，这都是大问题。题目已经出来了，解决这个问题比解决发展起来的问题还困难。分配的问题大得很。我们讲要防止两极分化，实际上两极分化已然出现。要利用各种手段、各种方法、各种方案来解决这些问题。少部分人获得了那么多财富，大多数人没有，这样发展下去总有一天会出问题。"（中共中央文献研究室，2007：1364）

改革的实践使我们认识到，经济体制改革必须遵循坚持社会正义的原则，改革的方案设计应使社会上处于最劣势的群体获取最大的收益，使受损者得到应有的补偿，并尽量将他们的损失减少到最小的范围和程度。当前，政府对受损者的补偿应该首先从提高劳动者报酬特别是一线劳动者劳动报酬做起，并将这一理念传达给社会各界。因为3亿多中国工人吃苦耐劳和默默奉献的精神以及他们为中国和世界经济的发展做出了重要的贡献。2009年年末，美国《时代》杂志将"中国工人"评为年度人物"亚军"就是一个很好的说明。

五、工资集体协商与最低工资标准

劳资双方在进行工资集体协商谈判的过程中，依赖于社会的平均工资水平，而社会平均工资水平的高低又取决于最低工资水平的高低。因此，最低工资标准的确定对集体协商谈判的重要性是不言而喻的。

我国劳动力市场目前已经形成一个从高端到低端的多层次工资体系，劳动力市场上工资水平的高低取决于市场供求的状况。最低工资标准的实施使得社会工资结构中最底层工资水平的高低不再由市场供求决定，而是由各省、区、市政府依据本地区城镇居民生活费用支出等因素来确定。只要劳动者在法定工作时间或依法签订的劳动合同约定的工作时间内提供了正常的劳动，用人单位就必须按此标准支付最低劳动报酬。最低工资标准实际上是一种法定工资标准，不会随着劳动力市场供求的变化而变化，其他层次的工资水平也都是在最低工资标准的基础上确定。

同时，最低工资标准也是政府在宏观层面对初次分配领域劳动报酬水平进行直接干预的唯一手段。目前，无论是对利益受损者的补偿，还是改变初次分配领域劳动报酬偏低的状况，各地区政府都应大幅度提高最低工资标准。水涨船高，只有最低工资标准提高了，才可以为劳动者在今后的工资集体协商谈判过程中提供一个有利的工资增长平台。

尽管主流经济学始终对最低工资标准持有异议，但是，最低工资标准这种稳定工资体系的作用在2008年国际金融海啸中表现得非常明显，在保障低收入的公平性、对以农民工为主体弱势群体的保护、从制度上杜绝危机期间血汗工资的出现等方面，最低工资标准起到了不可替代的作用。最低工资在整个社会工资结构中就如同停泊在海湾里船只的锚的作用一样，起着稳定整个社会工资体系的作用。所以，最低工资常常被比喻为"工资锚"。

但是，我国的最低工资制度也还存在以下问题：

一是最低工资制度还不够规范。在金融危机初期，产品出口受阻，企业倒闭本是危机中不可避免的事情，企业为摆脱困境，纷纷要求降低和停止最低工资标准也是可以理解的。但是，作为主管部门以冻结最低工资增长来应对国际金融危机，只能说明我国最低工资制度的不完善和劳资双方力量的不均衡。相比较而言，受金融危机影响更为严重的欧洲各国，在应对这次金融危机时仅仅是调低了最低工资的增长率；（Thorsten Schulten，2009）与我国同为"金砖四国"的巴西，却是以提高最低工资标准来应对金融危机。

二是我国的最低工资标准仍然过低。如果按最高一档的月最低工资标准计算，2009 年我国各省、区、市的月最低工资标准大体可以分为四档：800 元以上 6 个；700 元以上 6 个；600 元以上 15 个；500 元以上 4 个。我国 80% 地区的最低工资在 560 ~ 760 元人民币/月这个范围。这个数值均低于各地职工平均工资的 40%，最低的地区北京仅为 17.04%。（信卫平，2010）今年以来，我国上调或计划上调最低工资标准的省、区、市共有 27 个。从以上调的省区市看，平均增幅多在 20% 以上。但要达到全国总工会 2006 年提出的"力争用三至五年的时间，逐步使最低工资标准达到当地社会平均工资的 40% ~ 60% 的水平"（中华全国总工会负责人，2006）还有相当大的差距。

六、工会与集体行动权

实行集体协商谈判制度必然涉及工会行为对整个经济的影响。对于这个问题，学术界、社会上均一直存在着争论。工会方面认为通过集体谈判可以提高劳动者工资，而批评者则称，提高工资的结果将会出现高失业率。

我们知道，在完全竞争的劳动力市场经济中，单个工人进入市场时，面对的是既定的市场工资率，他们只能是劳动力市场价格的接受者。然而，当单个工人聚集在一起，用工会形式联合成为一个整体时，工人就不再像是一个个孤立的个人那样与企业进行谈判了。而是由工会出面以一个声音同企业进行谈判，工会的力量恰恰在于集体行动。

集体谈判的过程是一个劳资双方的博弈过程。典型的集体谈判过程通常是由工会方面提出高于期望值的工资要求，而厂商方面则提出低于期望值的工资承诺，在谈判的过程中，双方会不断调整自己的期望值，最后在一个双方都可接受的工资率水平上双方达成协议。当然，集体谈判也可能会破裂，工会最后武器是罢工，而厂商的最后武器是关厂。这两种结果都会导致企业停产。

有关集体谈判最早的模型是由英国经济学家约翰·希克斯提出的。（桑普斯福特，2000：158 ~ 161）希克斯模型中有一条"雇主妥协曲线"，其斜率为正值；还有一条"工会抵制曲线"，其斜率为负值。由于两条曲线的斜率相反，必定有一个唯一的交点。希克斯认为，该交点位置取决劳资双方谈判的技巧。因此当工会对雇主的妥协曲线不很清楚时，最初谈判时的工资开价往往较高，随着谈判过程的进行，雇主的态度或多或少地会显现出来，工会将相应地调整自己的工资要求。希克斯模型强调，罢工威胁是一种武器，它可以通过集体谈判向雇主施加压力，迫使雇主不情愿地支付较高的工资，否则雇主损失会更大。希克斯承认，在集体协商谈判中要彻底根除罢工现象是不可能的。"刀不磨要生锈"，所以，工会偶尔地操起罢工武器，目的是"磨刀备战"，是"提请"雇主意识到工会的权势，并不是为了索取较高的工资。希克斯指出，多数罢工是由信息不完善以及双方的判断失误所引起的。希克斯模型指出了信息不完善以及信息不对称的重要性。希克斯提出的这一模型，后来为欧美国家的大量事例所证实。

我国目前由于劳动要素和资本要素的稀缺性的差异，造成劳动力市场更接近于完全竞争市场，劳动力市场上的工资水平基本上是企业说了算，劳动者则只能是一个被动的工资接受者。这种不公平的劳动力市场工资决定机制，造成劳动者特别是一线劳动者的工资水平偏低的状态始终难以改变。从目前看，只有引入工资集体协商制度才有可能打破这种状态。

从经济学的角度看，工会和企业通过集体谈判在确定了一个工资标准后，企业就可以按照这个工资水平雇佣其所需要的所有工人。此时，企业已不再是"工资制定者"，而是成为一个"工资接受者"。企业行为也由此变得更像是一个竞争性市场的企业：雇用工人的数量直到其边际收益产品等于现行的工资水平。可见，一个谈判能力较强的工会可以同时有助于劳动者工资和就业水平的提高。工会的这种反抗企业买方垄断方面的作用在西方国家早期的历史中是非常重要的，因为工会的抗衡力量使得劳动力市场上工资和就业的状况得到了一定程度的改善。

由于工会的这种作用是建立在拥有集体行动权的基础上，因此，为使集体协商谈判更加有效地进行，政府赋予工会集体行动的权利就是非常必要的。因为，在我国已进行的一些集体协商谈判中，一旦谈判受阻，企业就常常以撤资或迁厂相威胁，而工会手中却没有相应的手段以对应，造成多数情况下集体协商谈判还是企业说了算。总之，工会手中有没有这种集体行动权利和是否使用这种权利是两回事。当然，政府还应为工会和企业双方尽可能提供更多的信息，使集体协商谈判始终处在理性的状态。

参考文献：

蔡昉等，2004："经济重组如何影响城市职工的就业和福利"，《中国劳动经济学2004 年第 1 卷》北京：中国劳动社会保障出版社。

程恩富等，2007：《新制度经济学》，北京，经济日报出版社。

高尚全，2008："把提高效率同促进社会公平结合起来"，《人民日报》，2008 - 10 - 06。

国家统计局，2010："城镇私营单位年均工资18119元"，《人民日报》，2010 - 7 - 17。

金培，2008：《中国企业竞争力报告（2008）企业成本与竞争力》，北京，社会科学文献出版社。

卢周来，2010："社会公平究竟谁说了算"，《北京日报》，2010 - 7 - 19。

桑普斯福特，2000："罢工问题：模型与实证"，见大卫·桑普斯福特，泽弗里斯·桑纳托斯主编《劳动经济学前沿问题》，中国税务出版社，北京腾图电子出版社。

世界银行经济考察团，1985：《中国：长期发展的问题和方案》，北京，中国财政经济出版社。

世界银行，2006：《2006年世界发展报告：公平与发展》，北京，清华大学出版社。

Simon Appleton 等，2004："中国裁员的决定因素及后果"，见李实等主编《经济转型的代价》，北京，中国财政经济出版社。

Thorsten Schulten, 2009: "Minimum wages in Europe: new debates against the background of economic crisis", ETUI Policy Brief— European Economic and Employment Policy, Issue 2/2009: 1 ~ 7.

王桂胜，2007《福利经济学》，北京：中国劳动社会保障出版社。

信卫平，2010："国际金融危机与中国最低工资标准"，《中国劳动关系学院学报》，2010，1：1 ~ 5。

约翰·伊特韦尔等，1992：《新帕尔格雷夫经济学大辞典（第二卷）》，北京，经济科学出版社。

中共中央文献研究室，2007：《邓小平年谱》，北京，中央文献出版社。

中华全国总工会负责人，2006："3 ~ 5年内达到当地平均工资的40%"，《人民日报》，2006 - 05 - 19。

中华全国总工会研究室"劳动关系状况"课题组，2008："我国企事业劳动关系状况及劳动关系调整机制建设状况研究"，《工运研究》2008，16 ~ 17：1 ~ 15。

（原载于《经济社会体制比较》2011年第5期，中国人民大学复印报刊资料《劳动经济与劳动关系》2011年第1期全文转载）

尽快确定提高一线职工劳动报酬的路径

今年以来，"提高劳动者报酬"被中央领导反复提及，相关报道也频繁见诸各媒体。五一节前夕，胡锦涛总书记在全国劳动模范和先进工作者表彰大会上明确提出"不断增加劳动者特别是一线劳动者劳动报酬"的讲话很是鼓舞人心。但是，全社会翘首以盼的国民收入分配改革方案却迟迟不能出台，而与广大劳动者收入直接相关的《工资条例》，因遭到部分大企业的极力反对，正面临着难产的危机。这让寄希望于通过此《条例》更好地体现公平原则、实现多劳多得的一线职工深感不安。

鉴于此，我们认为提高劳动者报酬已构成当前社会各方利益博弈的焦点，例如，近期全国总工会相关负责人接受采访时指出，"我国劳动报酬占 GDP 比重连续 22 年下降"。此言一出，财政部官员马上说，因为统计口径不同导致劳动报酬占比被低估。如果劳动报酬占比被高估还是被低估在高层部门也存在着不同看法，无疑不利于这个问题的解决。因此，有必要对这个问题做进一步的研究，因为它涉及对未来分配制度改革路径的选择。

目前，我们对于劳动报酬偏低的认识仍停留在问题的表层，并将其解释为改革初期实行的"效率优先"的政策所致。但是，对于由此涉及的以下问题却采取了回避的态度。

一、追求效率是否一定要牺牲公平

现代经济学认为，公平与效率的统一是指在竞争性市场经济中使收入分配达到社会普遍认可的状态，效率的高低在于资源配置是否通过竞争性市场来完成，而与资源在消费者之间分配状况无关。也就是说，改革初期认为要提高效率就不可能顾及公平的观点，至少在理论认识上的准备是不充分的。我们当时把注意力全部放在如何打破平均主义，改变吃大锅饭的局面，设想随着效率的提高，每个社会成员的利益都可以得到改善。但是，我们忽略了一点，即效率与公平是不可分的，效率是不可能脱离公平而独自提高的，对于公平分配问题缺乏长远考虑。

在我国 30 年改革与发展的进程中，由于没有意识到我国经济效率不断提高的根本原因在于竞争性市场体系的建立，为追求效率我们长期将公平置于次要的位置，导致不同阶层在改革中获利的不一致，从而形成了改革的相对受益者和受损者，并造成收入分配差距不断扩大。

二、谁承担了改革的成本，谁为改革做出了牺牲

由于我们在改革初期误认为平均主义是低效率的根源，所以当时改革的指导思想和政策措施主要是"效率优先"和"让一部分人先富起来"。这种经济体制改革必然带来利益关系的重新调整。从长期和发展的角度看，收入分配体制改革最终会使全体社会成员都从中受益。但是，我们不否认在特定时期和领域内，某些社会阶层和成员的利益因改革而受到一定程度的损害，也不排除人们从改革中获取的利益有多寡之别。

我国收入分配制度改革实际上就是一种制度创新与变迁。根据新制度经济学的理论，只有当制度创新与变迁所获得的收益大于为此而支付的成本时，制度创新与变迁才有可能发生。但是，由于制度变迁的成本—收益的分布往往是不对称的，也就是受益者未必承担成本或承担较少成本。这样，某些制度变迁就有可能以很多人的利益损失为代价而让少数人获益。

回顾30多年的改革历程，可以说，广大的一线职工承担了我国经济体制改革的成本，并为此做出了牺牲。例如，1984年以后的国有企业改革，无论是最初的"砸三铁"，还是后来的"三项制度改革"，"减员增效、下岗分流、买断工龄"等，都直接触动了广大职工的切身利益，在政府单方面改变"游戏规则"的同时，没有考虑到职工的历史贡献和切身利益，使部分职工成为利益受损者。根据中国社会科学院的一项研究报告，1995年~2001年，国有部门的职工人数从11300万人下降到6700万人，大约减少了4600万人，约占原来职工人数的40%。同一时期，城镇集体部门的职工减少了1860万人，接近原来职工总量的60%。在这个时期，4300万职工成了登记注册的下岗者，其中3400万来自国有部门。

三、一线职工的利益损失由谁来补偿

如果一项社会变革使得一部分人的社会福利增加的同时，给另一部分社会成员的福利造成了不利的影响，这项社会变革是否可行就需要对这项社会变革进行成本—收益分析，然后利用补偿理论来判断这项社会变革的可行性。一般来说，只要符合卡尔多—希克斯补偿标准，改革就应当继续推进。这也是我国理论界在意识到改革会使一部分人利益受损的情况下，仍一直坚持推进改革的理论依据。

为了使利益受损的广大职工支持改革，各级政府经常以改革是符合工人阶级长远利益的观念来教育职工，并承诺将来经济发展了，职工的利益是会得到补偿的。这也就是改革之初邓小平讲的要让一部分地区一部分人先富起来，再以先富带后富的改革思路。邓小平在晚年讲的更加明确："十二亿人口怎样实现富裕，富裕起来以后财富怎样分配，这都是大问题。题目已经出来了，解决这个问题比解决发展起来

的问题还困难。分配的问题大得很。我们讲要防止两极分化，实际上两极分化已然出现。要利用各种手段、各种方法、各种方案来解决这些问题。少部分人获得了那么多财富，大多数人没有，这样发展下去总有一天会出问题"。

但是我们在谈到邓小平关于收入分配的思想时，只讲让一部分人先富起来，而很少提及他的上述思想。按照补偿理论，改革进行到一定阶段，获益者要从因改革而获得的收益中拿出来一部分补偿给受损者，否则改革到一定阶段就会难以继续深入。如果长期忽视对改革成本负担者的利益补偿，就有可能掉入"中等收入陷阱"，持续了数十天的泰国"红衫军事件"就是一个非常典型的例证。

四、提高劳动报酬不能被功利化

实际情况表明，改革的既得利益者是不会主动放弃部分收益的，自觉的补偿过程不会在获利者和受损者之间进行。因此，政府必须对收入分配领域进行干预，特别是对受损者的补偿，这是我国下一步收入分配制度改革的关键所在。提高劳动者特别是一线劳动者劳动报酬实质上是一种补偿。但是，这本来是必须要进行的补偿，在当前提高劳动报酬却被功利化了，成为扩大内需的手段。使人误以为是为了应对国际金融危机的冲击，而提高劳动者的报酬。

五、尽快确定提高一线职工劳动报酬的路径

循着补偿思路，我们认为，在初次分配领域提高一线职工劳动报酬应是这样一种路径：

首先，通过提高最低工资水平来提高全社会的平均工资水平。最低工资标准的高低不仅仅是一个收入水平高低的问题，还是一个社会公平理念的具体体现，会直接影响到劳动力市场的工资决定。目前我国最低工资水平远远低于世界平均水平，我们认为，应以提高最低工资标准的年均增长率为宜，使其超过各地区的经济增长率，在2～3年内使各地区最低一档的最低工资达到当地平均工资的40%。这样，生产一线的最低工资劳动者也可以分享改革发展的成果。

其次，改变初次分配领域资强劳弱的局面，必须首先在企业中建立起一个强有力的工会组织，强化工会的维权职能，并在制度上使工会成为拥有更多资源、真正能够代表职工利益的工资谈判的主体。这样才可以通过切实有效的工资集体谈判建立起企业职工工资正常增长机制。

第三，在初次分配领域通过制度创新让更多劳动者拥有财产性收入，以补偿其曾经为经济体制改革做出的牺牲。同时，正在制定中的《关于加强收入分配调节的指导意见及实施细则》和《工资条例》必须要体现出在初次分配中适当提高劳动报酬比重的理念，确保劳动要素按其边际产量取得相应的收入，以改变目前多劳少得、劳动报酬比重持续下降、资本利润侵蚀劳动收入的状况。

第四，政府在制定国民经济和社会发展计划时，特别是在正在编制的"十二五"规划中，应将提高城乡居民收入水平作为硬性指标，写进"十二五"规划和各地考核指标体系。在年度的国民经济和社会发展计划中则要根据对年度国内生产总值增长的预期，确定年度城乡居民收入和职工工资增长率。在"十二五"期间，城乡居民收入、职工工资增长率应高于经济增长率，这样才能逐步扭转目前居民收入比重过低、劳动报酬比重持续下降的局面。

（本文是作者在 2010 年 6 月应邀为《经济日报》（内参）写的一篇短文）

让每一个劳动着活得更体面，更有尊严

很高兴有这样一个机会和大家交流，坦率地讲，刚开始来参加这个会议我还有一点顾虑，因为我是中华全国总工会、中国劳动关系学院的教授。我们经常出去搞一些调查，在调查过程中，工会和企业家有时候好像不是坐在一条板凳上，所以今天我开始有些顾虑。刚才听了一些企业家的发言，我感受很深，因为我发现优秀的青年企业家确实不一样。从大家的发言中可以听到，我们国家今后或者将来，工会和企业是可以和谐相处的，这一点我非常的高兴。

今年5月份，深圳富士康公司的员工接连出现跳楼的事件引起了社会的广泛关注，当然，每一个跳楼员工的原因可能是多种多样的，可能由于个人的原因，由于企业的原因，由于社会的原因，由于家庭的原因，他选择了上一条不归之路。但是，多个员工在这样一个很密集的时间段内，都选择同一种方式结束自己的生命，确确实实值得我们深思。与此同时，大家也注意到，5月份在媒体报道比较多的，像丰田公司、本田公司连续出现了多次的职工罢工。如果我们把这些事情串在一起，就会发现这不是偶然的，而是有着内在的密切联系。如果我们把眼光再放宽阔一些就会发现，劳动关系领域出现的问题更值得我们深思。

根据人力资源和社会保障部提供的数据，全国各级劳动争议仲裁机构处理了有关劳动争议的事件2007年是50万件，2008年是96.4万件，2009年是87万件，也许实际的数量还要多。中华全国总工会在2008年进行了第六次全国职工状况的调查，有这样一个选项，就是调查对象在被问及如果你的企业出现了由于劳动争议而导致的群体性事件时，你是否参加？最后统计的结果是有61%的职工选择了参加，这是一个什么概念呢？也就是说现在我国企业的劳动关系处在一个基本和谐的状态，但是这种和谐我们说是非常脆弱的，大家可以想象，如果由于某一个事件引发了一个群体性的劳动争议事件，一个企业61%的职工都会参与进去，可以想象这个企业会出现什么情况。我们国家职工，现在按照全总的统计，包括农民工在内大概有3亿多，如果有61%的职工都有这样一种思想的话，那这就不是个别的问题了，可以说是一个社会问题。

为什么会出现这样一种情况？我们也分析了原因，当然有各种各样的原因，其中有一条可以说是不可回避的，这就是职工的收入问题。根据全国总工会的调查，

（全国总工会职工状况调查数据是按照普通职工调查，与国家统计局调查的口径不一样，国家统计局每年公布的职工平均工资是按照国有企业、集体企业、独资、合资等来统计的，但没有把很大一部分的私营企业职工纳入调查口径，而这一部分职工占国家统计局调查职工对象的54%，如果把这部分职工加进去，可以说国家统计局公布的这个数据人均职工收入将大大的下降。）2008年一个普通的职工月均收入是1155.88元，跟2006年和2007年国家统计局公布的全国城镇职工月均工资1750.1元和2077.7元做一个比较的话，也就是说全国总工会调查的普通职工月平均工资仅为国家统计局公布的2006年、2007年平均工资的66.1%和55.6%，2007年比2006年还下降了10.5个百分点。这个水平大家可以知道是相当低的。

同时，全总这个调查数据汇总以后得出这样一个结论，有72.4%的普通职工的月工资低于全国平均职工的收入水平，有55.5%的普通职工月工资低于1000元，有26.7%的职工在过去的5年（从2007年向前推5年）从来没有涨过工资。对于产业工人中的主体，也就是刚才大家说的农民工，根据全国总工会的调查，这些农民工已经占到产业工人主体的69.7%，也就是接近70%的产业工人都是农民工。52%的农民工月工资低于1000元，而且，如果按国家统计局2007年的数据，与全国城镇职工月平均工资来比较，只有它的48%，可以说水平是非常低的。

通过这样一组数据我们就可以得出这样一个判断，也就是说在国家经济发展到这样一个阶段，人均GDP基本上达到了3000美元水平的情况下，还有这么多人的工资处在这样一个很低的状态。大家知道，人均GDP达到3000美元是经济出现一个转型的标志，国际上通常都是这样认为的。在这样一个转型的过程中，还有大量劳动者收入处在这样一个低水平，这样的经济能否转型？向哪个方向转型就可能是一个社会问题。因为大家知道，如果我们今天回过头来看30年改革，在改革的过程中，我们最初是坚持了效率优先、兼顾公平的分配原则，这在当时被认为是符合我们国家经济发展的一个策略，或者说一种改革的路径。但是从经济学的角度来讲，任何一种选择都是有成本的，都是有代价的。我们选择了效率优先、兼顾公平，可以说这种路径选择的代价在今天开始显现出来了。

经济体制改革是制度的创新和变迁。我们之所以能够在前30年取得这样伟大的成绩，实际上我们付出了一些代价，也就是说在这个过程中，有受益者，也有受损者。谁是改革的利益受益者？谁又是改革的利益受损者呢？我想大家从事实际经济工作，比我应该清楚的多。我们认为，利益受损者更多的是劳动者，特别是体现在一线职工身上，也就是说这些人是改革过程中利益受到损害的人。

如果从前30年的改革来看，我们说的利益受损主要是指在经济体制改革中下岗工人。把职工推向市场，没有考虑到职工社会福利、医疗保障、退休等方方面面的切身利益，这样就使得这一部分职工在很仓促的过程中被甩出去了，在社会上被边缘化。根据社科院的一份研究报告，1995年~2001年（这正好是我们国家职工下岗分流的时期），在这个时期国有企业职工从 1.13 亿人下降到 6700 万人，也就是说大约有 4600 万人在这几年的时间成为下岗职工，而这些下岗职工并不是由于他本身工作有什么错误，而是由于我们国家经济转型导致的。大家可能还有印象，当时我们为了纺织业具有竞争力，我们曾经要大概关停 1/4 的纺织企业，砸掉许多落后的纺织机。当时有些职工就抱着机器在那里哭，他们知道这个机器一旦被砸掉以后，他的饭碗也就没了，他就要失业了。当时那种情况我们今天想起来还是很令人痛心的。同一时期，集体企业的职工减少了 1860 万，占原来集体企业职工的 60%。在这个时期，4300 万职工成了登记注册的下岗者，其中 3400 万来自国有部门。

如果一项社会变革使一部分人的社会福利增加的同时，而对另一部分人的福利造成损害，那么这种社会变革是否继续进行？根据福利经济学的理论，我们可以用补偿的理论来判断，也就是说改革只要符合福利经济学的卡尔多—希克斯补偿标准，即改革的社会收益大于改革的成本，这项改革就应该进行下去，而我们国家之所以一直坚持这样改革，也就是说我国从理论界到实际部门都会认为经济体制改革对所有人都是有好处的，一时利益受到损害的，将来也会得到补偿，所以我们就一直坚持推进改革。

但是大家知道，这种改革带来的利益分布是不均衡的，也就是说在全国人民都可以通过改革获得好处的同时，有些人的获利是很多的，有些人获利是很少的，甚至是负的。在这种情况下应该怎么办？我们现在都说邓小平同志讲的让一部分人先富起来，让先富带动后富，这是邓小平的思想。邓小平在晚年对这个问题做了更深入的思考。在《邓小平年谱》中，小平同志说："十二亿人口怎样实现富裕，富裕起来以后财富怎样分配，这都是大问题。题目已经出来了，解决这个问题比解决发展起来的问题还困难。分配的问题大得很。我们讲要防止两极分化，实际上两极分化已然出现。要利用各种手段、各种方法、各种方案来解决这些问题。少部分人获得了那么多财富，大多数人没有，这样发展下去总有一天会出问题。"这是小平同志在晚年的时候讲的一段话。看到这段话，我们就可以理解今天富士康的事件，也就是说小平同志很早就意识到如果收入分配问题解决不好，一定会出问题的。

在现实生活中，经过这些年的改革，我们国家整个经济社会的结构已经发生了变化，我们现在不能否认强资本、弱劳工的格局已经形成。这种强资本、弱劳工格局的形成，可以说在 2008 年、2009 年的金融危机中就有了很明显的表现，在金融危机到来的时候，受到国际金融危机冲击最厉害、最严重，自身利益受到损害最大的实际上并不是那些沿海企业，而是那些企业的职工。这些职工先后被企业减薪、裁员、甚至失业，特别是一些农民工，又回到了他自己的家乡。所以说国际金融危机对农民工的冲击比对一些企业的冲击要大得多。我们学院许多老师去年分多路去各省市做调查，发现这个情况实际上比我们想象的、报道的要严重得多。这些农民工回到家乡以后，他们的土地都转包给别人了，没有任何的生活来源；平时收入水平又不高，没有多少积蓄，有些人的生活就是难以为继。2009 年全国各地的最低工资的定期调整被全面冻结了，个别地方政府甚至下调了工资指导线，并美其名曰是为了保护企业，而全然不顾广大工人的切身感受。这一切，他们都默默地接受了。大家可以想象，如果这种事情放在欧洲会这么简单吗？你让他回家他就回家吗？绝对不会。所以我们说我们国家的职工，特别是广大的农民工是非常可爱的。

我举一个例子，在 2009 年年初，国外有一家媒体预言，"中国已经开始经济衰落，也许将比美国经济还要恶化"，"中国难以继续奇迹"，它"只是个身陷囹圄的大国"。到半年以后，这家杂志刊登题为"中国能否拯救世界"的封面文章，封面上一只熊猫正拿着气筒给瘪了的地球打气。那时，中国上半年 7.1% 的增速，"几乎成为照耀全球经济信心的灯塔"。

到了 2009 年年底，这家杂志就将中国工人评为年度人物，这个杂志就是美国的《时代周刊》。该刊认为：中国经济顺利实现"保八"，在世界主要经济体中继续保持最快的发展速度，并带领世界走向经济复苏，这些功劳首先要归功于中国千千万万勤劳坚韧的普通工人，他们对中国和世界经济的贡献"无法估量"。应该说《时代周刊》杂志对中国工人的这个评价是公允客观的，也是对 3 亿多中国工人吃苦耐劳和默默奉献的精神以及他们在为中国和世界经济的发展做出重要贡献的充分肯定。

欣喜之余，难免有些遗憾，中国工人是我们改革开放这个时代的脊梁，在中国经济发展的进程当中，他们的付出最多，他们得到的回报却是很少的。也正是由于这样，大家注意到，今年以来，中央领导多次提出要提高劳动者的报酬。温家宝总理在 3 月份召开的"两会"上提出"公平正义比太阳还要光辉"、"要让每个人活得更体面更有尊严"。胡锦涛总书记在"五一"前召开的全国劳动模范和先进工作者表彰大会上明确提出"不断增加劳动者特别是一线劳动者劳动报酬"的讲话很是鼓舞人心。这些话都表明，我们国家从党中央到国务院对劳动者都是非常关心的。从政府来讲，政府的执政理念和社会政策应该更多地向劳动者倾斜，通过减税让利于企业，以提升提高劳动报酬的空间。作为企业来讲，应该更多的承担企业的社会责任，尤其是对在企业中劳动的员工的社会责任，不能只追求利润。对于工会这样的社会组织来讲，它本身就是追求社会公平的组织，是平衡劳动关系的组织，应该在劳动关系领域当中发挥更重要的作用。

最近，中央领导非常关注工会的维权作用，就是说让工会能够更充分的表达和维护广大劳动者的合法权益，把维护劳动者的权益作为自己的神圣职责。全国总工会在这方面也不断地做了自己的工作。7 月 14 日中华全国总工会书记处讨论了两个重要的决议，并将在全总主席团会议上通过。一个是《中华全国总工会关于进一步加强企业工会工作，充分发挥工作作用的决定》，这个《决定》包括不断扩大工会组织覆盖面、选配企业工会主席、全面推进平等协商集体合同工作、企业职工民主管理制度、加强企业文化建设、做好劳动争议调解等。还有一个文件就是《中华全国总工会关于深入学习劳模精神、大力弘扬中国工人阶级伟大品格的决议》，以在新的形势下激发广大职工的劳动热情和创造活力。

我们关注的是：中国工人在赢得世界尊重的同时，应该能够真正公平地分享到中国阶级发展的红利，体面而有尊严地生活与工作；中国经济的发展不能再以透支和侵占工人利益的方式前进。

我们期待着：千千万万"中国工人"——我们的兄弟姐妹，永远告别开胸验肺，告别频频发生的矿难给他们生命带来的威胁，对他们的关怀不再仅仅停留在事发后的慰问同情。

我们坚信：在能够看得见的将来，劳动者的权利能够得到切实有效的维护，使他们在对未来美好生活的追求和奋斗的行程中，时时充满阳光和温情，并洒下一路朗朗欢笑声，全社会尊重劳动者的风气能够蔚然形成。

让我们工会、青年团、青年企业家协会携起手来、共同承担起公平正义的社会责任，每一个劳动者生活得更体面、更有尊严这个目标就一定可以实现。

谢谢各位！

（本文是作者于 2010 年 7 月 16 日在团中央与中国青年企业家协会共同举办的"企业管理中的人文关怀"座谈会上的发言记录稿）

职工收入分配中存在的若干问题与解决途径（上）

一、问题的提出

2011 年 3 月 14 日第十一届全国人民代表大会第四次会议批准的十二五规划纲要明确指出，"努力提高居民收入在国民收入分配中的比重，提高劳动报酬在初次分配中的比重，尽快扭转收入差距扩大趋势"。2011 年两会期间，改善民生成为社会热烈议论的主题，政府工作报告在"两个提高"之前，又明确提出"努力实现居民收入增长和经济发展同步、劳动报酬增长和劳动生产率提高同步"，提出城乡居民的年均收入实际增长要超过 7% 的指标。并就合理调整收入分配关系提出了具体的措施。

当前，收入分配不合理已经成为政府和民众的共识，合理调整收入分配关系是当务之急。在初次分配中，居民收入和劳动报酬在国民收入中的比重逐年下降，根据国家统计局提供的数据，1992 年居民、政府和企业三者在国民收入初次分配中的比重分别为 68.69%、15.53% 和 15.78%；到 2008 年，三者收入的比重分别为 57.22%、17.52% 和 25.26%。与 1992 年相比，居民收入比重下降 11.47 个百分点，政府和企业分别提高 1.99 个百分点、9.48 个百分点。①

居民、政府和企业三者在国民收入中的比重的这种变化，不仅影响到国民经济的正常运行，也对构建和谐社会造成了极大的冲击。今天，党和政府反复提出提高劳动报酬这一点就已经清楚地表明，在过去相当一段时间在国民收入分配中劳动者受到了并不公平的对待，所以政府现在明确提出要提高劳动者的报酬。但应怎样看待这一问题？我们认为，提高劳动者报酬是社会经过反思后对过去 30 年劳动者为社会发展做出贡献和付出代价的认可，不能理解为是社会发展、国家富裕后对劳动者的一种施舍或恩惠。提高劳动报酬的基本含义是重建社会主义公平与效率相统一的分配制度。

---

① 《中国统计年鉴》（2010），中国统计出版社 2010 年版。

二、中国社会财富快速增长背景下的普通职工收入状况

（一）中国先富阶层的财产状况

"让一部分人先富起来"是改革开放初期一个响亮的口号。经过 30 多年的时间，曾经是"平均主义"的中国贫富两极分化的情况十分严重，财富迅速向少数人手中集中，并形成了"先富"和"未富"两大阶层。一个人数不多但非常富有的阶层已经形成，并占据了社会的大多数财富。早在 2009 年 6 月份举行的中国政协十一届常委会会议上，蔡继明委员说："中国权威部门的一份报告显示，0.4% 的人掌握了70% 的财富，财富集中度高于美国。"2010 年世界银行公布的调查数据，美国 5% 的人口掌握了 60% 的财富，而在中国，1% 的家庭掌握了全国 41.4% 的财富。

（二）中国一线职工的收入状况

与此同时，广大一线职工的收入状况也引起了人们的关注。国家统计局在 2010 年底出版的《中国统计年鉴 2010》中，首次公布了私营企业职工的收入状况。2009年，城镇私营单位就业人员平均工资为 18119 元，与城镇单位在岗职工平均工资32736 元相比少了 14617 元，为后者的 55.35%。[1] 2009 年城镇单位就业人员数是12573 万人，城镇私营企业和个体就业人数为 9788.9 万人。这样，我们可以计算出2009 年城镇在岗职工的年平均工资为 26337.40 元，月均 2194.78 元。这一数据与全国总工会 2009 年四季度全国职工收入分配专题调查的 2152 元职工月平均货币收入十分吻合。

全国总工会 2009 年职工收入分配调查数据显示，全部调查职工中月收入低于月平均货币收入（2152 元）的占 67.2%，低于月平均货币收入 50%（1076 元）的占17.3%。[2] 与 2007 年全国总工会第六次全国职工队伍状况调查的数据相比，低于月平均收入的职工和低于月平均收入 50% 的职工比例均有所扩大，分别增加了 4.8% 和0.4%，同时，约有 1/3 职工工资水平徘徊在当地最低工资标准水平附近。[3]

根据国际劳工组织的定义，低于月平均货币收入 2/3 即为低收入者。按此标准，60% 的职工低于国家统计局公布的城镇单位在岗职工月平均工资（2728 元）水平的2/3，即 1819 元，属于低收入者。目前，低收入职工群体相对集中，主要集中在一线职工、农民工、私营企业以及国有困难企业职工。2009 年全国总工会的调查数据显

① 《中国统计年鉴》(2010)，中国统计出版社 2010 年版。
② 全国总工会职工收入分配专题调研组：《当前企业职工收入分配中存在的突出问题及对策建议》，《劳动工资动态》2010 年第 5 期。
③ 中华全国总工会研究室：《第六次中国职工状况调查》，中国工人出版社 2010 年版。

示，一线职工、农民工、私营企业职工、集体企业职工的月平均工资水平分别为：1749元、1728元、1811.4元和1241.5元。仅以占低收入职工比例较大的一线职工为例，其月收入相当于全部被调查职工月平均收入（2152元）的81.27%，为国家统计局公布的在岗职工月平均收入（2728元）的64.1%。① 这种低工资加大了一线职工贫困的可能性，国际劳工组织将这种低收入的就业状况称之为"在职贫困"。

从基尼系数看，我国贫富差距正在逼近社会容忍的"红线"。尽管对我国的基尼系数各机构认识不一，但学术界认为目前我国居民收入分配的基尼系数高于近年来国内外有关专家计算的0.47～0.50的水平。② 我国基尼系数在10年前越过0.4的国际公认警戒线后仍在逐年攀升，目前已达到拉丁美洲的平均水平。

一方面，劳动者报酬长期偏低，造成的内需不足已经严重制约了我国经济的进一步发展。另一方面，国务院发展研究中心的一项研究表明，资本的边际产出与测度居民收入分配差距的基尼系数之间存在着显著性的负相关关系，并且居民收入差距（基尼系数）越大，资本的边际产出越低。目前，居民收入差距的不断扩大对资本的边际产出及我国经济增长的限制已越来越明显。③

三、一线职工劳动报酬低下的原因

我们认为，经济体制改革初期理论上的准备不足，使我们对公平与效率的关系认识存在片面性；效率优先、兼顾公平的分配原则打破了原有劳动关系的均衡，形成了强资本、弱劳动的分配格局，导致新的劳动关系的均衡始终未能形成。近年来我国的劳资纠纷日益增长无不与此有关。

（一）职工劳动报酬持续走低的根源在于对公平与效率关系的片面理解

改革开放以来，我们在摆脱了平均主义的羁绊后，又面临着贫富悬殊的困境。党的十七大报告指出："初次分配和再分配都要处理好效率和公平的关系，再分配更加注重公平。"这一看法的转变实际上是对公平与效率的关系认识的深化，是对原有分配原则的重大改变。新的分配原则实际上提出了一个问题，即效率的取得是否要以牺牲社会公平为代价。如何实现公平与效率的统一，是当前我国深化改革与经济社会发展面临的一个极为现实的问题。我们将从经济学的视角做进一步的分析。

---

① 全国总工会职工收入分配专题调研组：《当前企业职工收入分配中存在的突出问题及对策建议》，《劳动工资动态》2010年第5期。

② 迟福林：《破题收入分配改革》，中国经济出版社2011年版。

③ 该报告的实证分析表明，无论是皮尔森相关分析结果还是斯皮尔和肯德尔相关分析都表明资本的边际产出和居民基尼系数之间存在着显著性的负相关关系。进一步进行格兰杰因果检验，基尼系数的提高是引起资本边际产出下降的格兰杰原因。参见《促进形成合理的居民收入分配机制研究》，《经济参考资料》2010第25期。

1. 效率不可能脱离公平而长期独自提高

从理论上讲，效率的高低在于资源配置是否通过竞争性市场来完成，而与资源在消费者之间的初始分配状况无关。这意味着，改革初期认定要提高效率就不可能顾及公平的观点，至少在理论认识上的准备是不充分的。改革初期我们把注意力主要放在如何打破平均主义，改变吃大锅饭的局面，设想随着效率的提高，每个社会成员的利益都可以得到改善。但是，我们忽略了一点，即效率与公平是不可分的，效率是不可能脱离公平而长期独自提高的。

经济体制改革初期的目标是明确的，但实现目标的路径却不清楚，只能是"摸着石头过河"，虽然我们慎之又慎，但还是在公平与效率的关系上走入误区，在自认为公平与效率不能兼得的情况下，将公平置于效率之下。

早在 1984 年我们刚刚开始城市经济体制改革时，针对当时制定的改革战略，世界银行就曾经注意到改革过程中可能会出现的不平等问题。"对中国这个社会主义国家来说，收入分配问题——更全面地说就是生活水平问题——极为重要，因为中国最重要的经济目标不仅仅是取得快速增长，还要把增长带来的效益广为散布。"在谈到提高效率时，又讲到"为了取得更大的经济效益所做的改变又可能引出一些棘手的问题，特别是公平与否的问题"。同时，还讲到了决定工资的三要素：效率、公平待遇和稳定性。[①]

在工资是否应由市场决定的问题上，世界银行强调指出："工资在极少数国家中是完全由市场力量自由决定的：即使在资本主义国家，一般也是由（1）市场力量，（2）工会代表工人进行谈判，（3）以及有关最低工资的立法这三方面进行某种程度的结合而决定的。"[②]

可惜我们当时没有对这些问题给予足够的重视，没有意识到有效率的市场经济应该是建立在公平分配的基础上。而过多地强调劳动报酬的市场化。没有意识到以牺牲公平为代价的经济增长，"往往会忽略增进公平所带来的长期效益。增进公平意味着经济运行的效率更高，冲突更少，信任更多，制度更合理。"[③]

针对我国经济发展过程中收入差距的迅速扩大，世界银行在 1996 年的研究报告中以《更富了，但更不平等了》为题描述了中国从 1981 年到 1996 年的收入分配体制改革，并认为："过去 15 年来，东欧转轨国家和苏联的不平等状况虽日益加重，但也不像中国那么严重。"[④]

---

① 世界银行经济考察团：《中国：长期发展的问题和方案》，中国财政经济出版社 1985 年版。
② 同上。
③ 《2006 年世界发展报告：公平与发展》，清华大学出版社 2006 年版。
④ 同上。

2. 效率的提高不能自动转变为公平的实现

经济体制改革以来，我国效率不断提高的根本原因不是因为我们将效率置于优先的位置，而是我们在改革的30年间已经初步建立起来竞争性的市场体系，这是保证效率实现的关键。那种认为要保证经济的高效率就必须容忍分配不公的观点实际上是源于"库兹涅茨假说"。美国经济学家库兹涅茨在1954年考察了若干个国家收入分配不平等的数据以后指出："收入分配不平等的长期趋势可以假设为：在前工业文明向工业文明转变的经济增长早期阶段会迅速扩大，而后是短暂的稳定期，然后在增长的后期阶段会逐渐缩小。"这就是著名的"倒U"型假设，即在经济发展过程中，收入分配差距的长期变动轨迹是"先恶化、后改进"。根据发达国家的经验，他认为一个国家人均GDP在1000~3000美元之间时，收入分配差距会恶化，当人均GDP超过3000美元时，收入差距就会开始缩小。

然而，"库兹涅茨假说"只是一种理论上的抽象假说，现实中的经济运行并不与其相吻合。以巴西为例，20世纪60年代中期到70年代中期，巴西的经济高速增长，1968年~1974年，巴西的GDP年均增长11.4%，和现在中国的情况非常相似。这就是巴西所谓的"奇迹年代"，但其收入分配差距并没有像库兹涅茨假说所说的那样"先恶化、后改进"。巴西的基尼系数长期处于0.5以上，2008年达到0.57，巴西经济已被认为陷入"中等收入陷阱"。就我国的情况而言，东部一些发达省份，如广东、浙江等地，其人均GDP早已超过3000美元了，但这些省份的收入差距并没有因此而缩小。以浙江为例，根据浙江省社会科学院2009年的调查，浙江人均GDP已经超过6000美元，但收入差距不仅没有缩小，反而在继续拉大。另据我国学者的研究，迄今为止还没有证据表明中国收入差距的变动在遵循库兹涅茨所谓的倒U形轨迹。① 这意味着，我们没有理由坐等这一拐点的到来，更没有理由任凭收入差距继续扩大。

3. 前期改革的受益者已对今天分配制度的改革构成阻力

在党的十七大之前，社会相关方面已经意识到了这个问题，并提出要重视公平分配。2005年9月，负责改革方案起草的国家发改委拿出了《关于加强收入分配调节的指导意见及实施细则》（即收入分配改革方案）。2005年12月和2006年2月分别召开了地方和部门的两次座谈会，2007年至2009年间，对这一改革方案前后又举行了6次征求意见讨论会，却始终未能与公众见面。2007年5月国资委曾发出通知，要对部分国企职工工资偏低、增长缓慢的原因进行调查，但最后也不了了之。

2010年曾被称为"收入分配改革"年，当年的2月3日，胡锦涛总书记在谈到转变经济发展方式时，把"加快调整国民收入分配结构"放在了首位。3月5日，温家宝总理在政府工作报告中强调"逐步提高居民收入在国民收入分配中的比重，提

---

① 李实：《经济增长与收入分配》，引自蔡昉：《中国经济转型30年》，社会科学文献出版社2009年版。

高劳动报酬在初次分配中的比重"。10 月 15 日召开的党的十七届五中全会审议通过了《中共中央关于制定国民经济和社会发展第十二个五年规划的建议》，建议把收入分配的不平等当作当前我国经济发展中不可持续发展的主要问题来对待，收入分配改革被确认为"十二五"时期的关键性任务之一。面对收入分配改革方案迟迟未能与社会公众见面的窘境，国家发展与改革委员会的官员也表示："不管怎么样，今年必须拿出东西来，收入分配不能总是空谈。"① 然而，2010 年收入分配改革方案最终仍未出台。

时至今日，横亘在收入分配改革上的主要阻力早已不是认识上的问题，而是利益问题。因为此时若要改变收入差距过大的分配状态，就意味着改革的受益者要将自己的收益拿出一部分来补偿受损者。这必然会导致改革获益者的极力反对，一些官员、学者和企业家至今仍片面强调效率优先、兼顾公平的分配原则，而这正是收入分配制度改革难以推进的关键所在。

（二）收入分配制度改革的路径选择与分配制度设计使职工成为利益受损者

1. 效率优先、兼顾公平的分配原则直接影响了社会收入分配的走向

改革开放以来，效率优先、兼顾公平构成了这一时期社会收入分配原则，也是社会各界用来解释收入差距扩大的依据。但是，根据路径依赖的理论，这一分配原则一旦实施就会从两个方面对后来的社会收入分配走向产生了深远的影响：

一是打破了原有的功能收入分配原则。各种生产要素均参与分配，分配方式由"以按劳分配为主、其他分配方式为补充"，逐步过渡到"劳动、资本、技术、管理等生产要素按贡献参与分配的制度"。这种转变得益于"效率优先、兼顾公平"的这一总体的收入分配原则。恰恰是这一转变，将劳动与资本作为相同的生产要素，放在了同一个收入分配的平台上，按各自的贡献取得相应的收入。这一点正是马克思将西方经济学要素分配理论批判为庸俗经济学的原因之一。在市场经济中，劳动与资本事实上是处于不平等的地位，劳动被资本雇佣，劳动是附属于资本的，工人被异化为机器设备的一部分。因此，工资与利润之间的分配，自然是有利于资本所有者的，更何况像我国这样一个劳动力资源丰富而资本稀缺的社会。从改革最初的设想看，收入分配体制改革是要使广大居民从中受益。但是，"效率优先"在实际经济活动中却逐渐演变为各级政府追求以 GDP 为指标的经济增长，各级政府对企业实施的各种优惠政策，使政府与企业在利益上结为一体，劳动者权益被严重地忽视了。

二是造成居民收入差距扩大的速度加快。这一点在城镇内部尤为明显，2008 年城镇内部收入差距对全国基尼系数的贡献率为 45.3%，已经超过了城乡收入差距对

---

① 《收入分配不能总是空谈，年内动刀垄断工资》，http：//politics. people. com. cn/GB/1027/11393162. html

全国基尼系数的贡献率，① 根据国家统计局提供的数据，2008 年我国城镇家庭居民人均可支配收入按收入等级计算，最高的 10% 家庭与最低的 10% 家庭的人均可支配收入已经相差 9.17 倍。② 另据中国改革基金会 2009 年在对全国 19 个省份的 64 个城市中 4000 多户居民家庭收支情况的调查数据的基础上推算，2008 年全国居民可支配收入总额为 23.3 万亿元，比家统计局城乡住户收入统计计算的 14 万亿元高出 9.3 万亿元（可以称为隐性收入），比国家统计局资金流量表基于经济普查资料计算的住户可支配收入总额 17.9 万亿元高出 5.4 万亿元（可以称为灰色收入）。这部分隐性收入在城镇居民中的分布是最高 10% 收入家庭为 62.5%，最低 10% 收入家庭为 0.4%。由此推算 2008 年我国城镇居民中最高收入 10% 家庭与最低收入 10% 家庭的人均收入比应为 26 倍。③

我们必须正视在特定时期和领域内，在改革推进的过程中，一部分职工的利益受到一定程度的损害，人们从改革中获取的利益有多寡之别。我国收入分配制度改革实际上就是一种制度创新与变迁，只有当制度创新与变迁所获得的收益大于为此而支付的成本时，制度创新与变迁才有可能发生。"但是，由于制度变迁的成本—收益的分布往往是不对称的，也就是受益者未必承担成本或承担较少成本，这样，某些制度变迁就有可能以很多人的利益损失为代价而让少数人获益。"④

在"效率优先、兼顾公平"的过程中，由于成本—收益的分布不对称，必然会形成两个基本的社会群体，即从改革中受益较多的社会群体和从改革中受益较少或受损的社会群体。这两个社会群体可以理解为改革的相对受益者和相对受损者。改革的获益者构成了当今社会的高收入群体；利益相对受损者构成了低收入群体。如果以基尼系数的变化作为收入分配不均等化过程的衡量尺度，从我国基尼系数从改革之初的 0.16 到目前的大于 0.47 ~ 0.50 的变化，我们可以得出以下判断：在 30 年经济体制改革与发展的进程中，我们以收入差距迅速扩大为代价，完成了效率由低向高的转变。

2. 现代企业制度改革与利益受损者的形成

我国经济体制改革可以看作帕累托改进，即一项社会变革使得一部分人的社会福利增加的同时，并不减少其他社会成员的福利。但是，帕累托改进是一个效率概念，不能用它作为评价经济体制改革的唯一标准。因为帕累托改进的过程中会出现利益不一致。如果一项社会变革使得所有社会成员的福利都有所改善，则这项改革是最理想的，如 1984 年以前的以土地承包制为主要举措的农村经济体制改革，几乎

---

① 刘元春：《高度关注中国收入分配差距不断扩大的新形成机制》。
② 《中国统计年鉴》（2010），中国统计出版社 2010 年版。
③ 迟福林：《破题收入分配改革》，中国经济出版社 2011 年版。
④ 程恩富等：《新制度经济学》，经济日报出版社 2007 年版。

所有社会阶层都从中受益。如果一项社会变革使得一部分人的社会福利增加的同时，给另一部分社会成员的福利造成了不利的影响，就需要对这项社会变革进行成本—收益分析，然后利用补偿理论来判断这项社会变革的可行性。

中国的经济体制改革增加了社会的总体福利水平，但社会的不公平程度也在增大。或者说，改革在把"蛋糕"做大的同时，"蛋糕"的分配却越来越不公平了。

由于中国的经济体制改革采取的是增量战略，即在改革初期，社会财富的增量部分这一块很小，存量部分较大，所以改革红利在社会成员中分配时其差异并不明显。随着改革的推进，增量部分不断变大，存量部分相对变小。这时，增量改革的参与者无论合法与否，其获利数量越来越大。尤其是改革的中前期，增量部分改革的成本基本上是由存量部分承担的，具体讲，主要是由国有企业、集体企业职工以及大量进城的农民工来承担，他们以自己的辛勤劳动支撑着中国经济的快速增长，默默承担着改革带来的阵痛，却未能平等地分享的改革带来的收益。

在 30 多年的计划体制下，长期的低工资、高就业工资政策，使得政府、企业通过低工资制度"预先扣除"了职工创造的劳动财富中一部分"必要劳动价值"。也就是说，国有企业职工预先将这笔本应该归自己所有的收入存入了国有资产中。政府、企业与职工之间客观上存在一种"承诺"关系，即政府、企业对实行劳动合同制以前参加工作的职工，有一种事实上的终身就业以及相应的医疗、住房、养老等承诺。但是，国企改革却忽略了这一历史承诺。1984 年以后的国有企业改革，无论是最初的"砸三铁"，还是后来的"三项制度改革"，"减员增效、下岗分流、买断工龄"等，都直接触动了广大职工的切身利益。国企下岗职工，特别是 40～50 岁这一部分下岗职工，实际上已成为"改革成本的直接承担者和主要的利益受损者"。他们不仅因下岗失业被排斥在"巨额存量资产"重新分配的名单之外，甚至连自己预先"存蓄"的那一部分都无法享受。可见，政府在单方面改变"游戏规则"的同时，忽视了职工的历史贡献和切身利益。仅以下岗分流为例，根据中国社会科学院的一项研究报告，1995 年～2001 年，国有部门的职工人数从 11300 万人下降到 6700 万人，大约减少了 4600 万人，约占原来职工人数的 40%。同一时期，城镇集体部门的职工减少了 1860 万人，接近原来职工总量的 60%。在这个时期，4300 万职工成了登记注册的下岗者，其中 3400 万来自国有部门。① "这些情况说明：经济改革使全体居民受益的阶段已经结束，开始出现（至少短期中）明显的受损者。"②

改革的利益受损者主要包括：企业的一线职工；国有企业和集体企业的下岗职

---

① 蔡昉等：《经济重组如何影响城市职工的就业和福利》，《中国劳动经济学》2004 年第 1 卷，中国劳动社会保障出版社 2004 年版。

② Simon Appleton 等：《中国裁员的决定因素及后果》，见李实等主编《经济转型的代价》，中国财政经济出版社 2004 年版。

工、国家对某些行业进行强制性调整而受到影响的职工及老工业基地的职工和农民工。本文所提出的补偿对象主要是上述群体。

3. 对利益受损者的补偿应是下一步收入分配制度改革的重要组成部分

为了使利益受损的广大职工支持改革，各级政府经常以改革是符合工人阶级长远利益的观念来教育职工，并承诺将来经济发展了，职工的利益是会得到改善的。这也就是改革之初邓小平讲的要让一部分地区一部分人先富起来，再以先富带后富的改革思路。按照补偿理论，改革进行到一定阶段，获益者要从因改革而获得的收益中拿出来一部分补偿给受损者，否则改革到一定阶段就会难以继续深入。

近年来我国的劳资纠纷日益增长，根据人力资源和社会保障部提供的数据：2007 年全年各级劳动争议仲裁机构共处理劳动争议案件 50 万件、2008 年为 96.4 万件、2009 年为 87.0 万件。另据中华全国总工会 2007 年《第六次全国职工队伍状况调查总报告》的调查发现，当企业发生集体劳动争议导致的群体性事件时，61% 的职工表示有参加的可能。① 这表明，如果长期忽视对改革成本负担者的利益补偿，就容易引发社会的不安宁，还有可能掉入"中等收入陷阱"。邓小平在晚年非常明确地指出："十二亿人口怎样实现富裕，富裕起来以后财富怎样分配，这都是大问题。题目已经出来了，解决这个问题比解决发展起来的问题还困难。分配的问题大得很。我们讲要防止两极分化，实际上两极分化已然出现。要利用各种手段、各种方法、各种方案来解决这些问题。少部分人获得了那么多财富，大多数人没有，这样发展下去总有一天会出问题。"②

针对社会贫富差距日益严重的情况，2007 年党的十七大报告在公平与效率的关系问题上有了重要的改变，指出，"合理的收入分配制度是社会公平的重要体现"，"初次分配和再分配都要处理好效率和公平的关系，再分配更加注重公平。逐步提高居民收入在国民收入分配中的比重，提高劳动报酬在初次分配中的比重"，以期逐步扭转收入分配差距扩大趋势。

历史与现实都反复证明，任何改革必须遵循社会公平正义的原则，改革方案的设计应使社会上处于劣势的群体也能够获取应有的收益，使利益受损者得到应有的补偿，并尽量将他们的损失减少到最小的范围和程度。否则，改革的社会效果会被大幅冲减，下一阶段的改革也会失去内在的动力。

因此，在经济体制改革进行了 32 年后的今天，在社会财富有了较为丰富积累的前提下，对改革进程中的利益受损者，或者更准确地说对改革成本的承担者给予适量的补偿，就是一件应该尽快提到议事日程的事情，也是下一步经济体制改革的重要组成部分。因为只有对利益受损者给予应有的补偿之后，全体社会成员的福利水

① 中华全国总工会研究室：《第六次中国职工状况调查》，中国工人出版社 2010 年版。
② 《邓小平年谱》，中央文献出版社 2007 年版。

平均有改善，才能证明改革使整个社会的生活质量提高了。如果一谈到提高劳动者报酬就认为这会影响整个社会的效率，那么这种改革就不能认为是对全社会有益的，最多是对某些获益者群体有益。这样的改革对社会的发展并无益处。

（原载于《理论动态》1900 期（2011 年 9 月 30 日），文章署名为中国劳动关系学院收入分配问题课题组，作者为课题组负责人并执笔）

职工收入分配中存在的若干问题与解决途径（下）

改革开放 30 多年来，3 亿多中国工人以他们吃苦耐劳和默默奉献的精神为中国经济的发展做出了重要的贡献；为中国经济的转型付出了巨大的代价。为此，在"十二五"期间，政府应开始有计划地对改革的利益受损者进行补偿，并将这一理念传达给社会各界。我们还认为，工会作为职工利益的代表者与维护者，有责任提出对利益受损职工补偿要求的政策建议。社会对利益受损者的补偿数量取决于受损者的受损程度，为此，本报告对企业一线职工、下岗职工和农民工这三个主要群体的利益受损程度及货币补偿量进行了测算。

一、企业一线职工劳动报酬统计、受损分析及货币补偿量的测算

根据国家统计局的定义，一个国家（或地区）的初次分配是指在一定时期内生产活动形成的净成果在参与生产活动的生产要素的所有者及政府之间的分配。而生产活动的净成果是增加值。生产要素包括劳动力、土地、资本。劳动力所有者因提供劳动而获得劳动报酬；土地所有者因出租土地而获得地租；资本的所有者因资本的形态不同而获得利息收入、红利或未分配利润等不同形式的收入；政府因直接或间接介入生产过程而获得生产税或支付补贴。

因此，劳动报酬在初次分配中的比重问题实际上就是分析在一定时期内劳动报酬在生产活动净成果中的比重问题，亦即劳动报酬在每年增加值中的比重。

根据《中国统计年鉴》资料，1992 年~2008 年期间我国企业部门增加值由 1992 年的 16483.10 亿元增加到 2008 年的 200813.60 亿元，增长了 11.18 倍，年均增长率为 16.91%。然而，劳动者报酬由 1992 年的 8198.40 亿元增加到 2008 年的 71859.10 亿元，增长了 7.77 倍，年均增长率为 14.53%，低于增加值 2.38 个百分点。这样在 1992 年~2008 年这 17 年中，我国企业部门劳动者报酬在初次分配中的比重变动呈现明显的下降趋势，从 1992 年的 49.74% 下降到 2008 年的 35.78%，下降了 13.96 个百分点。

劳动报酬下降是否意味着资本收益增加，这还需要做进一步的分析。因为，在初次分配阶段，企业部门在生产活动过程中创造的增加值要扣除劳动者报酬、生产税净额、财产收入（包括利息、红利、土地租金等）后才形成企业的初次分配总收

入。所以，还要看生产税净额和财产收入占企业增加值比重的变动情况。

1992 年企业部门的生产税净额和财产收入两项在企业初次分配中的比重为 24.71%，2008 年下降到 24.44%；2008 年比 1992 年还下降了 0.27 个百分点，这表明生产税净额和财产收入两项没有对企业收益产生影响，而同期劳动者报酬下降了 13.96 个百分点，这就意味着资本收益增加了相同的比例。这种此消彼长的变化说明企业部门初次分配领域的分配天平近年来不断向资本倾斜的事实，也验证了早在 10 多年前就已讨论的"利润侵蚀工资"的问题，只是这个问题在今天表现得更为突出了。

我们将 1992 年劳动者报酬占企业部门增加值的比重作为企业部门职工收入受损差额测算标准，并以此标准测算 1992 年~2008 年企业部门职工收入受损程度和货币补偿总量，主要基于以下考虑：

第一，从国际比较的角度看，我国劳动者在初次分配中的比重明显低于当前发达国家的水平，2005 年~2008 年，美国劳动者报酬占 GDP 的比重为 56.6%，英国为 53.8%，德国为 49.5%，法国为 51.8%，日本为 55.1%，韩国为 51.8%，中国为 39.7%。[1] 以 1992 年劳动者报酬占企业部门增加值的比重作为补偿标准只是按曾经最接近世界平均水平的标准来测算。

第二，从产业结构相似期比较看，我国劳动报酬在初次分配中占比也明显过低。例如，1920 年~1929 年美国劳动报酬和业主收入总和占国民净收入的比重为 78.1%，1950 年~1954 年为 82.1%，1980 年~1984 年为 81.8%，其中的劳动报酬占比由 1920 年~1929 年 60.5%上升到 1980 年~1984 年的 74.3%，而业主收入占比由 1920 年~1929 年 17.6%下降到 1980 年~1984 年的 7.5%。[2] 与此相比，我国劳动报酬初次分配中占比则是一种相反的趋势。

第三，从特定发展阶段看，国际经济发展历史有两个特点，一是工业化加速推进，特别是重化工业阶段，劳动报酬占比会相对偏低，并伴有少数年份下降，但持续下降现象很少见。例如，日本、韩国在其重化工业阶段也曾出现过低于 40%的年份，但没有出现过长期持续下降的情况。二是无论老牌的工业化国家还是二战后的新兴工业化国家，在国民收入分配中劳动报酬占比始终是各要素中占比最高的，且随着工业化进程该比例总体呈上升趋势，并随着工业化完成而趋于稳定。我国劳动报酬占比偏低在一定程度上是发展阶段的体现，但自 20 世纪 90 年代以来持续下降就不能再简单用发展阶段来解释了。[3]

① 陈昌盛等：《优化我国收入分配格局的思路和政策建议》，载于迟福林：《破题收入分配改革》，中国经济出版社 2011 年版。
② 宋晓悟：《改善民生的重要举措》，载于迟福林：《破题收入分配改革》，中国经济出版社 2011 年版。
③ 陈昌盛等：《优化我国收入分配格局的思路和政策建议》，载于迟福林：《破题收入分配改革》，中国经济出版社 2011 年版。

综上所述，我们在测算企业部门利益受损职工的受损计量时，将劳动报酬占企业部门增加值的比重以 1992 年为基础，首先计算出每一年企业部门应得劳动报酬，并用其减去当年度企业部门的实际劳动报酬，其差额就是以货币形式表示的企业部门职工利益受损的数量。然后将企业部门各年度的保持 1992 年比重的劳动者报酬总量绝对差值加总（即将表 1 最后一栏的数字加总），就可以得到 1992 年 ~ 2008 年这 16 年企业部门职工按 1992 年的标准应得而没有得到的货币工资总量，即 142295.36 亿元。

二、企业下岗职工收入受损分析及货币补偿量的测算

"下岗"作为我国国有企业深化改革的过渡产物，是我国经济转轨、机构调整时期一种特有的现象。1996 年，国家统计局和劳动部经研究确定了一个"下岗"职工的统计定义：即"由于用人单位的生产和经营状况等原因，已经离开本人的生产或工作单位，并已不再本单位从事其他工作，但仍与用人单位保留劳动关系的职工"。1998 年 3 月，国家统计局和劳动部经研究将下岗职工的定义修改为："因企业生产和经营状况等原因，尚未与企业解除劳动关系，在原单位已无工作岗位，且未在社会上再就业的职工。"简称"三无"人员，即在原企业无工作岗位、未解除劳动关系和未再就业。根据这一定义，"下岗职工"实际上是"下岗未就业职工"的简称。

从地区分布来看，下岗人员主要集中在中西部地区、老工业基地以及个别市场化较快地区；从行业分布看，属于产业结构调整的重点产业，特别是纺织、军工、森工、煤炭和机械为最；从单位分布看，下岗职工主要分布在企业，数量远大于其他部门和组织；从年龄、性别、文化程度分布看，下岗职工年龄趋于年轻化，女职工多，文化程度偏低；从职业分布看，下岗人员绝大部分为工人，尤其是一线工人。

1. 下岗职工的显性收入损失测算

下岗职工直接收入和在职职工之间的差距，可以定义为显性收入损失。在 1995 年职工收入函数估计结果中，该年内有过下岗、失业经历的人员的平均收入比其他城镇职工低 37.9%，亏损企业职工的收入比盈利企业职工低 21.3%。由此可以算出，一个在亏损企业的下岗职工要比一个在盈利企业的上岗职工的收入低 60% 左右。[①] 更重要的是，下岗失业导致了部分城镇家庭陷入贫困状态。利用 1999 年的抽样调查数据，对城镇贫困的原因进行分析后获得的结果表明，下岗失业人员家庭陷入贫困的概率要比一般家庭高出 7 ~ 8 倍。[②]

在具体计算过程中，历年下岗职工人数、全国平均在岗职工工资主要依据国家

---

① 李实：《中国个人收入分配研究回顾与展望》，《经济学》2003 年第 2 卷第 2 期。

② Knight, J. and Li, Shi, 2002. "Unemployment Duration and Earnings of Re - employed Workers in Urban China." Working Paper, Oxford University

统计局提供的数据。由于全国下岗职工基本生活费全国没有统一标准，我们先采用基数较高的北京下岗职工基本生活费作为收入损失下限的计算依据。最终计算出1992 年~2005 年全国下岗职工显性收入损失下限为 5110. 2729 亿元。

关于下岗职工收入损失上限的计算，我们依据 1997 年《劳动统计年鉴》表 3~22：下岗职工平均生活费：922 元/年；1996 年《劳动统计年鉴》表 3~17，全国下岗职工基本生活费合计 824 990. 2 万元，计算得平均每人约 925 元/年。换算为月平均收入为：1996 年下岗职工月平均收入为 77 元；1997 年为 77 元。可以推算历年全国下岗职工平均月基本生活费为北京下岗职工基本生活费的 40% 左右。依据相同方法计算出 1992 年~2005 年全国下岗职工显性收入损失上限为 6880. 6060 亿元人民币。

2. 下岗职工的隐性收入损失测算

我们研究下岗对收入影响的相关文献发现，下岗对一般劳动力再就业后工资也有一定的影响。这种影响，我们称之为下岗职工隐性收入损失。

国外学者研究发现，在美国失业持续时间每延长 10%，再就业后工资就会下降7.5% ~13.8% 。[1] 在美国，失业会导致再就业后收入下降，而且这种下降是长期的，很难恢复，即使是失业后的再就业者能够在与失业前相似的企业中工作也是如此。[2]有学者利用中国 2000 年的数据发现失业者再就业后的收入显著低于未失业者，[3] 并发现失业持续时间对再就业后收入有显著负面影响，结论是失业持续时间每提高 1个月，再就业后工资就下降 0. 64% ~11. 73% 。[4]

我国学者通过对 2003 年数据的分析发现：未失业者的月劳动收入（包括工资收入和经营收入）和工资收入与再就业者相比，分别高出 84. 3% 和 68. 7% ，[5] 换言之，再就业者的劳动收入仅仅相当于未失业者的劳动收入的 54. 26% ，其工资收入仅仅相当于未失业者的工资收入的 59. 29% 。而目前依然处于失业状态的劳动者收入仅仅相当于未失业者劳动收入的 23% ，相当于未失业者工资收入的 24. 91% ，相当于再就业者工资收入的 42. 01% 。

研究还显示与在岗者相比，失业者在实现再就业后，从工资收入上看，再就业者收入也只有未失业者的 50% ~59% ，且这种差距 40% 以上是由失业经历引起的，

① Addison, John T. and Portugal, Pedro, 1989. "Job Displacement, Relative Wage Changes, and Duration of Unemployment. " Journal of Labor Economics, Vol. 7, No. 3, July, pp. 281~302

② Jacobson, louis S. ; LaLonde, Robert J. and Sullivan, Daniel G. , 1993. "Earnings losses of Displaced Workers. " The American Economics Review, Vol. 83, No. 4, Sep. , pp. 685~709

③ Appleton, Simon; Knight, John; Song, Lina and Xia, Qingjie, 2002. "Labor Retrenchment in China: Determinants and Consequences. " China Economic Review, Volume 13, Issue, 2~3, pp. 252~275

④ Knight, J. and Li, Shi, 2002. "Unemployment Duration and Earnings of Re - employed Workers in Urban China. " Working Paper, Oxford University

⑤ 刘文忻、杜凤莲：《失业与中国城镇人口收入差距》，《经济评论》2008 年第 1 期。

近60%可以由未失业者与再就业者个人人力资本差异来解释。有学者计算了失业经历对再就业后工资的长期影响，发现即使是在工作了6年以后，再就业者的工资比预期的还低9%以上。[①]

综合以上研究，可以发现，由于政策原因造成下岗职工的隐性收入损失在下岗职工再就业初期的收入为在岗职工收入的约40%，6年后约为9%，年平均为25%。由于这种损失40%以上是由下岗职工的失业经历引起的，也就是由政策引起的，因此，可以估算下岗职工因为政策原因造成的隐性收入损失平均约为在岗职工收入的10%。到2005年年底我国便没有下岗职工统计，下岗这一特殊时期的特殊人群便走进了历史。但是，他们的损失并没有结束。我们依据2005年的最后的下岗职工的人数统计，可以计算出2006年~2009年全国下岗职工隐性收入损失约为22.6380亿元。

三、农民工收入统计、受损分析及货币补偿量的测算

本文依据国家统计局和农业部现有统计数据进行测算，从1992年至2009年，农民工与城镇职工年平均收入不断扩大。以国家统计局数据为例，农民工与城镇职工年平均收入绝对值差从451.83元扩大到15240元，比率差（城镇单位就业职工年平均收入/农民工年平均收入-1）由0.2扩大到0.9。1992年~2009年农民工与城镇职工累计年平均收入绝对值差93810.88元，累计比率差10.22。若以农业部数据为例，那么农民工与城镇职工的年平均收入差距更加显著，绝对值差从1311.86元扩大到21418.33元，比率差由0.6扩大的1.98，1992年~2009年农民工与城镇职工累计年平均收入绝对值差141373.17元，累计比率差24.84。

在上述分析测算的基础上，按照同工同酬的基本原则，以城镇职工收入为标准，我们对1992年~2009年期间农民工收入差额的补偿缺口的总量进行了测算，具体计算如下：

首先，我们将国家统计局提供的1992年~2009年城镇在岗职工年平均工资按年度分别加上保持1992年职工工资总额在GDP中的比重在岗职工年平均工资的绝对差值，得到按1992年职工工资总额在GDP中比重的在岗职工年应得平均工资。

其次，用上述计算的1992年~2009年期间在岗职工年应得平均工资，分别减去按国家统计局和农业部口径计算的农民工年平均收入，其差额作为农民工平均年收入差额补偿缺口的下限和上限。再用这一补偿缺口的下限和上限分别乘上各自口径计算的当年度农民工人数，最终得到当年度农民工收入总额的差额补偿缺口的下限和上限。

最后，将1992年~2009年期间各年度的农民工收入总额的差额补偿缺口的下限

---

① Stevens, Ann Huff, 1997. "Persistent Effects of Job Displacement: The Importance of Multiple Job losses." Journal of Labor Economics, Vol. 15, No. 1, Part 1, Jan., pp. 165~188.

和上限加总，得到 1992 年~2009 年期间农民工收入差额的补偿总额，补偿总额的下限是 209941.48 亿元；补偿总额的上限是 237232.28 亿元。

四、结论与建议

经过 30 多年的改革开放，中国经济发展取得了举世瞩目的变化，国内生产总值从 1978 年的 3645.2 亿元到 2010 年的 397983 亿元，32 年增长了 108.18 倍，GDP 总量在全世界位居第二，这一成绩的取得离不开那些在生产一线默默无闻的劳动者。改革在为我们带来辉煌成果的同时，社会也为此付出了巨大的代价、付出了沉重的成本。正如全国总工会在《1997 年全国职工状况调查》中曾经指出的："职工队伍承受了经济体制改革带来的阵痛和压力，为改革、发展和稳定做出了重大贡献"，"对于部分职工尤其是一线工人而言，主人地位的下降，不仅仅体现在政治地位的下降上，而且也体现在劳动权利和经济利益的受损上，他们甚至已经成为在改革中获利最少、付出代价最多的阶层。"

从这个意义上讲，本报告测算出的利益受损职工收入差额的货币补偿总量无论上限还是下限，都可以看作为取得今天的成就而进行的经济体制改革所付出的社会变革成本。

这部分改革成本是由企业部门职工、下岗职工和农民工这些普通的劳动者承担了。根据以上对三部分利益受损职工的受损分析和货币补偿量测算，我们得出了对这三部分利益受损职工进行补偿的总量：货币补偿总量下限为 357369.7509 亿元、货币补偿总量上限为 386430.8840 亿元。

在尊重改革和发展过程中形成的既得利益的前提下，对改革中相对利益受损阶层予以某种形式的合理补偿，这应该是今后一段时期内我国收入分配体制改革的一个基本原则。社会主义经济体制改革的本意不是把原有体制创造的财富通过改革从一部分人手中无偿转移给另一部分人，而是在承认原体制下形成的社会各成员既定利益的前提下，通过权利和财产关系的重新安排，调动所有成员的积极性，在增加社会总财富的过程中实现帕累托改进。如果在社会总财富增加的同时，由于改革导致了社会中的一部分人利益受损，受益者有责任从自己增加所得的收入中拿出一部分补偿受损者。这也是社会公平公正原则的具体体现。

由于这部分补偿金额数量较大，采取什么方式、通过什么途径进行补偿是至关重要的。因为它不仅直接关系着对广大职工权益的维护，关系着社会既有财富的分配与调整，还关系到今后一段时期社会的稳定与经济的发展，必须慎之又慎。从各国和地区的经验看，补偿主要有以下方式：一是俄罗斯私有化证券方式；二是我国香港、澳门向补偿对象分派现金方式；三是将外汇储备用来作为补偿金方式。

但通过对国际国内具体条件的分析，我们认为：无论是通过派发现金还是外汇储备的方式来对利益受损职工进行补偿，中国目前经济承受能力和汇率制度都会成为重要的约束条件。同时，从公平正义的角度讲，对利益受损职工的补偿应当是一种财政行为，而不能只是一种货币行为。为此，初步建议是：

1. 建立国家社会补偿基金，专司对利益相对受损职工的补偿

社会补偿基金的来源可以由政府通过设立补偿税的办法来解决社会补偿基金的来源。补偿税可作为一定时期如在今后 15～20 年期间对国有垄断性企业加征的一个税种，也可作为个人所得税和企业所得税的一个补充税种，或从遗产税中抽取。还可以通过从外汇储备收入、财政收入中每年按一定比例提取，同时接受社会各方捐赠。社会补偿基金账户应由财政部直接管理。补偿基金的运用可以按照直接补偿的途径来进行。所谓直接补偿是将改革相对利益受损职工群体视为一个整体概念，借助已经初步建立的社会保障体系，拓展被补偿群体进一步实现利益分享的补偿思路。鉴于在过去 32 年改革中利益相对受损职工多数已经退休或即将退休，似可比照离、退休干部不同待遇的思路，对有下岗经历的职工可通过提高退休金的形式给予补偿，按照工龄，每个有下岗经历的退休职工除了目前正常的退休金以外，还可以通过退休金账户直接从政府部门领取 10～15 年左右的下岗补偿金，实现与各地对 65 岁以上老人补助金的对接。以此来保障这些对改革开放做出过付出与贡献的职工能够在退休后生活的条件与尊严。

2. 实施"国民收入倍增计划"和出台《中华人民共和国最低工资法》

针对一线职工工资长期偏低的状况，政府在不直接干预企业工资水平的约束条件下可以从以下两个方面进行：

一是尽快实施"国民收入倍增计划"。在计划中应明确提出今后 10 年大幅提高职工收入增长率以补偿改革中的利益相对受损者，可以将劳动者报酬的增减作为考核各地政府政绩的约束性指标。从宏观上看，应当力争实现我国劳动者报酬增长率不低于企业利润增长率。依据 2011 年政府工作报告中提出的城乡居民的年均实际增长要超过 7% 的指标，考虑到物价因素，我们认为劳动者报酬名义年均增长率不应低于 15%。经过 10～15 年时间的补偿性增长，使得企业部门劳动者报酬占 GDP 的比重重新回升到 50% 左右，接近中等收入国家的合理区间。

二是出台《中华人民共和国最低工资法》。依据公正、分享、补偿的理念，确定最低工资标准，使最低工资标准具有真正的法律效应。我国劳动力市场目前已经形成一个从高端到低端的多层次工资体系，劳动力市场上工资水平的高低取决于市场供求的状况。但从社会公平正义的角度出发，最低工资标准的实施使得社会工资结构中最底层工资水平的高低不再完全由市场供求决定，而是由各省、区、市政府依据本地区城镇居民生活费用支出等因素来确定。最低工资标准实际上是一种法定工资标准，不会随着劳动力市场供求的变化而变化，其他层次的工资水平也都是在最低工资标准的基础上确定。① 同时，最低工资标准也是政府在宏观层面对初次分配领域劳动报酬水平进行直接干预的主要手段。目前，无论是对利益受损者的补偿，还是改变初次分配领域劳动报酬偏低的状况，各地政府都应适时较大幅度提高最低工资标准。从而真正实现"力争用三至五年的时间，逐步使最低工资标准达到当地社会平均工资的 40% ~ 60% 的水平"②。

3. 探索"化税为薪"道路，推进工资集体协商机制

近年来税收在国民收入中所占比重持续上升，在企业层面通过提高劳动报酬而对利益受损职工进行补偿在一定程度上有赖于政府让利，通过"化税为薪"的办法优化收入分配格局。"化税为薪"的减税让利方式，能够在不增加企业用工成本、稳定企业生产、保持企业利润的前提下，为企业提高职工工资水平开辟一条新的出路。鉴于低收入群体更多集中于劳动密集型中小企业，而此类企业在国际金融危机冲击下利润空间已经十分有限，且短期内不具备快速升级换代的能力，税负减免应以这类企业为主。

为确保该项措施落到实处，切实提高职工收入，"化税为薪"政策在具体实施中可考虑以企业为主体，采取"主动申请、提薪让税"的运行模式。先由企业主动提出申请不同于靠政府行政手强制推行的方式，其政策覆盖范围是有选择性的，只有满足条件的企业申请才能通过审核，有利于调动劳动密集型中小型企业积极性，改革企业发展观念，在不影响企业发展的同时改善职工工资待遇。而"提薪让税"的关键在于操作顺序上的变化，政府鼓励企业首先增加工资，然后根据工资增加的幅度酌情减免企业税收，这样就将原本属于企业的权限转移到了政府手上，防止减免掉的税金被挪作他用。

此外，为切实提高职工维权意识，更好地发挥工会组织的作用，构建和谐的劳资关系，"化税为薪"政策的扶持对象可重点聚焦于那些已经建立了较完善工会组织和工资集体协商机制的劳动密集型中小企业，使得税收的减免不仅为职工收入提高腾出空间，同时也为企业开展工资集体协商创造有利条件。

4. 增强利益受损群体的获取收入的能力和提高社会保障水平

首先，要千方百计增加就业。国家需要大力拓展不同产业的就业空间，在各产业之间合理配置劳动资源，从而实现经济增长与就业增长良性互动。这需要从增加就业的角度，调整我国的产业政策、对外贸易政策、财政和货币等宏观经济政策。其次，提高利益相对受损群体的职业技能。提高他们的职业适应能力和创造能力，大力发展职业教育和职业培训，增加人力资本投资来提高利益受损职工的收入水平

① 信卫平：《国际金融危机与中国最低工资标准》，《中国劳动关系学院学报》2010 年第 1 期。
② 中华全国总工会负责人：《3~5 年内达到当地平均工资的 40%》，《人民日报》2006 年 5 月 19 日。

和职业稳定性。最后，将利益受损群体作为我国社会保障制度中的优先保障群体。完善基本养老保障体系；把基本医疗保险、养老保险制度覆盖城乡全体居民，降低个人缴费的数额和减少必需的缴费年限，实现全国范围内的自由、顺畅、便捷转移；降低利益受损职工的家庭负担，解除部分后顾之忧。比如有过下岗经历的职工和农民工持相关证件，其子女可优先实现高中阶段免费教育，大学阶段低收费教育等；完善最低生活保障制度，在城市做到应保尽保，在农村将符合条件的贫困人口全部纳入最低生活保障范围，切实解决基本生活问题。在条件成熟时，可以将农民工纳入城市保障性住房体系的覆盖范围，让农民工享受廉租房待遇。

（原载于《理论动态》1901 期（2011 年 10 月 10 日），文章署名为中国劳动关系学院收入分配问题课题组，作者为课题组负责人并执笔）

对利益受损职工的补偿问题
——专访信卫平教授

《中国工人》编辑部

（2011年8月，本刊主编纪元对中国劳动关系学院信卫平教授就利益受损职工的补偿问题进行了专访，本文根据专访录音整理而成。）

纪元： 近几年，改善民生成为社会热议的主题，今年的政府工作报告又明确提出"努力实现居民收入增长和经济发展同步、劳动报酬增长和劳动生产率提高同步"，提出城乡居民的年均实际增长要超过7%的指标，并就合理调整收入分配关系提出了具体的措施。我知道，你们课题组一直在从事此方面的研究，而最近完成的《关于对利益受损职工补偿的研究报告》课题研究是否也是基于这样一个背景？

信卫平： 收入分配不合理已经成为政府和民众的共识，合理调整收入分配关系是当务之急。在初次分配中，居民收入和劳动报酬在国民收入中的比重逐年下降，根据国家统计局提供的数字计算，1992年居民、政府和企业三者在国民收入初次分配中的比重分别为68.69%、15.53%和15.78%；到2008年，三者收入的比重分别为57.22%、17.52%和25.26%。与1992年相比，居民收入的比重下降11.47个百分点，政府和企业分别提高1.99个百分点、9.48个百分点。居民、政府和企业三者在国民收入中的比重的这种变化，不仅影响到国民经济的正常运行，也对构建和谐社会造成了极大的冲击。

今天，党和政府反复提出提高劳动报酬这一点就已经非常清楚地表明，过去一段时间在国民收入分配中劳动者受到了极不公平的对待，所以政府现在明确提出要提高劳动者的报酬。因此，我们认为，提高劳动者报酬是社会经过反思后对过去30年劳动者为社会发展做出的贡献的认可和付出的代价的补偿，不能理解为是社会发展后对劳动者的一种施舍或恩惠，提高劳动报酬的基本含义是补偿。

纪元： "让一部分人先富起来"是改革开放初期一个响亮的口号。经过30多年的时间，曾经"平均主义"的中国已经变成了贫富两极分化非常严重的社会，并形成了一个"先富"阶层。从全球的角度看目前中国富人处于一个什么位置？他们的状况如何？

信卫平：关于富有阶层的状况，2010 年有三个全球财富报告值得我们关注，2010 年 6 月美林集团和凯捷咨询公司联合发布《最新全球财富报告》，报告将净资产（不包括主要房产）价值 100 万美元以上的人士归为富人，按此标准，2009 年中国富人总数达到 47.7 万人，较 2008 年增加 31%，继续位居全球第四。

2010 年 8 月波士顿咨询公司发布了《2010 年全球财富报告》，报告指出：在全球范围内百万美元资产家庭占所有家庭的比例不到 1%，但这些家庭所拥有的财富占全部私人财富的比例从 2008 年的约 36% 增加到约 38%。中国拥有百万美元资产家庭为 67 万，位于美国、日本之后，在全球排名第三。

2010 年 10 月瑞士瑞信银行发布了一份《全球财富报告》，报告指出中国财富总值从 2000 年的 4.7 万亿美元增加到现在的约 16.5 万亿美元，已经成为全球新兴财富阶层的主力，财富总值仅次于美国（54.6 万亿美元）和日本（21.0 万亿美元）。报告还指出，在全球共有 2400 万名高净值人士（人均财富介乎 100 万美元至 5000 万美元）中，中国占 80 多万。

综合上述报告分析，在今天中国，一个人数不多但非常富有的阶层已经形成，并占据了社会的大多数财富。早在 2009 年 6 月份举行的中国政协十一届常委会会议上，蔡继明委员说："中国权威部门的一份报告显示，0.4% 的人掌握了 70% 的财富，财富集中度高于美国。"2010 年世界银行公布的调查数据，美国 5% 的人口掌握了 60% 的财富，而在中国，1% 的家庭掌握了全国 41.4% 的财富。财富集中程度远大于美国，成为全球两极分化最严重的国家之一。瑞银报告也明确指出，随着中国新富人群的财富增长，中国的财富分配不均正在逐渐扩大。

纪元：相对于先富阶层而言，我国职工的收入状况又如何？

信卫平：国家统计局在 2010 年年底出版的《中国统计年鉴 2010》中，首次公布了私营企业职工的收入状况，使社会对以广大一线职工的收入有了一个更准确的认识。2009 年，城镇私营单位就业人员平均工资为 18119 元，与城镇单位在岗职工平均工资 32736 元相比少了 14617 元，为后者的 55.35%。2009 年城镇单位就业人员数是 12573 万人，城镇私营企业和个体就业人数为 9788.9 万人。这样，我们可以计算出 2009 年城镇在岗职工的年平均工资为 26337.40 元，月均 2194.78 元。这一数据与全国总工会 2009 年四季度全国职工收入分配专题调查的 2152 元职工月平均货币收入十分吻合。

全国总工会 2009 年职工收入分配调查数据显示，全部调查职工中月收入低于月平均货币收入的占 67.2%，低于月平均货币收入 50% 的占 17.3%。与 2007 年全国总工会第六次全国职工队伍状况调查的数据相比，低于月平均收入的职工和低于月平均收入 50% 的职工比例均有所扩大，分别增加了 4.8% 和 0.4%，同时约有 1/3 职工工资水平徘徊在当地最低工资标准水平附近。

根据国际劳工组织的定义，低于月平均货币收入 2/3 即为低收入者。按此标准，60% 的职工低于国家统计局公布的城镇单位在岗职工月平均工资水平的 2/3，属于低收入者。目前，低收入职工群体相对集中，主要集中在一线职工、农民工、私营企业以及国有困难企业职工。以占低收入职工比例较大的一线职工为例，其月收入相当于全部被调查职工月平均收入（2152 元）的 81.27%，为国家统计局公布的在岗职工月平均收入（2728 元）的 64.1%。

从基尼系数看，我国贫富差距正在逼近社会容忍的"红线"。对我国的基尼系数目前各机构认识不一，被学术界普遍认可的是世界银行测算的 0.47。我国基尼系数在 10 年前越过 0.4 的国际公认警戒线后仍在逐年攀升，目前已达到拉丁美洲的平均水平，贫富差距早已突破合理界限。

纪元：过大的贫富差距正在超越社会所能容忍的界限，广大一线职工为社会做出的贡献并没有得到应有的回报。维护职工的利益是工会的基本责任，也是工会当前的工作重点。那么，是什么原因造成中国职工当前的这种状况的？又是什么原因使得中国职工逐渐沦为低收入群体的代名词？

信卫平：我们认为，经济体制改革理论上的准备不足，使人们对公平与效率关系的认识存在片面性；效率优先、兼顾公平的分配原则打破了原有劳动关系的均衡，形成了强资本、弱劳动的分配格局，导致新的劳动关系的均衡始终未能形成。近年来我国的劳资纠纷日益增长无不与此有关。原计划 2010 年颁布的与广大劳动者收入直接相关的《工资条例》，因涉及了利益调整而遭到部分大企业和既得利益集团的极力反对而迟迟不能出台。这让寄希望于通过工资集体协商来更好地体现公平原则、实现多劳多得的一线职工深感不安。

鉴于此，我们认为，提高劳动者报酬已构成当前社会的焦点。要改变目前劳动者报酬低下的局面，提高劳动报酬在初次分配中的比重，在企业全面推行真正的工资集体协商的谈判制度刻不容缓。为了使工资集体协商的社会基础更加牢固，有必要从公平与效率的关系入手探寻提高劳动报酬的途径。

纪元：公平与效率的关系问题在理论界一直有争论，现在再来探讨它，对解释职工劳动报酬持续走低会有帮助吗？

信卫平：客观地讲，任何一个社会都要面临公平与效率关系的挑战。收入分配差距的不断增大使我们意识到了这一问题的严重性，即效率优先、兼顾公平的分配原则已不适应我国现阶段的经济发展了。改革开放以来，我们在摆脱了平均主义的羁绊后，又陷入了贫富悬殊的困境。其根源在于人们对公平与效率关系的认识没能随着经济的发展、社会的进步而进一步深化。党的十七大报告指出："初次分配和再分配都要处理好效率和公平的关系，再分配更加注重公平。"这一看法的转变实际上是对公平与效率的关系认识的深化，是对原有分配原则的重大改变。新的分配原则实际上提出了一个问题，即经济效率的取得是否还要以牺牲社会公平为代价。如何实现公平与效率的统一，是当前我国改革与经济发展面临的一个极为现实的问题。

纪元： 你们的课题组对公平与效率关系的认识一致吗？或者换个提法，你们对公平与效率关系问题的共同认识是什么？

信卫平： 从经济学的角度看，公平与效率问题的难点不在于效率一方，因为关于效率的定义经济学已有普遍认同的表述，这就是帕累托关于效率的定义，又称帕累托最优。帕累托最优是指资源配置达到这样一种社会经济状态，即不论实行何种社会经济政策变动，在使一部分人的福利水平上升的同时，必然使另一部分人的福利水平下降。帕累托最优是以竞争性市场为前提的，所以我国理论界具有代表性的观点认为，"选择了市场经济就意味着选择了效率优先"。

公平与效率问题的难点在于对公平的理解。经济学对公平与效率的讨论，通常将公平置于收入分配这个特定的平台上。自20世纪60年代以来，经济学家和社会学家所沿用的公平含义接近于均等或公正的意思，即如果在一种分配中，没有任何一个人羡慕另外的一个人，那么这种分配就称之为公平分配。

经济学已证明了在纯粹的交易经济中，存在着既是公平的又是帕累托最优的分配。要找到这样一种分配，就要从均等分配开始，并把经济推移到一个竞争性均衡状态。根据福利经济学第一定理，竞争性均衡是帕累托最优的，因为均衡是建立在均等分配基础之上的，每个人都有同样的预算，这样就不会产生妒忌。所以，这一定理在公平和帕累托最优性之间建立起了一种联系。尽管这种分析是一种理论分析，但是它为我们在收入分配体制改革中如何处理好公平与效率关系提供了一种思路，即在竞争性市场经济中如何使分配达到社会大多数人普遍认可的状态，是我国收入分配体制改革成功的关键所在。

公平分配的本质不是平均主义，而是分配能否得到社会大多数人的认可。这就涉及一个基本的价值判断问题，即一个社会公平分配与否到底应该由谁来评价，是由学者来证明，还是由百姓来判断。根据美国经济学家哈桑伊的"无知之幕"理论，判断一个社会资源分配是否公平，只要问一问那些并不知道自己社会处境的社会成员就可以了。或者说，"所有的社会预期人员在不知道自己社会处境的前提下同意的资源分配才是公正的"。

纪元： 这是一种理论上的理想状态，现实中存在兼顾公平与效率的收入分配吗？

信卫平： 福利经济学第一定理的逆定理即福利经济学第二定理讲的更为清楚：即市场机制在收入分配上是中性的，不管分配的起点如何，都可以通过竞争性市场来达到帕累托最优。也就是说，效率的高低在于资源配置是否通过竞争性市场来完成，而与资源在消费者之间的初始分配状况无关。这意味着，改革初期认定要提高效率就不可能顾及公平的观点，至少在理论认识上的准备是不充分的。改革初期我们把注意力全部放在如何打破平均主义，改变吃大锅饭的局面，设想随着效率的提高，每个社会成员的利益都可以得到改善。但是，我们忽略了一点，即效率与公平是不可分的，效率是不可能脱离公平而独自提高的。

经济体制改革初期的目标是明确的，但实现目标的路径却不清楚，只能是"摸着石头过河"，虽然我们慎之又慎，但还是在公平与效率的关系上走入误区，在自认为公平与效率不能兼得的情况下，将公平置于效率之下。

纪元：既然公平与效率问题是个历史性课题，又是一个世界性的课题，难道当初在这个问题上没有不同的声音吗？

信卫平：早在1984年我们刚刚开始城市经济体制改革时，针对当时制定的改革战略，世界银行就曾经善意地提醒到改革过程中可能会出现的不平等问题，认为"中国最重要的经济目标不仅仅是取得快速增长，还要把增长带来的效益广为散布"。

在工资是否应由市场决定的问题上，世界银行还特别强调指出："工资在极少数国家中是完全由市场力量自由决定的：即使在资本主义国家，一般也是由（1）市场力量，（2）工会代表工人进行谈判，（3）以及有关最低工资的立法这三方面进行某种程度的结合而决定的。"

可惜我们当时没有对这些问题给予足够的重视，没有意识到有效率的市场经济应该是建立在公平分配的基础上。效率不可能脱离公平而独自提高。而过多地强调劳动报酬的市场化。没有意识到以牺牲公平为代价的经济增长，"往往会忽略增进公平所带来的长期效益。增进公平意味着经济运行的效率更高，冲突更少，信任更多，制度更合理。"

纪元：理论界曾有一种很有代表性的观点，认为如果我们以牺牲一定时期的公平而换取效率的提高，待效率提高后再将效率转换为公平，不也是很好吗？

信卫平：首先需要说明的，效率的提高不能自动转换为公平的实现。经济体制改革以来，我国效率不断提高的根本原因不是因为我们将效率置于优先的位置，而是我们在改革的30年间已经初步建立起来竞争性的市场体系，这是保证效率实现的关键。那种认为要保证经济的高效率就必须容忍分配不公的观点实际上是源于"库兹涅茨假说"。美国经济学家库兹涅茨在1954年考察了若干个国家收入分配不平等的数据以后指出："收入分配不平等的长期趋势可以假设为：在前工业文明向工业文明转变的经济增长早期阶段会迅速扩大，而后是短暂的稳定期，然后在增长的后期阶段会逐渐缩小。"这就是著名的"倒U"型假设，即在经济发展过程中，收入分配差距的长期变动轨迹是"先恶化、后改进"。根据发达国家的经验，他认为一个国家人均GDP在1000～3000美元之间时，收入分配差距会恶化，当人均GDP超过3000美元时，收入差距就会开始缩小。

"库兹涅茨假说"之所以在学术界引发长期的争论，一个重要的原因是这一假说具有很强的政策含义。如果收入差距的变动与经济发展的阶段密切相关，那么，收入差距扩大在我国经济转型阶段就是不可避免的，政府的分配政策也是无效的。我们需要的只是等待，等到经济发展拐点的到来，收入差距自然就会缩小。因此，效率优先，加速发展经济，缩短拐点到来这一过程就成了我们面对不断扩大的收入分配差距时的唯一选择。

然而，"库兹涅茨假说"只是一种理论上的抽象假说，现实中的经济运行并不与其相吻合。以巴西为例，20世纪60年代中期到70年代中期，巴西的经济高速增长，1968年～1974年，巴西的GDP年均增长11.4％，和现在中国的情况非常相似。这就是巴西所谓的"奇迹年代"，但其收入分配差距并没有像库兹涅茨假说所说的那样"先恶化、后改进"。巴西的基尼系数长期处于0.5以上，2008年达到0.57，巴西经济已被认为陷入"中等收入陷阱"。就我国的情况而言，东部一些发达省份，如广东、浙江等地，其人均GDP早已超过3000美元了，但这些省份的收入差距并没有因此而缩小。以浙江为例，根据浙江省社会科学院2009年的调查，浙江人均GDP已经超过6000美元，但收入差距不仅没有缩小，反而在继续拉大。另据我国学者的研究，迄今还没有证据表明中国收入差距的变动在遵循库兹涅茨所谓的倒U形轨迹。这意味着，我们没有任何理由任凭收入差距继续扩大，改革目前收入分配体制，实现公平分配不仅是完全可行的，更是当务之急。

纪元：厘清公平与效率的关系，应该说为推进收入分配制度改革奠定了理论基础，但为什么收入分配制度改革的进程如此缓慢？你们认为其中最主要的原因是什么？

信卫平：其实早在党的十七大之前，党和政府已经意识到了这个问题，并多次提出要重视公平分配的问题，但实质性的进展不大。我们认为，横亘在收入分配改革上的主要阻力早已不是认识上的问题，而是利益问题。因为此时若要改变收入差距过大的分配状态，就意味着前期改革的受益者要将自己的收益拿出一部分来补偿受损者。这必然会导致改革获益者的极力反对，一些企业家至今仍坚持效率优先、兼顾公平的分配原则，前期改革的受益者已成为今天分配制度改革的阻力，而这正是收入分配制度改革难以推进的关键所在。

纪元："先富带后富""最终实现共同富裕"的收入分配制度改革路径是由邓小平提出来的。在1978年12月召开的党的工作会议上明确指出："在经济政策上，我认为要允许一部分地区、一部分企业、一部分工人农民，由于辛勤努力成绩大而收入先多一些，生活先好起来。一部分人生活先好起来，就必然产生极大的示范力量，影响左邻右舍，带动其他地区、其他单位的人们向他们学习。这样，就会使整个国民经济不断地波浪式地向前发展，使全国各族人民都能比较快地富裕起来。""这是一个大政策，一个能够影响和带动整个国民经济的政策"。这就是后来广为传播的"让一部分人先富起来，先富带后富"的思想。

信卫平：但邓小平讲话中设想的先富群体工人、农民却在后来的改革中被完全忽略了。

改革初期，收入分配改革有两个可供选择的路径：一是在保持原有公平分配的基础上，探寻一条提高效率的途径；二是通过打破原有的公平分配来提高效率。由于当时认为低效率源于平均主义，提高效率就必须要打破原有的分配模式。但是，选择了第二条路径就意味着收入差距会不断扩大，这是与社会主义社会共同富裕的基本宗旨相违背的，因此，社会必须要对这种经济现象的合理性做出解释。

邓小平的这一思想后来在党的一系列文献中得到了体现。例如，1992 年党的十四大报告提出要"兼顾公平与效率"。1993 年党的十四届三中全会通过的《中共中央关于建立社会主义市场经济体制的若干问题的决定》中则进一步将其具体化为"效率优先、兼顾公平"。1997 年党的十五大报告又指出："坚持效率优先、兼顾公平"。2002 年党的十六大报告又进一步指出："坚持效率优先、兼顾公平，既要提倡奉献精神，又要落实分配政策，既要反对平均主义，又要防止收入悬殊"。

这样，效率优先、兼顾公平就构成了改革以来社会收入分配原则，也是社会各界用来解释收入差距扩大的依据。

纪元：这一分配制度改革的路径选择对改革的影响巨大。

信卫平：是的。一是造成居民收入差距扩大的速度加快，二是打破了原有的功能收入分配原则，各种生产要素均参与分配，将劳动与资本作为相同的生产要素，放在了同一个收入分配的平台上，按各自的贡献取得相应的收入。其实在市场经济中，劳动与资本事实上是处于不平等的地位，劳动被资本雇佣，劳动是附属于资本的，工人被异化为机器设备的一部分。因此，工资与利润之间的分配，自然是有利于资本所有者的，更何况像我国这样一个劳动力资源丰富而资本稀缺的社会。从改革最初的设想看，收入分配体制改革是要使广大居民从中受益。但是，"效率优先"在实际经济活动中却逐渐演变为各级政府追求以 GDP 为指标的经济增长，各级政府对企业实施的各种优惠政策，使政府与企业在利益上结为一体，劳动者权益被严重地忽视了，劳动者今天的处境可以说在当初就已经被确定了。

我们必须正视在特定时期和领域内，在改革推进的过程中，一部分职工的利益受到一定程度的损害，人们从改革中获取的利益有多寡之别。我国收入分配制度改革实际上就是一种制度创新与变迁，根据新制度经济学的理论，只有当制度创新与变迁所获得的收益大于为此而支付的成本时，制度创新与变迁才有可能发生。"但是，由于制度变迁的成本—收益的分布往往是不对称的，也就是受益者未必承担成本或承担较少成本，这样，某些制度变迁就有可能以很多人的利益损失为代价而让少数人获益。"

在"效率优先、兼顾公平"的过程中，由于成本—收益的分布不对称，必然会形成两个基本的社会群体，即从改革中受益较多的社会群体和从改革中受益较少或受损的社会群体。这两个社会群体可以理解为改革的相对受益者和相对受损者。改革的获益者构成了当今社会的高收入群体；利益相对受损者构成了低收入群体。收入分配改革路径是效率提高与贫富两极分化并存的过程。

根据国家统计局提供的数据，2008 年我国城镇家庭居民人均可支配收入按收入等级计算，最高的 10% 家庭与最低的 10% 家庭的人均可支配收入已经相差 9.17 倍。另据九三学社中央在 2010 年向全国政协十一届三次会议提交的《关于优化国民收入分配结构，推动经济社会持续健康发展的建议》的提案中提供的数据，我国收入最高 10% 群体和收入最低 10% 群体的收入差距，从 1988 年的 7.3 倍上升到 2007 年的 23 倍。如果以基尼系数的变化作为收入分配不均等化过程的衡量尺度，从我国基尼系数从改革之初的 0.16 到目前的 0.47 的变化，我们完全可以得出以下判断：在 30 年经济体制改革与发展的进程中，我们以社会公平为代价，完成了经济效率由低向高的转变。

纪元： 1984 年以前的以土地承包制为主要举措的农村经济体制改革，几乎所有社会阶层都从中受益，这是一种典型的帕累托改进，但随着改革的深入，一些社会成员的福利受到了不利影响，这是否意味着应当停止改革呢？

信卫平： 这就需要对这项社会变革进行成本—收益分析，然后利用补偿理论来判断这项社会变革的可行性。一般来说，只要符合卡尔多—希克斯补偿标准，改革就应当继续推进。这也是我国理论界在意识到改革会使一部分人利益受损的情况下，仍一直坚持推进改革的理论依据。依据"卡尔多—希克斯补偿标准"，中国的经济体制改革增加了社会的总体福利水平，但社会的不公平程度也在增大。或者说，改革在把"蛋糕"做大的同时，改革中的受益者并没有从增大的"蛋糕"中拿出来一部分对改革中的受损者进行补偿，或者补偿远远少于后者受到的损失。

由于中国的经济体制改革采取的是增量战略，即在改革初期，社会财富的增量部分这一块很小，存量部分较大，所以改革红利在社会成员中分配时其差异并不明显。随着改革的推进，增量部分不断变大，存量部分相对变小。这时，增量改革的参与者无论合法与否，其获利数量越来越大。尤其是改革的中前期，增量部分改革的成本基本上是由存量部分承担的，具体讲，主要是由国有企业、集体企业职工以及大量进城的农民工来承担，他们以自己的辛勤劳动支撑着中国经济的快速增长，默默承担着改革带来的阵痛，却很少能分享的改革带来的收益。正如全国总工会在《1997 年全国职工状况调查》中曾经指出的："对于部分职工尤其是一线工人而言，主人地位的下降，不仅仅体现在政治地位的下降上，而且也体现在劳动权利和经济利益的受损上，他们甚至已经成为在改革中获利最少、付出代价最多的阶层，虽然他们也有不满，但又对改变现状无能为力，只能默默地为改革负担成本。"

国营企业作为我国社会主义社会的主要经济基础和经济主导力量，新中国成立后经过几十年的艰苦创业，为中国社会主义现代化打下坚实的物质技术基础，逐步建立了独立的、比较完整的工业体系和国民经济体系，为国家创造了数万亿的国有资产存量。每一个国有企业，都是经过几代国企职工的辛勤劳动而建立起来的，他们为企业的财富积累做出了贡献。

在30多年的计划体制下，长期的低工资、高就业工资政策，使得政府、企业通过低工资制度"预先扣除"了职工创造的劳动财富中一部分"必要劳动价值"。也就是说，国有企业职工预先将这笔本应该归自己所有的收入存入了国有资产中。政府、企业与职工之间客观上存在一种"承诺"关系，即政府、企业对实行劳动合同制以前参加工作的职工，有一种事实上的终身就业以及相应的医疗、住房、养老等承诺。但是，国企改革却将这一承诺一笔勾销。1984年以后的国有企业改革，无论是最初的"砸三铁"、还是后来的"三项制度改革"、"减员增效、下岗分流、买断工龄"等，都直接触动了广大职工的切身利益。国企下岗职工，特别是40、50岁这一部分下岗职工实际上已成为"改革成本的直接承担者和主要的利益受损者"。他们不仅因下岗失业被排斥在"巨额存量资产"重新分配的名单之外，甚至连自己预先"存蓄"的那一部分都无法收回。这样的改革对他们公平吗？他们应该接受这样的改革吗？

可见，政府在单方面改变"游戏规则"的同时，忽视了职工的历史贡献和切身利益。仅以下岗分流为例，根据中国社会科学院的一项研究报告，1995年~2001年，国有部门的职工人数从11300万人下降到6700万人，大约减少了4600万人，约占原来职工人数的40%。同一时期，城镇集体部门的职工减少了1860万人，接近原来职工总量的60%。在这个时期，4300万职工成了登记注册的下岗者，其中3400万来自国有部门。"这些情况说明：经济改革使全体居民受益的阶段已经结束，开始出现（至少短期中）明显的受损者。"

纪元： 具体来说，谁是利益受损者？

信卫平： 我们认为，改革的利益受损者主要包括：企业的一线职工；国有企业和集体企业的下岗职工、国家对某些行业进行强制性调整而受到影响的职工；老工业基地的职工；饱受社会歧视性的农民工。这四部分职工既是中国经济改革成本的承担者，也是这个过程的利益受损者。我们课题组的研究报告的补偿对象主要是上述群体。

纪元： 按照补偿理论，改革进行到一定阶段，获益者要从因改革而获得的收益中拿出来一部分补偿给受损者，否则改革到一定阶段就会难以继续深入。

信卫平： 正是。这也就是改革之初邓小平讲的要让一部分地区一部分人先富起来，再以先富带后富的改革思路。但是我们在谈到邓小平关于收入分配的思想时，只讲让一部分人先富起来，而很少提及他的上述关于先富带后富的思想。

近年来我国的劳资纠纷日益增长，据中华全国总工会2007年《第六次全国职工队伍状况调查总报告》的调查发现，当企业发生集体劳动争议导致的群体性事件时，61%的职工表示有参加的可能。

改革的实践使我们认识到，经济体制改革必须遵循坚持社会公平正义的原则，改革的方案设计应使社会上处于最劣势的群体获取最大的收益，使受损者得到应有的补偿，并尽量将他们的损失减少到最小的范围和程度。否则，下一阶段的改革就会失去民众的支持。

因此，在经济体制改革 30 年后的今天，在社会财富有了足够积累的前提下，对改革进程中的利益受损者，或者更准确地说是改革成本的承担者给予补偿，就是一件刻不容缓的事情，也是下一步经济体制改革的重要组成部分。因为只有对利益受损者给予应有的补偿之后，全体社会成员的生活水平比以前的状况还要好的话，才能证明改革使整个社会的福利水平提高了。如果一谈到对利益受损者补偿就认为这会影响整个社会的效率，那么这种改革就不能认为是对全社会有益的，最多是对某个获益者群体有益。这样的改革对社会的发展并无益处。

纪元：下面谈些技术性的问题。课题组是依据什么标准对利益受损职工的补偿进行测算的？

信卫平：社会对利益受损者的补偿数量取决于受损者的受损程度，为此，我们课题组对企业一线职工、下岗职工和农民工这三个群体的利益受损程度及货币补偿量进行了测算。

首先，关于企业一线职工劳动报酬统计、受损分析及货币补偿量的测算。

当前职工工资特别是一线职工工资偏低的问题，主要体现在国民收入分配比例的变化上，即劳动报酬在国民收入初次分配中所占的比重过低。要解决劳动报酬过低这一问题，首先需要对国民收入分配的现状有一个准确的把握。国民收入分配就是一个国家对一年来新创造的财富在国家、企业和居民三者之间进行的分配。如果将一国新创造的财富比作一个蛋糕，如何切分这个蛋糕直接关系到三者的利益。

为了更好地分析近年来我国国民收入初次分配状况，我们使用国家统计局公布的国民经济核算中的《资金流量表》中近年来各部门初次分配的数据，并采用学术界通常的做法，将该表中的 5 个部门归并为住户部门、企业部门（包括非金融企业部门和金融企业部门）和政府部门，简称为居民、企业和政府。

在国民收入初次分配中，居民收入中主要由劳动者报酬和财产收入构成，其中劳动者报酬占 90% 左右。因此，劳动报酬在初次分配中的比重，更能反映劳动者的收入状况。由于居民收入中包括农村居民收入和城镇居民收入及财产收入，因此为了更准确地把握劳动报酬与资本收益的关系，需要在企业部门内对劳动报酬在初次分配中的比重问题做进一步的分析。

根据我们的计算，在 1992 年～2008 年这 17 年中，我国企业部门劳动者报酬在初次分配中的比重变动呈现明显的下降趋势，从 1992 年的 49.74% 下降到 2008 年的35.78%，下降了 13.96 个百分点。

纪元：劳动报酬下降是否意味着资本收益增加？

信卫平：这还需要做进一步的分析。因为在初次分配阶段，企业部门在生产活动过程中创造的增加值要扣除劳动者报酬、生产税净额、财产收入（包括利息、红利、土地租金等）后才形成企业的初次分配总收入。所以，还要看生产税净额和财产收入占企业增加值的比重的变动情况。

1992年企业部门生产税净额和财产收入占增加值的比重在企业初次分配中的比重为24.71%，2008年下降到24.44%；2008年比1992年还要低0.27个百分点，这表明生产税净额和财产收入不会对企业收益产生影响。同期，劳动者报酬下降了13.96个百分点意味着资本收益增加了相同的比例。这种此消彼长的变化验证了在初次分配领域天平向资本严重倾斜的事实。

通过上述分析，我们可以得出以下判断：2008年在税收和财产收入占增加值比重比1992年还要略低的情况下，企业部门劳动者报酬比重的下降意味着资本收益的增加，也可以理解为是资本利润挤占了劳动报酬。这种挤占使得劳动者的利益受到损害。

纪元：具体数额是多少？

信卫平：按照1992年企业部门劳动报酬在初次分配中的比重计算，1992年～2008年这段时期的货币补偿量是142295.36亿元。

纪元：那么关于第二个群体，即下岗职工劳动报酬、受损及货币补偿量的测算呢？

信卫平："下岗"作为我国国有企业深化改革的过渡产物，作为我国经济转轨、机构调整一种特有的现象，是指由于用人单位生产和经济状况等原因，已离开本人的生产和工作岗位，并已不在单位从事其他工作，但仍与用人单位保留劳动关系的职工。

下岗问题是我国在转型期遇到的突出难题之一。造成我国失业下岗问题的成因是多方面的，主要有劳动力供求失衡、经济发展、体制改革、结构调整、经济政策和外部环境等因素。根据全总《1997年中国职工状况调查》显示企业任务不足则是员工下岗的最主要原因。

从地区分布来看，下岗人员主要集中在中西部地区、老工业基地以及个别市场化较快地区；从行业分布看，属于产业结构调整的重点产业，特别是纺织、军工、森工、煤炭和机械为最；从单位分布看，下岗职工主要分布在企业，数量远大于其他部门和组织；从年龄、性别、文化程度分布看，下岗职工年龄趋于年轻化，女职工多，文化程度偏低；从职业分布看，下岗人员绝大部分为工人，尤其是一线工人。

下岗职工的收入损失计算具体是这样的：

企业破产、停产和职工下岗分流导致部分职工的收入下降。下岗职工直接收入和在职职工之间的差距，我们定义为显性收入损失。在1995年职工收入函数估计结果中，该年内有过下岗、失业经历的人员的平均收入比其他城镇职工低37.9%，亏损企业职工的收入比盈利企业职工低21.3%。由此可以算出，一个在亏损企业的下岗职工要比一个在盈利企业的上岗职工的收入要低60%左右。更重要的是，下岗失业导致了部分城镇家庭陷入贫困状态。利用1999年的抽样调查数据，对城镇贫困的原因进行分析后获得的结果表明，下岗失业人员家庭陷入贫困的概率要比一般家庭高出 7~8 倍。

在具体计算过程中，历年下岗职工人数、全国平均在岗职工工资主要依据国家统计局提供的数据。由于全国下岗人员基本生活费全国没有统一标准，我们最后决定采用北京下岗人员基本生活费作为收入损失下限的计算依据，最终计算出 1992 ~ 2005 年全国下岗职工显性收入损失下限是 5110.27 亿元。关于下岗人员收入损失上限的计算，我们依据 1996 年、1997 年《劳动统计年鉴》提供的数据计算下岗人员月平均生活费：1996 年为 77 元；1997 年为 77 元。这一标准相当于北京下岗人员平均月基本生活费的 40% 左右，最终计算出同期全国下岗职工显性收入损失上限是 6880.61 亿元。

我们在研究下岗对收入影响的相关文献中发现，下岗对一般劳动力再就业后工资也有一定的影响。这种影响，我们称之为下岗职工隐性收入损失。我们的研究发现，由于政策原因造成下岗人员的隐性收入损失初期为在岗人员收入的约 40%，6 年后约为 9%，年平均为 25%。由于这种损失 40% 以上是由失业经历引起的，也就是由政策引起的。因此，判断下岗人员因为政策原因造成的隐性收入损失平均约为在岗人员收入的 10%。到 2005 年年底我国便没有下岗人员统计，下岗这一特殊时期的特殊人群便走进了历史。但是，他们的损失并没有结束。因此，我们还计算了 2005 ~ 2009 年下岗职工隐性收入损失，这一部分为 22.64 亿元。

纪元：第三个群体是农民工，他们的劳动报酬、受损及货币补偿量的测算是如何进行的？

信卫平：自 1992 年以来的这近 20 年的时间里，政府对农民进城的限制越来越少，允许农民进城、调控农民流动、服务农民就业成了这一时期的政策基调。这种政策上的转向使农民进城的人数不断增加，但是关于每年进城就业的农民工究竟有多少，农村还有多少剩余劳动力需要转移，以及进城就业的农民工平均年收入等关键数据，各部门说法不一。我们依据国家统计局和农业部现有统计数据进行测算，并将根据国家统计局现有统计数据测算全国农民工数量、人均年收入的结果作为上限，将根据农业部现有统计数据测算全国农民工数量、人均年收入的结果作为下限。

从 1992 年至今，农民工与城镇职工年平均收入不断扩大。以国家统计局数据为例，农民工与城镇职工年平均收入绝对值差从 1992 年的 451.83 元扩大到 2009 年的 15240 元，1992 年~2009 年农民工与城镇职工累计年平均收入绝对值差 93810.88 元；若以农业部数据为例，那么农民工与城镇职工的年平均收入差距更加显著，绝对值差从 1992 年的 1311.86 元扩大到 2009 年的 21418.33 元。1992 年~2009 年农民工与城镇职工累计年平均收入绝对值差 141373.17 元。

在上述分析测算的基础上，按照同工同酬的基本原则，以城镇职工收入为标准，我们对 1992 年~2009 年期间农民工收入补偿缺口的总量进行了测算，以国家统计局提供的数据作为上限，以农业部提供的数据为下限，最终得到 1992 年～2009 年期间农民工收入缺口的货币补偿总量，其下限为 209941.48 亿元，上限为 237232.28 亿元。

最后，将上述三部分的货币补偿总量相加，最终得到利益受损职工的货币补偿总量下限为 357369.75 亿元，上限为 386430.89 亿元。

纪元：如此庞大的补偿金额，目前是否具备进行补偿的条件？你们的建议是什么？

信卫平：我们认为，经过 30 多年的改革开放，中国经济发展取得了举世瞩目的变化，国内生产总值从 1978 年的 3645.2 亿元到 2010 年的 397983 亿元，32 年增长了 108.18 倍，GDP 总量在全世界位居第二，中国社会财富有了巨大增长，无论是企业还是政府，都具备了补偿劳动者在过去的 30 多年为使经济体制改革顺利进行而付出的代价的条件。为此，我们建议：在尊重改革和发展过程中形成的既得利益的前提下，对改革中相对利益受损阶层予以某种形式的合理补偿，这应该是今后一段时期内我国收入分配体制改革的一个基本原则。任何体制的变革，都会打破原有的利益格局，形成一个新的利益格局。从这个意义上讲，一些人会在这种社会变革中获益，成为新体制的既得利益阶层。但是社会主义经济体制改革的本意不是把原有体制创造的财富通过改革从一部分人手中无偿转移给另一部分人，而是在承认原体制下形成的社会各成员既定利益的前提下，通过权利和财产关系的重新安排，调动所有成员的积极性，在增加社会总财富的过程中实现帕累托改进。如果在社会总财富增加的同时，由于改革导致了社会中的一部分人利益受损，受益者有责任从自己增加所得的收入中拿出一部分补偿受损者。

纪元：如果补偿金额非常庞大，会否造成货币发行量的暴增，进而引起恶性通货膨胀，形成国民财富的另一次不合理分配，因为弱势群体抗御风险的能力不足，往往是通胀的最直接利益受损者，从而使得这种补偿变得毫无意义？

信卫平：确实如此，因此我们建议对利益受损职工的补偿应当是一种财政行为，而不能只是一种货币行为。

纪元：具体措施是什么？

信卫平：一是建立社会补偿基金，用来专门对利益相对受损职工的补偿。政府通过设立补偿税来解决社会补偿基金的来源，补偿税可作为一定时期个人所得税和企业所得税的一个补充税种，或以遗产税替代。还可以通过从外汇储备收入、财政收入中每年按一定比例提取以及接受各方捐赠。社会补偿基金账户由财政部直接管理。补偿基金的运用可以按照直接补偿和间接补偿两个途径来进行。

直接补偿是将改革相对利益受损职工群体视为一个群体概念，通过建立一套保证该群体不再继续受损的机制，体现利益分享的补偿思路。

鉴于在过去 32 年改革中利益相对受损职工多数已经退休或即将退休，可通过提高退休金的形式给予补偿，按照工龄，每个退休职工除了目前正常的退休金以外，还可以从政府部门领取 15 年左右的补偿金，实现各地对高龄老人补助金的对接。以此来保证这些对改革开放做出贡献的职工能够在退休后生活得有尊严。

间接补偿是增强改革相对利益受损群体的获取收入的能力和生活保障水平。力争逐步实现对一线职工、下岗职工和农民工的免费职业培训，可逐步增加政府培训投入和对市场化培训的补贴力度，确保职工和农民工在自愿原则下，都能够获得就业所需要的职业技能培训。政府培训可通过电视、广播等方式实现低成本规模化培训。

将改革利益相对受损群体作为我国社会保障制度完善的优先保障群体，医疗、养老保险等可降低个人缴费的数额和减少必需的缴费年限，实现全国范围内的自由、顺畅、便捷转移。降低利益相对受损职工的家庭负担，解除部分后顾之忧。比如有过下岗经历的职工和农民工持相关证件，其子女可优先实现高中阶段免费教育，大学阶段低收费教育。此方式还有利于农民工用工过程中劳动合同的鉴定和利益保障，用工合同可作为减免费用的依据之一。

二是出台《中华人民共和国最低工资法》，使最低工资标准具有真正的法律效应。依据公正、分享、补偿的理念，确定最低工资标准。我国劳动力市场目前已经形成一个从高端到低端的多层次工资体系，劳动力市场上工资水平的高低取决于市场供求的状况。最低工资标准的实施使得社会工资结构中最底层工资水平的高低不再由市场供求决定，而是由各省、区、市政府依据本地区城镇居民生活费用支出等因素来确定。最低工资标准实际上是一种法定工资标准，不会随着劳动力市场供求的变化而变化，其他层次的工资水平也都是在最低工资标准的基础上确定。同时，最低工资标准也是政府在宏观层面对初次分配领域劳动报酬水平进行直接干预的唯一手段。目前，无论是对利益受损者的补偿，还是改变初次分配领域劳动报酬偏低的状况，各地区政府都应大幅度提高最低工资标准。尽快实现全国总工会 2006 年提出的"力争用三至五年的时间，逐步使最低工资标准达到当地社会平均工资的 40%~60% 的水平"。

三是实施"国民收入倍增计划"。在今后 10 年提高职工收入增长率以补偿改革中的利益相对受损者，可以将劳动者报酬作为考核各地政府政绩的约束性指标。从宏观上看，一定时期内，应当力争将我国劳动者报酬增长率提高到略高于劳动生产率增长率的水平。依据 2011 年政府工作报告中提出的城乡居民的年均实际增长要超过 7% 的指标，考虑到通货膨胀因素，我们认为劳动者报酬名义年均增长率不应低于 15%。经过 10~15 年左右时间的补偿性增长，使得企业部门劳动者报酬占 GDP 的比重重新达到 50% 左右，接近中等收入国家的合理区间。

（原载于《中国工人》2011 年第 9 期）

再谈对利益受损职工的补偿问题

——续访信卫平教授

《中国工人》编辑部

纪元：信教授，《中国工人》杂志在今年第9期上刊登了我对你的访谈，题为《对利益受损职工的补偿问题》。访谈发表后，在社会上引起很大反响，一些门户网站也就此问题展开了激烈的讨论。广大读者对访谈中提出对利益受损职工进行补偿的观点表示赞同，同时也提出了各种各样的问题，概括起来有几类：一是补偿的依据问题；二是补偿测算的问题；三是补偿的意愿与可能性问题；四是补偿的措施方法问题。对此，我们认为有必要再对你进行一次采访，以针对读者关心的问题做进一步的说明。

信卫平：好的，非常感谢读者的厚爱，也愿意就有关问题跟大家做进一步的探讨。

纪元：为什么要从补偿的角度来研究职工收入分配问题？

信卫平：这主要源于当前的国民收入分配的状况。我们知道，经过30年的改革，我国已基本建立起了按劳分配为主体、多种分配方式并存，按劳分配与按生产要素分配相结合的基本分配制度。为此，我们也付出了一定的代价，也就是上次在访谈中谈到的以公平换效率。时至今日，随着我国经济社会发展进入新的阶段，分配领域的弊端也日益凸显，从公平公正的角度看，主要表现在：劳动报酬在初次分配中占比偏低、居民收入在国民收入分配中占比偏低；城乡、地区、行业和社会成员间收入差距持续扩大；收入分配领域秩序混乱，腐败、权力寻租和灰色收入盛行。党中央在十六届六中全会、十七大均针对收入分配领域存在的问题，提出的多项改革措施，但从近几年的情况看，劳动报酬占比偏低、收入差距过大的势头并没有得到有效的抑制，这就使我们所说的国民收入分配陷入一种困境。

我们认为，要摆脱这种困局，就要对收入分配改革的路径进行反思，收入分配改革再不能头痛医头脚痛医脚了。收入分配改革说到底就是一个利益调整的问题，即社会创造的财富如何在各个成员之间进行分配的问题。社会分配制度在自身运行的过程中，由于初始的路径选择及自身运行的惯性，经过一段时间会出现分配不公的情况，这就需要适时对收入分配制度进行改革，改革就是对已有的利益关系进行调整和对利益主体行为进行规范。

从我国目前情况看，国民收入分配最具标志性的困境就是收入分配改革方案迟迟不能出台。据知情者透露：这个改革方案早在2004年已经启动，2007年－2009年间前后举行了6次征求意见讨论会的草案，由国家发改委牵头、多部门参与制订。2010年3月曾上报国务院，后被退回修改。据称，改革方案的制订一直在秘密进行，然而，从各方面透露出来的有限信息看，改革的推动步履维艰。

2010年，全国人大财经委在国民收入分配问题专题调研报告中提出，尽快出台收入分配改革方案。我们在上次访谈中曾经引用国家发展与改革委员会官员的话："不管怎么样，今年必须拿出东西来，收入分配不能总是空谈。"然而，2010年这一方案最终也未出台，从目前情况看，2011年收入分配改革方案恐怕也难以出台。这进一步印证了我们在访谈时讲到的观点，"横亘在收入分配改革上的主要阻力早已不是认识上的问题，而是利益问题。"

另一方面，贫富差距不断扩大与分配不公越来越引起社会的忧虑与不安。伴随着国际经济环境的恶化及通货膨胀的高位运行，这个问题如果继续无休止地拖下去必然会引发社会动荡。我们试图从补偿的角度来研究收入分配问题就是想突破目前的困局。

纪元： 冰冻三尺非一日之寒，这个问题是不是早就存在但并没有引起我们的关注？

信卫平： 是的。在上次的访谈中就已经提到，中国的收入分配改革源于1978年邓小平的"让一部分先富起来"的思想，经过不断的完善，最终形成"效率优先，兼顾公平"的分配原则，这一分配原则在经济体制转型的过程中，起到了重要的推动作用。但是，随着经济的发展，两极分化问题也开始呈显出来。

早在1992年12月，邓小平在上海休息期间，专门和身边工作人员谈道："中国发展到一定的程度后，一定要考虑分配问题……到本世纪末就应该考虑这个问题了。"他还特意要求工作人员把这段话记录下来，并送给中央领导同志参阅。

到了1993年9月，邓小平更是明确指出："12亿人口怎样实现富裕，富裕起来以后财富怎样分配，这都是大问题。题目已经出来了，解决这个问题比解决发展起来的问题还困难。"他还说："少部分人获得那么多财富，大多数人没有，这样发展下去总有一天会出问题。"

这说明早在20世纪90年代初期，我国贫富两极分化的问题就已经出现，只是在当时没有引起从上到下的关注。今天收入分配的困局不过是以往矛盾的长期积累，并且已经到了积重难返的地步。不痛下决心是难以改变的。

纪元： 改革初期到20世纪90年代中期我国的收入分配状况是怎样变化的？

信卫平： 从20世纪80年代开始，经历了10多年的改革，到90年代中期我国收入分配发生了很大的变化，社会财富和收入差距都在增长。1996年世界银行一个特派团专程来中国对改革以来中国的收入分配问题进行了调研。在题为《共享增长的收入：中国收入分配问题研究》的研究报告中得出的结论是："更富了，但更不平等了。"该报告将1981年~1995年中国的收入分配状况分为三个时期：

1981年~1984为各阶层的中国人均从改革中获得实惠的时期，这一时期既增长又平等，基尼系数从0.288增至0.297；

1984年~1989为富者更富、穷者更穷的时期，这一时期既不平等又没有什么增长，基尼系数从0.297增至0.349；

1990年~1995为大多数人更加富裕，但收入不均明显加重的时期，这一时期特点是增长但收入不均，在这5年中最高收入10%的人口的平均收入年均增长9.7%，而最低收入的10%的人口的平均收入年均增长1.7%，基尼系数从0.349增至0.388。

世界银行指出，中国的基尼系数从1981年的0.288升高到1995年的0.388，这么大的变化是不寻常的。世界银行的另一份研究报告认为，影响不平等变化的最重要因素与政策有关。

纪元：在企业前期改革中实施的各项改革措施似乎也表现出了这种倾向。

信卫平：是的，改革初期为了打破平均主义，采取了倾斜的政策。各项改革均明确规定了投资者、经营者的权益而忽视了劳动者的利益。比较典型的是承包制以及以"破三铁"为主要内容的三项制度改革等。

时至今日，若要扭转目前国民收入分配的困局，同样也要采取相同的做法才可以，如果还想保持各方面都满意，收入分配改革是无法进行下去的。从这个意义上讲，今天的分配制度改革要难于改革之初，可以说是一场改革的改革，因为让改革受益者放弃一部分利益的改革要难于一无所有年代的改革。

劳动报酬长期以来一直被压得很低，最令人不解的是这种状况长期以来一直没有改观，是什么原因造成劳动者的报酬占比长期低下，不仅低于经济增长率，更低于企业的利润增长？我们曾将其称之为中国经济中的"劳动报酬之谜"。

纪元：课题组从补偿的角度来提出收入分配改革设想，是否是想另辟蹊径？

信卫平：是的。如果按照目前收入分配改革的思路，一谈到提高劳动者报酬就会有各种各样的理由加以推诿，使得改革难以进行下去。比较有代表性的一种观点认为，只要经济增长了，社会财富增加了，即使分配不均也不是什么大问题，而忽略了分"蛋糕"比做"蛋糕"难。

温总理在2010年2月回答网友提问时说："一个社会当财富集中在少数人手里，那么注定它是不公平的，这个社会也是不稳定的。把社会财富这个'蛋糕'分好，那就是政府的良知。"2008年的国际金融危机到今天已经三年有余，可以汲取的经验教训很多，其中很重要的一条就是如果过分追求经济增长，忽视劳动报酬过低、收入差距过大等问题，不仅会影响到我国今后的发展，还会使以前的改革成果损失殆尽。在收入分配改革陷入困局之际，如果从补偿的角度去推进收入分配改革，阻力就会小一些。因为是补偿，所以，就不是该不该提高劳动报酬的问题了，而是必须提高的问题了。只要社会接受了补偿的理念，欠债还钱在中国是被认为天经地义的事情。

纪元：但是目前一些业界人士反对提高劳动报酬，认为这会影响企业的竞争力。你们怎样看待这一问题？

信卫平：这是出于资本本能的一种反应，在一个竞争的市场环境中，企业是不能随意提高商品价格的，因此，提高劳动报酬必然会影响到资本的收益即利润。问题是提高劳动报酬是否会影响到企业的竞争力？

改革开放以来，我国的企业竞争力有所提高，但这关键是竞争性市场的存在，而不是压低劳动报酬所致。一个竞争性市场的存在是企业效率的保障。但是，市场经济条件下并不是所有企业都是有效率的。一个企业是否有效率，不仅仅取决于它生产了多少产品，更重要的是看它在市场经济的环境中是否具有持续的竞争力。因此，那种将影响企业效率的因素简单地归结于劳动成本增加，认为提高劳动者工资就会降低企业效率的观点在理论上是难以成立的，且与现实中的情况不相符合。

根据中国社会科学院产业与企业竞争力研究中心 2008 年的一项研究报告，我国工业企业工资占工业总产值的比例从 1977～2008 年不断下降。2008 年，规模以上工业企业工资仅占总产值的 6.52%。如果工资分别上涨 10%、20%、50% 和 100%，企业生产成本上涨仅占工业总产值的 0.65%、1.30%、3.26% 和 6.52%；而利润总额占总产值的比重分别下降 8.62%、17.25%、43.12% 和 86.24%。上述数据表明，目前我国工业企业有能力承受员工工资上涨的影响，通过中国政策综合评估模型进行的评估表明，企业工资上涨 20% 左右对中国经济的影响很小。这表明在中国企业中提高劳动报酬是不会影响到企业的经济效率。

国务院发展研究中心的一项研究表明，资本的边际产出与测度居民收入分配差距的基尼系数之间存在着显著性的负相关关系，并且居民收入差距（基尼系数）越大，资本的边际产出越低。目前，居民收入差距的不断扩大对资本的边际产出及我国经济增长的限制已越来越明显。

据人民日报报道，今年以来，东南亚多个国家酝酿对最低工资政策进行调整。越南政府宣布，从 10 月 1 日起调高基本工资，胡志明市和首都河内所有企业按规定需每月至少支付员工 200 万越南盾（约合 96 美元），两城市的外资企业基本工资调高 29%，本国企业基本工资调高 48%，其他地区内外资企业也相应大幅调薪。这是越南政府首次针对内外资企业同时调高最低工资标准，旨在帮助低收入阶层应对国内通胀压力。在泰国，上调工资成为新政府的经济政策重心之一。总理英拉发布施政纲领时宣布将兑现竞选承诺，把劳动者最低日薪定为 300 泰铢（1 美元约合 30 泰铢，相当于最低日薪提高 40%）。国际劳工组织泰国、柬埔寨和老挝国家局局长王纪元在接受记者采访时说："很多亚洲新兴市场国家都在考虑上调工资的问题。"近期，马来西亚、泰国、越南、柬埔寨、老挝等都向国际劳工组织亚太地区局进行有关政策咨询。

人们之所以对上调最低工资或者一般工资水平有所担心：一是担心导致通胀，二是担心劳动力成本提高影响企业竞争力。根据国际劳工组织的研究，引起亚洲新兴市场国家通胀的主要因素不是工资，而是其他因素，特别是石油和其他大宗原材料价格的上涨。亚洲新兴市场国家的平均工资水平，比拉美以及东欧地区的新兴市场国家低得多。而且，即便劳动者工资有一定幅度较快上涨，也不会削弱亚洲地区对外资的吸引力。

纪元：在改革进程中，一些职工的利益受损，这已经成为人们的共识，但对于利益受损的程度，似乎并没有精确的计算。课题组首次将补偿数量计算出来，问题的关键在于计算是否科学合理。那么，计算口径的依据是什么？

信卫平：的确，从对文献的检索看，课题组从社会补偿的视角研究职工收入分配问题并将改革进程中利益受损职工的货币补偿数量计算出来还是首次。目前，课题的研究还在进行中，我们认为，中国的经济体制改革是在没有任何可借鉴的模式下进行的，改革在取得举世瞩目的成绩的同时，也在改革的进程中留下一些值得我们认真思考的问题。对这些问题的回答是中国经济体制改革理论的重要组成部分。同时，课题组从理论上提出补偿的概念并最终将利益受损职工的补偿数额计算出来，不仅是对改革进程的反思，而且也为工会维护职工权益提供了重要的理论依据。

关注弱者是任何一个社会都必须遵守的准则。更何况在我国的改革进程中，"广大职工识大体、顾大局，在国民经济发展的困难时期，他们默默地承受着经济体制改革带来的阵痛和压力，中国经济今天取得的成就与广大职工为此做出的巨大牺牲密不可分。"时至今日，我们不应忘记广大职工的贡献。

我们在对利益受损职工的补偿数额计算时，计算口径是基于理论界时常提到并争论的三个问题，即经济体制改革进程中出现的利润对工资的侵蚀、国有企业转制的成本以及在经济发展过程中无偿使用的人口红利问题。从补偿的角度看，这实际上是改革中的三笔债，是我国改革与发展到今天取得的成绩的一种社会变革成本的付出。为此，我们课题组对企业一线职工、下岗职工和农民工这三个群体的利益受损程度及货币补偿量进行了测算。其中：

对企业一线职工劳动报酬统计、受损分析及货币补偿量的测算，是将20世纪90年代以来社会转型时期不可避免出现的"利润对工资的侵蚀"具体量化；

对企业下岗职工收入受损分析及货币补偿量的测算，是将几千万职工为国有企业、集体企业的转型而负担的改革成本具体量化；

对农民工收入受损分析及货币补偿量的测算，是将20世纪90年代以来中国在经济发展过程中廉价使用的"人口红利"具体量化。

这三部分构成了中国近 20 年来经济体制改革与发展所要付出的成本，只是这部分改革成本是由企业部门职工、下岗职工和农民工这些普通的劳动者承担了。

根据以上对三部分利益受损职工的受损分析和货币补偿量测算，我们得出了对这三部分利益受损职工进行补偿的总量。尽管我们的测算还不完全，但是 38 万亿元的确是一个很大的数字了。这一数字大体相当于 2010 我国全年新创造的财富（GDP）总量；或相当于我国 1992 年～2009 年这 18 年的国家财政收入的总和。

纪元：我国的改革始于 1978 年，从农村推进到城市也是在 80 年代中期，其中也涉及部分企业的改革，那么为什么选择 1992 年作为测算企业部门职工收入受损程度和货币补偿总量的起点？

信卫平：我们将 1992 年劳动者报酬占企业部门增加值的比重作为企业部门职工收入受损差额测算标准，并以此标准测算 1992～2008 年企业部门职工收入受损程度和货币补偿总量，主要基于以下两方面的考虑：

第一，1992 年 7 月国务院颁布了《全民所有制企业转换经营机制条例》，该条例的颁布标志着国家下决心将国有企业推向市场，使其逐步转变为自主经营、自负盈亏的独立的企业法人。《条例》强调了"破三铁"是国有企业转换经营机制的重要内容。《条例》颁布后，全国各地开展了以"破三铁"为主要内容的三项制度改革，改革国有企业的劳动、人事、工资制度。仅在 1992 年全国进行三项制度改革试点的国有企业就达到六万多家，涉及职工三千多万人，占当时全部国有企业职工总数的三分之一左右。与此同时，1992 年我国国企开始出现大规模职工下岗，国家统计局关于职工下岗的数据也是从 1992 年开始公布的。在我们的报告中，"破三铁"和下岗是职工利益受损开始的一个重要标志。

第二，从国际比较的角度看，目前我国劳动者在初次分配中的比重明显低于当前发达国家的水平，在 2005 年～2008 年，美国劳动者报酬占 GDP 的比重为 56.6%，英国为 53.8%，德国为 49.5%，法国为 51.8%，日本为 55.1%，韩国为 51.8%，中国为 39.7%。根据国务院发展研究中心的一份研究报告，与发展中大国相比，我国劳动者报酬占 GDP 的比重高于印度（28%）和阿根廷（36%）与巴西（41%）基本相当，低于南非（44%）和俄罗斯（45%），但是，这些国家均没有出现我国当前面临的劳动者报酬持续大幅度下降问题。因此，以 1992 年劳动者报酬占企业部门增加值的比重作为补偿标准只是按我们曾经最接近世界平均水平的标准来测算。

纪元：利益受损职工的货币补偿是否有其理论上的依据？

信卫平：利益受损职工的货币补偿问题实际上就是劳动者权益（这里主要是指报酬权）的实现问题，即劳动者作为劳动力要素所有者而应得到的劳动报酬。在劳动力市场上，劳动者是以劳动力供给一方出现的，而企业则作为劳动力的需求一方，劳动力的供求双方在劳动市场上通过协商达成一个双方都认可的工资率后，劳动者通过出卖自己的劳动力而取得相应的劳动报酬，企业则获得了生产过程中必不可少的劳动要素，按照通常的理解，此时劳动者的权益就得到了实现。但是，即使这一交易过程是在最公平的条件下进行的，那么，也只能说作为劳动力要素的所有者，劳动者的权益只是部分得到了实现，而没有完全得到实现。

为庆祝中国共产党成立90周年，中央组织部、中央宣传部于今年6月编选了《马克思主义经典著作选编（党员干部读本）》。为配合学习，《人民日报》2011年7月26日特别刊发了《选编》中的《恩格斯〈在马克思墓前的讲话〉学习导读》。恩格斯在《讲话》中指出，唯物史观和剩余价值学说是马克思的两个伟大发现。从目前来看，马克思的剩余价值理论有助于我们对补偿问题的理解。

随着我国社会主义市场经济体制的建立，多种所有制并存的局面已经形成，私营企业、外资企业本身就属于资本主义生产方式，剩余价值必然存在。其他形式的企业，不管其生产方式的性质如何，劳动者的劳动同样分为必要劳动和剩余劳动，剩余价值是劳动者的剩余劳动所创造的，如果没有劳动者的劳动，任何资本的投入都不可能在生产过程中增值。同时，社会主义经济的性质决定，劳动者在生产过程中创造的那一部分剩余价值是不能按照资本主义生产关系的决定方式进行分配，而应按照社会主义生产关系的决定方式进行分配，根据按劳分配与按生产要素分配相结合的分配原则，劳动者有权分享一部分剩余价值。而"谁投资，谁受益"的提法过分强调了资本要素所有者的利益，完全忽视了劳动要素所有者的利益。

之所以会出现这种情况，原因就在于混淆了劳动力的价值和劳动力的使用价值。在市场经济条件下劳动力的价值是由劳动力市场决定的，劳动力市场在供求关系的影响下形成市场工资率，市场工资率反映这是劳动力的价值以及市场供求双方都能接受的均衡的劳动力价格。实际上，市场工资率是劳动力市场对不同质、不同种的劳动力要素评价的结果。劳动者从企业那里得到的劳动报酬即工资并不等于劳动者在再生产过程中创造的价值，劳动者在生产过程中投入的凝结在商品中的劳动量的多少最终体现在企业销售收入中扣除生产资料转移价值之后的可变资本与剩余价值之中，是企业全体劳动者新创造的全部价值。根据按劳分配的原则，劳动者得到的劳动报酬的量应当大于市场工资率的量。也就是说劳动者得到的劳动报酬除了按市场工资率确定的工资收入以外，还应该分享到一部分企业利润。这也就是我们一再强调对利益受损者进行补偿的理论依据。

至于劳动者剩余劳动创造的价值到哪里去了，财政部研究所的一项报告曾讲道：1993年~2005年，劳动者报酬呈下降趋势，劳动报酬下降的原因70%可以由企业的收入增加来解释，30%可以由政府部门的收入增加来解释。

纪元：利益受损职工的货币补偿数额巨大，在实际上有无补偿的可能？

信卫平：经过30多年的改革开放，中国经济发展取得了举世瞩目的变化，国内生产总值从1978年的3645.2亿元到2010年的397983亿元，32年增长了108.18倍，GDP总量在全世界位居第二，中国社会财富有了巨大增长，无论是企业还是政府，都具备了补偿劳动者在过去的 30 多年为使经济体制改革顺利进行而付出的代价的条件。可以说，我们已经具备了进行补偿的物质条件。问题的关键在于有关部门是否接受这一理念，是否具有补偿的意愿。

当前，我国的经济发展实际上是面临着两种不同的发展模式的选择，一种模式是继续沿着近 20 年来的经济发展道路，仍以做大蛋糕为主，并认为随着 GDP 的高速增长，当前存在的一些社会矛盾都会在未来的发展中得到解决。但是，这种模式忽略了一点就是在贫富差距不断扩大的情况下，经济发展的列车速度越快，脱轨的概率也越大。另一种模式已在部分地区开始形成，这就是在对近 20 年来改革开放与经济发展反思的基础上，提出"民生才是硬道理，公平也是生产力"。这种模式抓住了当前社会的主要矛盾，即不断扩大的贫富两极分化以及改革开放的成果为少数阶层所垄断，顺应了民意和社会发展的趋势。从这个意义上讲，补偿行为本身就是对后一种经济模式的选择。这不仅需要勇气，更需要良知。

纪元：由于这部分补偿金额数量较大，采取什么方式、通过什么途径进行补偿是至关重要的。因为它不仅直接关系着对广大职工权益的维护，关系着社会既有财富的分配与调整，还关系到今后一段时期社会的稳定与经济的发展。从各国和地区的经验看，有没有类似的补偿？

信卫平：有，概括讲主要有以下方式：一是俄罗斯私有化证券方式。1992 年，俄罗斯开始实行大规模私有化。对于商业、服务业及小型工业、运输业和建筑业企业，以商业投标、拍卖、赎买、租赁和直接出售等方式实行私有化。而大中型企业的私有化主要是通过股份制形式实现的。俄政府准备拍卖 4.7 万亿卢布的固定资产，其中的 3.2 万亿卢布固定资产准备拍卖给个人，余下的 1.5 万亿卢布的固定资产，以无偿方式向每个公民发放一张面值为 1 万卢布的私有化证券，以股份制方式实现私有化。俄罗斯私有化过程中所面临的问题与我们在国有企业改制过程中对职工利益的欠账有类似之处。两者都是从计划经济体制下的公有制转为多种形式所有制后，职工的身份由企业的主人转变为劳动市场中的一方利益主体。在传统的计划经济体制下，企业职工的工资和当时他们所享受的福利只是其全部应得报酬的一部分；另外还有一部分是职工应得的、留待未来兑现的福利，比如未来的养老、医疗、失业救济等。在我国国有企业通过实行减员增效、下岗分流、职工身份转换等方式摆脱计划经济体制下的沉重负担之后，那部分在计划经济体制下职工未得到的劳动报酬，应当以一定方式补偿给职工。然而发放私有化证券的方式却不适于我国现阶段用于对下岗职工的补偿。这是因为中国实行的是以社会主义公有制为主体、多种所有制经济共同发展的基本经济制度，并不是完全的私有化。另据媒体报道，今年 4 月蒙古将本国最大国有煤矿 10% 的股票，共计 15 亿股，无偿发放给每一位公民，平均每人 536 股。从共享的角度看，这一做法对我国国企利润如何为全民共享具有借鉴意义。

二是香港、澳门向补偿对象分派现金方式。2011 年初，香港特区政府决定，年内向全港 610 万年满 18 岁的香港永久居民，每人派发 6000 元港币。与此同时，2011 年初，澳门特区政府向每名澳门永久居民和非永久居民分别发放现金 4000 澳门元和 2400 澳门元。2011 年 4 月 20 澳门特区行政长官崔世安宣布，将于今年下半年再次向每名永久性居民和非永久居民分别发放 3000 澳门元和 1800 澳门元现金。事实上，为应对物价上涨对居民生活的冲击，香港、澳门等地区政府近年来多次向居民直接发放现金，这种由政府直接向被补偿对象分派现金至少在理论上是可行的，不存在"钱来源不明的争议"。因此，有不少发达国家都采取过类似的办法。

三是将外汇储备用来作为补偿金方式。2011 年我国外汇储备已达 3.2 万亿美元，政府能否拿出一部分派发给补偿对象？2009 年初，北大教授张维迎提出把外汇储备拿出一部分分给全国居民，曾引发来自各界的激烈争论。按照经济学的定义，外汇储备并不是真正意义上政府的钱，而是在强制结汇制度下（我国境内不能流通外币），国内企业出口产品后存放于央行的外币收入或外商来华投资用于兑换人民币的外币抵押。央行无论是通过哪种方式获得外币，同时需要给付对方等价值的国内货币（暂不考虑汇率影响）。在中国人民银行用人民币去买美元的时候，并没有在真正意义上给政府带来任何额外的收入，只是做了一个交换而已。因此外汇储备的增长也并不是政府财富的增长，即便是对于央行而言，外汇储备是资产，但购买外汇储备的人民币则是负债。

从目前来看，央行能做的就是改强制结汇制度为自由兑换汇率制度，允许外商和进口企业用人民币在市场上找分到外汇的职工兑换外币。这样做的结果是，外币流回国外而国内市场上的人民币数量没有被回收，相当于央行用印钞票的方式提高了居民收入，其结果必然是通货膨胀。在物价上涨压力本已很大的背景下，CPI 继续攀升最大的受害者只能是低收入群体，补偿的结果是伤害了被补偿者。

基于以上分析，我们认为：无论是通过派发现金还是外汇储备的方式来对利益受损职工进行补偿，中国目前经济承受能力和汇率制度都会成为重要的约束条件。这就是为什么我们在上次访谈时讲到的，从政府的角度讲，对利益受损职工的补偿应当是一种财政行为，而不能只是一种货币行为。

纪元：在上次的访谈中，你提到了课题组对补偿措施的一些建议，包括建立国家社会补偿基金、实施"国民收入倍增计划"、出台《中华人民共和国最低工资法》、"化税为薪"、推进工资集体协商机制等。由于时间紧，没有具体展开。现在你能否具体谈谈对以上建议构想？

信卫平：首先是建立国家社会补偿基金，专司对利益相对受损职工的补偿。

社会补偿基金的来源可以由政府通过设立补偿税的办法来解决社会补偿基金的来源。补偿税可作为一定时期如在今后 15～20 年期间对国有垄断性企业加征的一个税种，也可作为个人所得税和企业所得税的一个补充税种，或从遗产税中抽取。还可以通过从外汇储备收入、财政收入中每年按一定比例提取，同时接受社会各方捐赠。社会补偿基金账户应由财政部直接管理。补偿基金的运用可以按照直接补偿的途径来进行。所谓直接补偿是将改革相对利益受损职工群体视为一个整体概念，借助已经初步建立的社会保障体系，拓展被补偿群体进一步实现利益分享的补偿思路。

鉴于在过去32年改革中利益相对受损职工多数已经退休或即将退休，似可比照离、退休干部不同待遇的思路，对有下岗经历的职工通过提高退休金的形式给予补偿，按照工龄，每个有下岗经历的退休职工除了目前正常的退休金以外，还可以通过退休金账户直接从政府部门领取10~15年左右的下岗补偿金，实现与各地对65岁以上老人补助金的对接。以此来保障这些对改革开放做出过付出与贡献的职工能够在退休后生活的有尊严。

纪元：关于"国民收入倍增计划"呢？

信卫平：我们建议尽快实施"国民收入倍增计划"，并在计划中应明确提出今后10年大幅提高职工收入增长率以补偿改革中的利益相对受损者，可以将劳动者报酬的增减作为考核各地政府政绩的约束性指标。从宏观上看，应当力争实现我国劳动者报酬增长率不低于企业利润增长率。依据2011年政府工作报告中提出的城乡居民的年均实际增长要超过7%的指标，考虑到物价因素，我们认为劳动者报酬名义年均增长率不应低于15%。经过10~15年时间的补偿性增长，使得企业部门劳动者报酬占GDP的比重重新回升到50%左右，接近中等收入国家的合理区间。

纪元：最低工资法应是一种法定工资标准，是其他层次工资水平的基础。

信卫平：是的，依据公正、分享、补偿的理念，确定最低工资标准，使最低工资标准具有真正的法律效应。我国劳动力市场目前已经形成一个从高端到低端的多层次工资体系，劳动力市场上工资水平的高低取决于市场供求的状况。但从社会公平正义的角度出发，最低工资标准的实施使得社会工资结构中最底层工资水平的高低不再完全由市场供求决定，而是由各省、区、市政府依据本地区城镇居民生活费用支出等因素来确定。最低工资标准实际上是一种法定工资标准，不会随着劳动力市场供求的变化而变化，其他层次的工资水平也都是在最低工资标准的基础上确定。同时，最低工资标准也是政府在宏观层面对初次分配领域劳动报酬水平进行直接干预的主要手段。目前，无论是对利益受损者的补偿，还是改变初次分配领域劳动报酬偏低的状况，各地政府都应适时较大幅度提高最低工资标准。从而真正实现"力争用三至五年的时间，逐步使最低工资标准达到当地社会平均工资的40%~60%的水平"。

纪元：按照一般的理解，"化税为薪"的目的是为企业，尤其是为微利企业提高职工的劳动报酬创造条件，但它与利益受损职工的补偿是什么关系？

信卫平：近年来税收在国民收入中所占比重持续上升，在企业层面通过提高劳动报酬而对利益受损职工进行补偿在一定程度上有赖于政府让利，通过"化税为薪"

的办法优化收入分配格局。"化税为薪"的减税让利方式，能够在不增加企业用工成本、稳定企业生产、保持企业利润的前提下，为企业提高职工工资水平开辟一条新的出路。鉴于低收入群体更多集中于劳动密集型中小企业，而此类企业在国际金融危机冲击下利润空间已经十分有限，且短期内不具备快速升级换代的能力，税负减免应以这类企业为主。

为确保该项措施落到实处，切实提高职工收入，"化税为薪"政策在具体实施中可考虑以企业为主体，采取"主动申请、提薪让税"的运行模式。先由企业主动提出申请不同于靠政府行政手强制推行的方式，其政策覆盖范围是有选择性的，只有满足条件的企业申请才能通过审核，有利于调动劳动密集型中小型企业积极性，改革企业发展观念，在不影响企业发展的同时改善职工工资待遇。而"提薪让税"的关键在于操作顺序上的变化，政府鼓励企业首先增加工资，然后根据工资增加的幅度酌情减免企业税收，这样就将原本属于企业的权限转移到了政府手上，防止减免掉的税金被挪作他用。

此外，为切实提高职工维权意识，更好地发挥工会组织的作用，构建和谐的劳资关系，"化税为薪"政策的扶持对象可重点聚焦于那些已经建立了较完善工会组织和工资集体协商机制的劳动密集型中小企业，使得税收的减免不仅为职工收入提高腾出空间，同时也为企业开展工资集体协商创造有利条件。

纪元： 除此之外，还有其他措施的建议吗？

信卫平： 我们认为，还应考虑增强利益受损群体的获取收入的能力和提高社会保障水平，这是一项深层次和长远政策，也是一项系统工程，需要国家多项经济政策的协调与配合。

首先，要千方百计增加就业。保障和增加利益相对受损人群的经济收入，最为根本的是保障他们的就业。因为我们分析中的利益相对受损群体，同时也是我国劳动市场上的相对弱势人群，受总体就业状况的影响较大。自20世纪90年代初期以来，我国就业从整体上呈现持续滑坡的态势。可以从就业弹性来说明中国的就业情况。就业弹性是指产出每增加1个百分点，就业岗位增加的比例；它衡量产出增长对就业的拉动作用。研究表明，中国的就业弹性总体上处于0.1~0.2之间，低于发达市场经济国家0.3~0.4的平均水平，也低于中上收入水平的发展中国家0.6~0.7的平均水平。具体来看，第一产业出现劳动者增加和产量增加同步，而劳动人数增长速度更快的趋势；第二产业就业弹性也没有出现正常增长，即随着工业和建筑业产业增加值的快速上升，总体就业量仅维持大致稳定；而本来能够吸引最多就业的第三产业，其就业弹性甚至有下降的趋势。这说明在我国GDP高速增长的同时，经济增长对就业的促进作用有所弱化。为此，坚持以发展促就业、在产业结构调整中扩大就业是一个重要选择。国家需要大力拓展不同产业的就业空间，在各产业之间合理配置劳动资源，从而实现经济增长与就业增长良性互动。这需要从增加就业的角度，调整我国的产业政策、对外贸易政策、财政和货币等宏观经济政策。

其次，提高利益相对受损群体的职业技能。劳动市场上，劳动者报酬水平与其职业技能和对企业生产的贡献程度紧密相关。利益相对受损群体劳动报酬低、就业波动大，既存在宏观层面的制度因素，也在一定程度上是劳动者本身素质和职业技能偏低的结果。解决这一问题的重要途径是提高他们的职业适应能力和创造能力，大力发展职业教育和职业培训，完善劳动力就业培训制度。针对企业普遍存在的职工培训激励不足的现状，除国家专项投入外，可考虑从失业保险金中划出一部分作为就业培训资金。通过普遍而持久的职业培训、增加人力资本投资来提高利益受损职工的收入水平和职业稳定性。

最后，将利益受损群体作为我国社会保障制度中的优先保障群体。健全的社会保障体系，被视为人民生活的"安全网"和收入分配的"调节器"，更是利益受损人群免于陷入贫困的最后屏障。为此，需要完善基本养老保障体系；把基本医疗保险、养老保险制度覆盖城乡全体居民，降低个人缴费的数额和减少必需的缴费年限，实现全国范围内的自由、顺畅、便捷转移；降低利益受损职工的家庭负担，解除部分后顾之忧。比如有过下岗经历的职工和农民工持相关证件，其子女可优先实现高中阶段免费教育，大学阶段低收费教育等；完善最低生活保障制度，在城市做到应保尽保，在农村将符合条件的贫困人口全部纳入最低生活保障范围，切实解决基本生活问题。在条件成熟时，可以将农民工纳入城市保障性住房体系的覆盖范围，让农民工享受廉租房待遇。

纪元： 下一步课题组还准备对利益受损职工补偿问题做进一步的研究吗？

信卫平： 是的，课题组准备对此做进一步的深入研究，我们在研究这个问题的过程中深刻地体会到，2008 年的国际金融危机已经深刻地影响到我国经济发展的走势，从国际经济的格局看，全球范围内的经济衰退短期内难以改变，我国长期以来形成的过分依赖出口的经济发展模式亟待改变，以内需为主的经济发展模式成为我国的唯一选择，而当前社会贫富差距的不断拉大加大了我国经济发展模式转换的成本。补偿问题正是在这样一个背景下提出来的，将补偿问题从理论探讨到实际的实施可能需要一定的时间，在这个过程中，不仅有认识上的转变，还有对经济体制改革的一些基本理论的进一步探讨，以及对 32 年来我国经济体制改革进程的反思。总之，这个问题的研究将有助于推动下一步收入分配体制改革。

（原载于《中国工人》2011 年第 12 期）

关于提高利益受损职工劳动报酬的思考

——基于社会补偿的视角

摘要：经济体制改革初期理论上的准备不足，使我们对公平与效率的关系认识存在片面性；没有意识到效率与公平是不可分的，效率是不可能脱离公平而长期独自提高的，更不能自动转变为公平的实现。在改革的进程中，由于成本—收益的分布不对称，必然会形成两个基本的社会群体，即从改革中受益较多的社会群体和从改革中受益较少或受损的社会群体。我国 32 年来收入分配改革路径是效率提高与贫富两极分化并存的过程。在今天社会财富有了较为丰富积累的前提下，对改革进程中的利益受损者，或者更准确地说对改革成本的承担者给予适量的补偿，就是一件应该尽快提到议事日程的事情，也是下一步经济体制改革的重要组成部分。

关键词：收入分配；劳动报酬；利益受损者；补偿

一、问题的提出

2011 年 3 月通过的"十二五"规划纲要明确指出，"努力提高居民收入在国民收入分配中的比重，提高劳动报酬在初次分配中的比重，尽快扭转收入差距扩大趋势"①。在 2011 年两会期间，改善民生成为社会热烈议论的主题，政府工作报告在"两个提高"之前，又明确提出"努力实现居民收入增长和经济发展同步、劳动报酬增长和劳动生产率提高同步"，提出城乡居民的年均收入实际增长要超过 7% 的指标。并就合理调整收入分配关系提出了具体的措施。②

收入分配不合理已经成为政府和民众的共识，合理调整收入分配关系是当务之急。在初次分配中，居民收入和劳动报酬在国民收入中的比重逐年下降，根据国家统计局提供的数据，1992 年居民、政府和企业三者在国民收入初次分配中的比重分别为 68.69%、15.53% 和 15.78%；到 2008 年，三者收入的比重分别为 57.22%、17.52% 和 25.26%。与 1992 年相比，居民收入比重下降 11.47 个百分点，政府和企业分别提高 1.99 个百分点、9.48 个百分点。③

---

① 《中华人民共和国国民经济和社会发展第十二个五年规划纲要》，《人民日报》2011 年 3 月 17 日。
② 温家宝：《2011 年政府工作报告》，http：//www.gov.cn/2011lh/content_ 1825233.htm
③ 国家统计局：《中国统计年鉴》(2010)，中国统计出版社 2010 年版。

居民、政府和企业三者在国民收入中的比重的这种变化，不仅影响到国民经济的正常运行，也对构建和谐社会造成了极大的冲击。今天，党和政府反复提出提高劳动报酬这一点就已经清楚地表明，在过去相当一段时间在国民收入分配中劳动者受到了并不公平的对待，所以政府现在明确提出要提高劳动者的报酬。但应怎样看待这一问题？我们认为，提高劳动者报酬是社会经过反思后对过去30年劳动者为社会发展做出贡献和付出代价的认可，不能理解为是社会发展、国家富裕后对劳动者的一种施舍或恩惠。提高劳动报酬的基本含义是补偿。

二、中国社会财富快速增长背景下的普通职工收入状况

（一）中国先富阶层的财产状况

"让一部分人先富起来"是改革开放初期一个响亮的口号。经过30多年的时间，曾经是"平均主义"的中国贫富两极分化的情况十分严重，财富迅速向少数人手中集中，并形成了"先富"和"未富"两大阶层。这一点在以下四个全球财富报告中可以得到证实：

1. 2010年6月美林集团和凯捷咨询公司联合发布《最新全球财富报告》，报告将净资产（不包括主要房产）价值100万美元以上的人士归为富人，按此标准，2009年中国富人总数达到47.7万人，较2008年增加31%，继续位居全球第四。报告认为2009年中国成为全球财富增长最快的国家之一。但是，美林的报告还是略显保守。[1]

2. 2010年8月波士顿咨询公司发布了《2010年全球财富报告》，报告指出：在全球范围内百万美元资产家庭占所有家庭的比例不到1%，但这些家庭所拥有的财富占全部私人财富的比例从2008年的约36%增加到约38%。中国拥有百万美元资产家庭为67万，位于美国、日本之后，在全球排名第三。[2]

3. 2010年10月瑞士瑞信银行发布了一份《全球财富报告》，报告指出中国财富总值从2000年的4.7万亿美元增加到现在的约16.5万亿美元，已经成为全球新兴财富阶层的主力，财富总值仅次于美国（54.6万亿美元）和日本（21.0万亿美元）。报告还指出，在全球共有2400万名高净值人士（人均财富介乎100万美元至5000万美元）中，中国占80多万。[3]

4. 2011年5月招商银行和贝恩公司发布了2011年中国私人财富报告，报告指出中国高净值人群（可投资资产超过1000万元人民币）规模正在逐年扩大。2010年，

---

[1] 美林集团和凯捷咨询公司：《最新全球财富报告》（2010），http://finance.sina.com.cn/roll/20100623/15398163889.shtml

[2] 波士顿咨询公司：《2010年全球财富报告》，http://www.doc88.com/p-18346392074.html

[3] 瑞士瑞信银行：《全球财富报告》（2010），http://www.chinanews.com/cj/2010/11-30/2690744.shtml

中国的高净值人群数量达 50 万人；与 2009 年相比，增加了 9 万人，年增长率为 22%。2008 年~2010 年高净值人群拥有的财富占全国的比重从 2008 年的 23% 上升到 2010 年的 24%，预期 2011 年这个比例将进一步提高到 25%。①

综合上述报告分析，在今天中国，一个人数不多但非常富有的阶层已经形成，并占据了社会的大多数财富。早在 2009 年 6 月份举行的中国政协十一届常委会会议上，蔡继明委员说："中国权威部门的一份报告显示，0.4% 的人掌握了 70% 的财富，财富集中度高于美国。"② 2010 年世界银行公布的调查数据，美国 5% 的人口掌握了 60% 的财富，而在中国，1% 的家庭掌握了全国 41.4% 的财富。财富集中程度大于美国，成为全球两极分化最严重的国家之一。

（二）中国一线职工的收入状况

与此同时，广大一线职工的收入状况也引起了人们的关注。国家统计局在 2010 年年底出版的《中国统计年鉴 2010》中，首次公布了私营企业职工的收入状况，使社会对以广大一线职工为代表的"未富"阶层的收入状况有了一个基本的认识。

2009 年，城镇私营单位就业人员平均工资为 18119 元，与城镇单位在岗职工平均工资 32736 元相比少了 14617 元，为后者的 55.35%。③ 2009 年城镇单位就业人员数是 12573 万人，城镇私营企业和个体就业人数为 9788.9 万人。这样，我们可以计算出 2009 年城镇在岗职工的年平均工资为 26337.40 元，月均 2194.78 元。这一数据与全国总工会 2009 年四季度全国职工收入分配专题调查的 2152 元职工月平均货币收入十分吻合。

另据 2011 年 4 月发布的《北京社会蓝皮书》披露：北京市职工 2009 年的年平均工资收入约 2.68 万元，约合每月 2233 元。全市普通职工家庭人均年收入 2.2 万元，人均月收入 1833 元。接近 70% 的普通职工年工资收入低于 3 万元，年收入不足 1.2 万元的职工约为 2.8%，超 4 万元的仅为 14.2%。④ 而 2009 年北京市就业人员的平均工资为 57779 元，位于全国第二位。

全国总工会 2009 年职工收入分配调查数据显示，全部调查职工中月收入低于月平均货币收入（2152 元）的占 67.2%，低于月平均货币收入 50%（1076 元）的占

---

① 招商银行和贝恩公司：《2011 年中国私人财富报告》，http：//www.cmbchina.com/cmbinfo/news/newsinfo.aspx? guid = a712b024 - 6777 - 42f5 - 9660 - fb5514c46de4

② 蔡继明委员在 2009 年 6 月举行的中国政协十一届常委会会议上的发言. http：//bbs1.people.com.cn/postDetail.do? id =93068085

③ 国家统计局：《中国统计年鉴》（2010），中国统计出版社 2010 年版。

④ 北京社会科学院：《2011 北京社会蓝皮书》，社会科学文献出版社 2011 年版。

17.3%。① 与 2007 年全国总工会第六次全国职工队伍状况调查的数据相比，低于月平均收入的职工和低于月平均收入 50% 的职工比例均有所扩大，分别增加了 4.8% 和 0.4%，同时，约有 1/3 职工工资水平徘徊在当地最低工资标准水平附近。②

根据国际劳工组织的定义，低于月平均货币收入 2/3 即为低收入者。按此标准，60% 的职工低于国家统计局公布的城镇单位在岗职工月平均工资（2728 元）水平的 2/3，即 1819 元，属于低收入者。目前，低收入职工群体相对集中，主要集中在一线职工、农民工、私营企业以及国有困难企业职工。2009 年全国总工会的调查数据显示，一线职工、农民工、私营企业职工、集体企业职工的月平均工资水平分别为：1749 元、1728 元、1811.4 元和 1241.5 元。仅以占低收入职工比例较大的一线职工为例，其月收入相当于全部被调查职工月平均收入（2152 元）的 81.27%，为国家统计局公布的在岗职工月平均收入（2728 元）的 64.1%。③ 这种低工资加大了一线职工贫困的可能性，国际劳工组织将这种低收入的就业状况称之为"在职贫困"④。

从基尼系数看，我国贫富差距正在逼近社会容忍的"红线"。尽管对我国的基尼系数各机构认识不一，但学术界认为目前我国居民收入分配的基尼系数高于近年来国内外有关专家计算的 0.47~0.50 的水平。⑤ 我国基尼系数在 10 年前越过 0.4 的国际公认警戒线后仍在逐年攀升，目前已达到拉丁美洲的平均水平。另据中国人民大学的刘元春的研究，自 2002 年起，城镇内部收入差距对全国基尼系数的贡献率就已经超过城乡收入差距对全国基尼系数的贡献率。⑥ 可以明显看出，城镇内部收入差距的不断扩大与职工收入长期偏低有直接的关系。而这又对我国的经济发展构成了直接的影响：

一方面，劳动者报酬长期偏低，造成的内需不足已经严重制约了我国经济的进一步发展，为此，经济的增长不得不依赖于投资和出口。近年来我国的外贸依存度不断上升，2001 年我国的外贸依存度为 38.5%，到 2007 年已上升到 66.8%。2008 年国际金融危机对我国国内经济造成的冲击令我们至今记忆犹新。

另一方面，国务院发展研究中心的一项研究表明，资本的边际产出与测度居民收入分配差距的基尼系数之间存在着显著性的负相关关系，并且居民收入差距（基尼系数）越大，资本的边际产出越低。目前，居民收入差距的不断扩大对资本的边

---

① 全国总工会职工收入分配专题调研组：《当前企业职工收入分配中存在的突出问题及对策建议》，《劳动工资动态》2010 年第 5 期。

② 中华全国总工会研究室：《第六次中国职工状况调查》，中国工人出版社 2010 年版。

③ 全国总工会职工收入分配专题调研组：《当前企业职工收入分配中存在的突出问题及对策建议》，《劳动工资动态》2010 年第 5 期。

④ 国际劳工组织：《2010/11 全球工资报告》。

⑤ 迟福林：《破题收入分配改革》，中国经济出版社 2011 年版。

⑥ 刘元春：《高度关注中国收入分配差距不断扩大的新形成机制》。

际产出及我国经济增长的限制已越来越明显。①

三、一线职工劳动报酬低下的原因

过大的贫富差距正在超越社会所能容忍的界限，广大一线职工为社会做出的贡献并没有得到应有的回报。那么，是什么原因造成中国职工当前的这种状况？又是什么原因使得中国职工逐渐成为低收入群体的代名词？

我们认为，经济体制改革初期理论上的准备不足，使我们对公平与效率的关系认识存在片面性；效率优先、兼顾公平的分配原则打破了原有劳动关系的均衡，形成了强资本、弱劳动的分配格局，导致新的劳动关系的均衡始终未能形成。近年来我国的劳资纠纷日益增长无不与此有关。

（一）职工劳动报酬持续走低的根源在于对公平与效率关系的片面理解

客观地讲，任何一个社会都要面临公平与效率关系的挑战。收入分配差距的不断增大使我们意识到了这一问题的严重性，即效率优先、兼顾公平的分配原则已难以适应我国现阶段的经济社会发展了。改革开放以来，我们在摆脱了平均主义的羁绊后，又面临着贫富悬殊的困境。党的十七大报告指出："初次分配和再分配都要处理好效率和公平的关系，再分配更加注重公平。"这一看法是对公平与效率的关系认识的深化，是对效率优先兼顾公平分配原则的重大改变。新的分配原则实际上提出了一个问题，即效率的取得是否要以牺牲社会公平为代价。如何实现公平与效率的统一，是当前我国深化改革与经济社会发展面临的一个极为现实的问题。

1. 效率不可能脱离公平而长期独自提高

从理论上讲，效率的高低在于资源配置是否通过竞争性市场来完成，而与资源在消费者之间的初始分配状况无关。这意味着，改革初期认定要提高效率就不可能顾及公平的观点，至少在理论认识上的准备是不充分的。改革初期我们把注意力主要放在如何打破平均主义、改变吃大锅饭的局面，设想随着效率的提高，每个社会成员的利益都可以得到改善。但是，我们忽略了一点，即效率与公平是不可分的，效率是不可能脱离公平而长期独自提高的。

经济体制改革初期的目标是明确的，但实现目标的路径却不清楚，只能是"摸着石头过河"，虽然我们慎之又慎，但还是在公平与效率的关系上走入误区，在自认为公平与效率不能兼得的情况下，将公平置于效率之下。

---

① 该报告的实证分析表明，无论是皮尔森相关分析结果还是斯皮尔曼和肯德尔相关分析都表明资本的边际产出和居民基尼系数之间存在着显著性的负相关关系。进一步进行格兰杰因果检验，基尼系数的提高是引起资本边际产出下降的格兰杰原因。参见：《促进形成合理的居民收入分配机制研究》，《经济参考资料》2010 年第 25 期。

早在 1984 年我们刚刚开始城市经济体制改革时，针对当时制定的改革战略，世界银行就曾经注意到改革过程中可能会出现的不平等问题。"对中国这个社会主义国家来说，收入分配问题——更全面地说就是生活水平问题——极为重要，因为中国最重要的经济目标不仅仅是取得快速增长，还要把增长带来的效益广为散布。"在谈到提高效率时，又讲到"为了取得更大的经济效益所做的改变又可能引出一些棘手的问题，特别是公平与否的问题"。同时，还讲到了决定工资的三要素：效率、公平待遇和稳定性。①

在工资是否应由市场决定的问题上，世界银行强调指出："工资在极少数国家中是完全由市场力量自由决定的：即使在资本主义国家，一般也是由（1）市场力量，（2）工会代表工人进行谈判，（3）以及有关最低工资的立法这三方面进行某种程度的结合而决定的。"②

可惜我们当时没有对这些问题给予足够的重视，没有意识到有效率的市场经济应该是建立在公平分配的基础上。而过多地强调劳动报酬的市场化。没有意识到以牺牲公平为代价的经济增长，"往往会忽略增进公平所带来的长期效益。增进公平意味着经济运行的效率更高，冲突更少，信任更多，制度更合理。"③

针对我国经济发展过程中收入差距的迅速扩大，世界银行在 1996 年的研究报告中以"更富了，但更不平等了"为题描述了中国从 1981 年到 1996 年的收入分配体制改革，并认为："过去 15 年来，东欧转轨国家和前苏联的不平等状况虽日益加重，但也不像中国那么严重。"④

2. 效率的提高不能自动转变为公平的实现

经济体制改革以来，我国效率不断提高的根本原因不是因为我们将效率置于优先的位置，而是我们在改革的 30 年间已经初步建立起来竞争性的市场体系，这是保证效率实现的关键。那种认为要保证经济的高效率就必须容忍分配不公的观点实际上是源于"库兹涅茨假说"。美国经济学家库兹涅茨在 1954 年考察了若干个国家收入分配不平等的数据以后指出："收入分配不平等的长期趋势可以假设为：在前工业文明向工业文明转变的经济增长早期阶段会迅速扩大，而后是短暂的稳定期，然后在增长的后期阶段会逐渐缩小。"⑤ 这就是著名的"倒 U"型假设，即在经济发展过程中，收入分配差距的长期变动轨迹是"先恶化、后改进"。根据发达国家的经验，他认为一个国家人均 GDP 在 1000 ~ 3000 美元时，收入分配差距会恶化，当人均 GDP

① 世界银行经济考察团：《中国：长期发展的问题和方案》，中国财政经济出版社 1985 年版。
② 世界银行经济考察团：《中国：长期发展的问题和方案》，中国财政经济出版社 1985 年版。
③ 世界银行：《2006 年世界发展报告：公平与发展》，清华大学出版社 2006 年版。
④ 世界银行：《2006 年世界发展报告：公平与发展》，清华大学出版社 2006 年版。
⑤ S·Kuznets. Economic Growth and Income Inequality. American Economic Review，March 1955.

超过 3000 美元时，收入差距就会开始缩小。

"库兹涅茨假说"之所以在学术界引发长期的争论，一个重要的原因是这一假说具有很强的社会政策含义。如果收入差距的变动与经济发展的阶段密切相关，那么，收入差距扩大在我国经济转型阶段就是不可避免的，政府的分配政策也是无效的。我们需要的只是等待，等到经济发展拐点到来，收入差距自然就会缩小。因此，效率优先，加速发展经济，缩短拐点到来这一过程就成了我们面对不断扩大的收入分配差距时的唯一选择。

然而，"库兹涅茨假说"只是一种理论上的抽象假说，现实中的经济运行并不与其相吻合。以巴西为例，20 世纪 60 年代中期到 70 年代中期，巴西的经济高速增长，1968 年~1974 年，巴西的 GDP 年均增长 11.4%，和现在中国的情况非常相似。这就是巴西所谓的"奇迹年代"，但其收入分配差距并没有像库兹涅茨假说所说的那样"先恶化、后改进"。巴西的基尼系数长期处于 0.5 以上，2008 年达到 0.57，巴西经济已被认为陷入"中等收入陷阱"。就我国的情况而言，东部一些发达省份，如广东、浙江等地，其人均 GDP 早已超过 3000 美元了，但这些省份的收入差距并没有因此而缩小。以浙江为例，根据浙江省社会科学院 2009 年的调查，浙江人均 GDP 已经超过 6000 美元，但收入差距不仅没有缩小，反而在继续拉大。另据我国学者的研究，迄今还没有证据表明中国收入差距的变动在遵循库兹涅茨所谓的倒 U 型轨迹。[①] 即使在西方国家，库兹涅茨倒 U 型曲线所反映的工业化时期收入分配状况转折变化的一般规律也不是自然而然到来的，而是伴随着不同社会群体的利益冲突和妥协，以及政府主动的政策干预。"美国的经验表明，收入分配结构的变化，既是库兹涅茨一般规律的体现，也是工人阶级斗争和政府主动政策干预的结果。"[②] 这意味着，我们没有理由坐等这一拐点的到来，更没有理由任凭收入差距继续扩大。

3. 前期改革的受益者已对今天分配制度的改革构成阻力

在党的十七大之前，社会相关方面已经意识到了这个问题，并提出要重视公平分配。2005 年 9 月，负责改革方案起草的国家发改委拿出了《关于加强收入分配调节的指导意见及实施细则》（即收入分配改革方案）。2005 年 12 月和 2006 年 2 月分别召开了地方和部门的两次座谈会，2007 年~2009 年，对这一改革方案前后又举行了 6 次征求意见讨论会，却始终未能与公众见面。2007 年 5 月国资委曾发出通知，要对部分国企职工工资偏低、增长缓慢的原因进行调查，但最后也不了了之。

2010 年曾被称为"收入分配改革"年，当年的 2 月 3 日，胡锦涛总书记在谈到转变经济发展方式时，把"加快调整国民收入分配结构"放在了首位。3 月 5 日，温

---

① 李实：《经济增长与收入分配》，见蔡昉：《中国经济转型 30 年》，社会科学文献出版社 2009 年版。

② 余斌等：《国民收入分配：困境与出路》，中国发展出版社 2011 年版。

家宝总理在政府工作报告中强调"逐步提高居民收入在国民收入分配中的比重，提高劳动报酬在初次分配中的比重"。10 月 15 日召开的党的十七届五中全会审议通过了《中共中央关于制定国民经济和社会发展第十二个五年规划的建议》，建议把收入分配的不平等当作当前我国经济发展中不可持续发展的主要问题来对待，收入分配改革被确认为"十二五"时期的关键性任务之一。面对收入分配改革方案迟迟未能与社会公众见面的窘境，国家发展与改革委员会的官员也表示："不管怎么样，今年必须拿出东西来，收入分配不能总是空谈。"① 然而，2010 年收入分配改革方案最终仍未出台。

时至今日，横亘在收入分配改革上的主要阻力早已不是认识上的问题，而是利益问题。因为此时若要改变收入差距过大的分配状态，就意味着改革的受益者要将自己的收益拿出一部分来补偿受损者。这必然会导致改革获益者的极力反对，一些官员、学者和企业家至今仍片面强调效率优先、兼顾公平的分配原则，而这正是收入分配制度改革难以推进的关键所在。

（二）收入分配制度改革的路径选择与分配制度设计使职工成为利益受损者

收入分配制度改革面临的挑战就是要对公平与效率的关系做出抉择。公平与效率之间的抉择是"最大的社会抉择"。这种抉择实际上就是在公平与效率二者之间寻找一个均衡点，既可以解释社会主义经济中为什么可以存在收入差距，又不会违背社会主义共同富裕的基本原则。

我国收入分配改革的起点是计划经济体制下的平均主义分配模式，居民之间的收入差距非常低，1978 年城镇居民的基尼系数为 0.16，可以说是绝对公平。改革初期，收入分配改革有两个可供选择的路径：一是在保持原有公平分配的基础上，探寻一条提高效率的途径；二是通过打破原有的公平分配来提高效率。由于改革初期理论准备的不足，认为低效率源于平均主义，提高效率就必须要打破原有的分配模式。不可能在保持原有公平分配的基础上，探寻到一条提高效率的途径。选择第二条路径就成为一种必然。但是，选择了第二条路径就意味着收入差距会不断扩大，这是与社会主义社会共同富裕的基本宗旨相违背的，因此，社会必须要对这种经济现象的合理性做出解释。

1. 效率优先、兼顾公平的分配原则直接影响了社会收入分配的走向

回顾 30 年的历史文献，收入分配体制改革的目标就是先富带后富，然后实现共同富裕。这一思想最早是由邓小平同志提出来的。他在 1978 年 12 月召开的党的工作会议上明确指出："在经济政策上，我认为要允许一部分地区、一部分企业、一部分

---

① 《收入分配不能总是空谈，年内动刀垄断工资》，http://politics.people.com.cn/GB/1027/11393162.html

工人农民，由于辛勤努力成绩大而收入先多一些，生活先好起来。一部分人生活先好起来，就必然产生极大的示范力量，影响左邻右舍，带动其他地区、其他单位的人们向他们学习。这样，就会使整个国民经济不断地波浪式地向前发展，使全国各族人民都能比较快地富裕起来。""这是一个大政策，一个能够影响和带动整个国民经济的政策。"① 这就是后来广为传播的"让一部分人先富起来，先富带后富"的思想。

邓小平的这一思想后来在党的一系列文献中得到了体现。例如，1992 年党的十四大报告提出要"兼顾公平与效率"。1993 年党的十四届三中全会通过的《中共中央关于建立社会主义市场经济体制的若干问题的决定》中则进一步将其具体化为"效率优先、兼顾公平"。1997 年党的十五大报告又指出："坚持效率优先、兼顾公平。"2002 年党的十六大报告又进一步指出："坚持效率优先、兼顾公平，既要提倡奉献精神，又要落实分配政策，既要反对平均主义，又要防止收入悬殊。"

效率优先、兼顾公平构成了这一时期社会收入分配原则，也是社会各界用来解释收入差距扩大的依据。但是，根据路径依赖的理论，这一分配原则一旦实施就会从两个方面对后来的社会收入分配走向产生深远的影响：

一是打破了原有的功能收入分配原则。各种生产要素均参与分配，分配方式由"以按劳分配为主、其他分配方式为补充"，逐步过渡到"劳动、资本、技术、管理等生产要素按贡献参与分配的制度"。这种转变得益于"效率优先、兼顾公平"的这一总体的收入分配原则。恰恰是这一转变，将劳动与资本作为相同的生产要素，放在了同一个收入分配的平台上，按各自的贡献取得相应的收入。这一点正是马克思将西方经济学要素分配理论批判为庸俗经济学的原因之一。在市场经济中，劳动与资本事实上是处于不平等的地位，劳动被资本雇佣，劳动是附属于资本的，工人被异化为机器设备的一部分。因此，工资与利润之间的分配，自然是有利于资本所有者的，更何况像我国这样一个劳动力资源丰富而资本稀缺的社会。从改革最初的设想看，收入分配体制改革是要使广大居民从中受益。但是，"效率优先"在实际经济活动中却逐渐演变为各级政府追求以 GDP 为指标的经济增长，各级政府对企业实施的各种优惠政策，使政府与企业在利益上结为一体，劳动者权益被严重地忽视了。

二是造成居民收入差距扩大的速度加快。这一点在城镇内部尤为明显，2008 年城镇内部收入差距对全国基尼系数的贡献率为 45.3%，已经超过了城乡收入差距对全国基尼系数的贡献率，② 根据国家统计局提供的数据，2008 年我国城镇家庭居民人均可支配收入按收入等级计算，最高的 10% 家庭与最低的 10% 家庭的人均可支配收

---

① 邓小平：《邓小平文选》（第二卷），人民出版社 1994 年版。

② 刘元春：《高度关注中国收入分配差距不断扩大的新形成机制》。

入已经相差 9.17 倍。① 另据中国改革基金会 2009 年在对全国 19 个省份的 64 个城市中 4000 多户居民家庭收支情况的调查数据的基础上推算，2008 年全国居民可支配收入总额为 23.3 万亿元，比国家统计局城乡住户收入统计计算的 14 万亿元高出 9.3 万亿元（可以称为隐性收入），比国家统计局资金流量表基于经济普查资料计算的住户可支配收入总额 17.9 万亿元高出 5.4 万亿元（可以称为灰色收入）。这部分隐性收入在城镇居民中的分布是最高 10% 收入家庭为 62.5%，最低 10% 收入家庭为 0.4%。由此推算 2008 年我国城镇居民中最高收入 10% 家庭与最低收入 10% 家庭的人均收入比应为 26 倍。②

我们必须正视在特定时期和领域内，在改革推进的过程中，一部分职工的利益受到一定程度的损害，人们从改革中获取的利益有多寡之别。我国收入分配制度改革实际上就是一种制度创新与变迁，只有当制度创新与变迁所获得的收益大于为此而支付的成本时，制度创新与变迁才有可能发生。"但是，由于制度变迁的成本—收益的分布往往是不对称的，也就是受益者未必承担成本或承担较少成本，这样，某些制度变迁就有可能以很多人的利益损失为代价而让少数人获益。"③

在"效率优先、兼顾公平"的过程中，由于成本—收益的分布不对称，必然会形成两个基本的社会群体，即从改革中受益较多的社会群体和从改革中受益较少或受损的社会群体。这两个社会群体可以理解为改革的相对受益者和相对受损者。改革的获益者构成了当今社会的高收入群体；利益相对受损者构成了低收入群体。收入分配改革路径是效率提高与贫富两极分化并存的过程。

如果以基尼系数的变化作为收入分配不均等化过程的衡量尺度，从我国基尼系数从改革之初的 0.16 到目前的大于 0.47~0.50 的变化，我们可以得出以下判断：在 30 年经济体制改革与发展的进程中，我们以收入差距迅速扩大为代价，完成了效率由低向高的转变。

2. 现代企业制度改革与利益受损者的形成

我国经济体制改革可以看作帕累托改进，即一项社会变革使得一部分人的社会福利增加的同时，并不减少其他社会成员的福利。但是，帕累托改进是一个效率概念，不能用它作为评价经济体制改革的唯一标准。因为帕累托改进的过程中会出现利益不一致。如果一项社会变革使得所有时候成员的福利都有所改善，则这项改革是最理想的，如 1984 年以前的以土地承包制为主要举措的农村经济体制改革，几乎所有社会阶层都从中受益。如果一项社会变革使得一部分人的社会福利增加的同时，给另一部分社会成员的福利造成了不利的影响，就需要对这项社会变革进行成本—

① 国家统计局：《中国统计年鉴》(2010)，中国统计出版社 2010 年版。
② 迟福林：《破题收入分配改革》，中国经济出版社 2011 年版。
③ 程恩富等：《新制度经济学》，经济日报出版社 2007 年版。

收益分析，然后利用补偿理论来判断这项社会变革的可行性。

一般来说，经济体制改革只要符合卡尔多—希克斯补偿标准，改革就应当继续推进。这也是我国理论界在意识到改革会使一部分人利益受损的情况下，仍一直坚持推进改革的理论依据。① 依据"卡尔多—希克斯补偿标准"，中国的经济体制改革增加了社会的总体福利水平，但社会的不公平程度也在增大。或者说，改革在把"蛋糕"做大的同时，"蛋糕"的分配却越来越不公平了。改革中的受益者并没有从增大的"蛋糕"中拿出来一部分对改革中的受损者进行补偿，或者补偿远远少于后者受到的损失。

由于中国的经济体制改革采取的是增量战略，即在改革初期，社会财富的增量部分这一块很小，存量部分较大，所以改革红利在社会成员中分配时其差异并不明显。随着改革的推进，增量部分不断变大，存量部分相对变小。这时，增量改革的参与者无论合法与否，其获利数量越来越大。尤其是改革的中前期，增量部分改革的成本基本上是由存量部分承担的，具体讲，主要是由国有企业、集体企业职工以及大量进城的农民工来承担，他们以自己的辛勤劳动支撑着中国经济的快速增长，默默承担着改革带来的阵痛，却未能平等地分享改革带来的收益。

在30多年的计划体制下，长期的低工资、高就业工资政策，使得政府、企业通过低工资制度"预先扣除"了职工创造的劳动财富中一部分"必要劳动价值"。也就是说，国有企业职工预先将这笔本应该归自己所有的收入存入了国有资产中。政府、企业与职工之间客观上存在一种"承诺"关系，即政府、企业对实行劳动合同制以前参加工作的职工，有一种事实上的终身就业以及相应的医疗、住房、养老等承诺。但是，国企改革却忽略了这一历史承诺。1984年以后的国有企业改革，无论是最初的"砸三铁"，还是后来的"三项制度改革"，"减员增效、下岗分流、买断工龄"等，都直接触动了广大职工的切身利益。国企下岗职工，特别是40~50岁这一部分下岗职工，实际上已成为"改革成本的直接承担者和主要的利益受损者"。他们不仅因下岗失业被排斥在"巨额存量资产"重新分配的名单之外，甚至连自己预先"存蓄"的那一部分都无法收回。这样的改革对他们来讲是有欠公平的。

可见，政府在单方面改变"游戏规则"的同时，忽视了职工的历史贡献和切身利益。仅以下岗分流为例，根据中国社会科学院的一项研究报告，1995年~2001年，国有部门的职工人数从11300万人下降到6700万人，大约减少了4600万人，约占原来职工人数的40%。同一时期，城镇集体部门的职工减少了1860万人，接近原来职工总量的60%。在这个时期，4300万职工成了登记注册的下岗者，其中3400万来自

---

① 卡尔多—希克斯补偿标准是指如果由A状态改变为B状态，由此而获益的那部分人能对由此而受损的那部分人做出补偿且仍处于比原来更优的境地，则B状态优于A状态。即如果一项改革使得一部分人受益，另一部分人受损，而受益者能完全补偿受损者之后还有剩余，则整个社会福利会有所改善。

国有部门。① "这些情况说明：经济改革使全体居民受益的阶段已经结束，开始出现（至少短期中）明显的受损者。"②

改革的利益受损者主要包括：企业的一线职工；国有企业和集体企业的下岗职工、国家对某些行业进行强制性调整而受到影响的职工及老工业基地的职工；饱受社会歧视性的农民工；这三部分职工既是中国经济改革成本的承担者，也是这个过程的利益受损者。本文所提出的补偿对象主要是上述群体。

3. 对利益受损者的补偿应是下一步收入分配制度改革的重要组成部分

为了使利益受损的广大职工支持改革，各级政府经常以改革是符合工人阶级长远利益的观念来教育职工，并承诺将来经济发展了，职工的利益是会得到改善的。这也就是改革之初邓小平讲的要让一部分地区一部分人先富起来，再以先富带后富的改革思路。但是我们在谈到邓小平关于收入分配的思想时，只讲让一部分人先富起来，而很少提及他的上述关于先富带后富的思想。按照补偿理论，改革进行到一定阶段，获益者要从因改革而获得的收益中拿出来一部分补偿给受损者，否则改革到一定阶段就会难以继续深入。

近年来我国的劳资纠纷日益增长，根据人力资源和社会保障部提供的数据：2007 年全年各级劳动争议仲裁机构共处理劳动争议案件 50 万件、2008 年为 96.4 万件、2009 年为 87.0 万件。另据中华全国总工会 2007 年《第六次全国职工队伍状况调查总报告》的调查发现，当企业发生集体劳动争议导致的群体性事件时，61% 的职工表示有参加的可能。③

这表明，如果长期忽视对改革成本负担者的利益补偿，就容易引发社会的不安宁，还有可能掉入"中等收入陷阱"。邓小平在晚年非常明确地指出："十二亿人口怎样实现富裕，富裕起来以后财富怎样分配，这都是大问题。题目已经出来了，解决这个问题比解决发展起来的问题还困难。分配的问题大得很。我们讲要防止两极分化，实际上两极分化已然出现。要利用各种手段、各种方法、各种方案来解决这些问题。少部分人获得了那么多财富，大多数人没有，这样发展下去总有一天会出问题。"④

针对社会贫富差距日益严重的情况，2007 年党的十七大报告在公平与效率的关系问题上有了重要的改变，指出："合理的收入分配制度是社会公平的重要体现。""初次分配和再分配都要处理好效率和公平的关系，再分配更加注重公平。逐步提高

---

① 蔡昉等：《经济重组如何影响城市职工的就业和福利》，《中国劳动经济学》2004 年第 1 卷，中国劳动社会保障出版社 2004 年版。

② Simon Appleton 等：《中国裁员的决定因素及后果》，见李实等主编：《经济转型的代价》，中国财政经济出版社 2004 年版。

③ 中华全国总工会研究室：《第六次中国职工状况调查》，中国工人出版社 2010 年版。

④ 中共中央文献研究室：《邓小平年谱》，中央文献出版社 2007 年版。

居民收入在国民收入分配中的比重，提高劳动报酬在初次分配中的比重。"以期逐步扭转收入分配差距扩大趋势。

历史与现实都反复证明，任何改革必须遵循社会公平正义的原则，改革方案的设计应使社会上处于劣势的群体也能够获取应有的收益，使利益受损者得到应有的补偿，并尽量将他们的损失减少到最小的范围和程度。否则，改革的社会效果会被大幅冲减，下一阶段的改革也会失去内在的动力。

因此，在经济体制改革进行了 32 年后的今天，在社会财富有了较为丰富积累的前提下，对改革进程中的利益受损者，或者更准确地说对改革成本的承担者给予适量的补偿，是一件应该尽快提到议事日程的事情，也是下一步经济体制改革的重要组成部分。因为只有对利益受损者给予应有的补偿之后，全体社会成员的福利水平均有改善，才能证明改革使整个社会的生活质量提高了。如果一谈到提高劳动者报酬就认为这会影响整个社会的效率，那么这种改革就不能认为是对全社会有益的，最多是对某些获益者群体有益。这样的改革对社会的发展并无益处。

（本文为中国劳动关系学院 2011 年院级科研项目《提高一线职工劳动报酬的思考——基于社会补偿的视角》（项目编号 11YY009）的阶段性研究成果，原载于《中国劳动关系学院学报》2012 年第 1 期）

关于对利益受损职工货币补偿量的测算^①

　　摘要：改革开放以来，中国经济发展举世瞩目，国内生产总值（GDP）总量已跃居世界第二位。改革在为我们带来辉煌成果的同时，社会也为此付出了巨大的代价和沉重的成本。这部分改革成本主要是由企业一线职工、下岗职工和农民工这些普通的劳动者承担了。他们因此成为改革的利益受损者。在"十二五"期间，政府应开始有计划地对这部分改革的利益受损者进行补偿。为此，本文对上述的利益受损职工的受损程度和货币补偿数量进行了初步的测算。

　　关键词：收入分配；利益受损职工；货币补偿

　　改革开放 30 多年来，3 亿多中国职工以他们吃苦耐劳和默默奉献的精神为中国经济的发展做出了重要的贡献，为中国经济的转型付出了巨大的代价。我们认为，在"十二五"期间，政府应开始有计划地对改革中的利益受损职工进行补偿，^② 并将这一理念传达给社会各界。同时，工会作为职工利益的代表者与维护者，有责任提出对利益受损职工补偿要求的政策建议。对利益受损职工的补偿取决于受损职工的受损程度和以货币形式表现的受损数量。为此，本文对改革进程中利益受损职工的利益受损程度及货币补偿量进行了测算。

　　我们的测算是基于以下考虑：一是补偿的计算口径，我们选择了企业一线职工、下岗职工和农民工作为测算的对象，分析他们在市场化改革及企业转制过程中的利益受损情况，并从货币补偿量方面做了测算。二是补偿的起始点，我们选择了以 1992 年为计算起点，因为在这一年 7 月国务院颁布了以"破三铁"为主要内容的《全民所有制企业转换经营机制条例》，当年就涉及国有企业 6 万多家，职工 3000 多万人，约占当时全部国有企业职工总数的 1/3 左右。同年，国有企业开始出现大规模职工下岗。我们认为，"破三铁"和下岗是改革进程中职工利益受损开始的一个重要标志。

---

　　① 本文为作者与赵鑫全、张勇共同署名的文章。
　　② 关于对利益受损职工补偿问题的分析参见信卫平：《关于对利益受损职工补偿问题的思考》，《中国劳动关系学院学报》2012 年第 1 期。

一、企业一线职工的收入受损分析及货币补偿量的测算

企业一线职工工资偏低的问题一直是困扰社会发展的热点问题，在国民收入分配上，表现为劳动报酬在国民收入初次分配中所占的比重过低。这种收入分配制度的不合理造成随着社会财富的不断增长，社会收入分配差距也越来越大，直至超出了国际上公认的警戒线。而劳动报酬在我国初次分配中的比重持续下降的趋势至今仍然没有改变的迹象。

温家宝总理在 2010 年政府工作报告中指出的：合理的收入分配制度是社会公平正义的重要体现。我们不仅要通过发展经济，把社会财富这个"蛋糕"做大，也要通过合理的收入分配制度把"蛋糕"分好。

国民收入初次分配中，居民收入的 90% 为劳动报酬，其次为财产收入等。从劳动报酬在初次分配中占比的变化，可以直接观测劳动者的收入状况。但是，由于居民收入在统计中包括了农村居民和城镇居民的收入，为了准确分析企业中职工收入与资本收益的变动关系，我们将国民经济核算中的《资金流量表》（实物交易）表中的企业部门单独列出，并测算了该部门 1992 年 ~2008 年劳动报酬在该部门增加值的占比情况。

表1　1992 年 ~2008 年企业部门劳动者报酬占增加值的比重的变化情况

年份	企业部门增加值（企业部门的 GDP）（亿元）	企业部门劳动者报酬（亿元）	劳动者报酬占增加值的比重（%）	保持 1992 年比重的比例差值（%）	保持 1992 年比重的劳动者报酬总量绝对差值（亿元）
1992	16483.10	8198.40	49.74	0.00	0
1993	22346.50	10992.40	49.19	0.55	122.75
1994	29251.80	13672.50	46.74	3.00	877.35
1995	37599.67	17778.52	47.28	2.46	923.56
1996	42794.60	18004.5	42.07	7.67	3281.53
1997	46334.49	18618.26	40.18	9.56	4428.52
1998	47372.03	17769.20	37.51	12.23	5793.65
1999	48913.60	17841.67	36.48	13.26	6487.95
2000	52796.12	18904.99	35.81	13.93	7355.80
2001	58478.12	20888.26	35.72	14.02	8198.76
2002	63697.76	25211.40	39.58	10.16	6471.87
2003	72040.30	27622.50	38.34	11.40	8210.35
2004	100721.00	39444.70	39.16	10.58	10653.93
2005	116212.10	45138.40	38.84	10.90	12665.50

年份	企业部门增加值（企业部门的GDP）（亿元）	企业部门劳动者报酬（亿元）	劳动者报酬占增加值的比重（%）	保持1992年比重的比例差值（%）	保持1992年比重的劳动者报酬总量绝对差值（亿元）
2006	136310.40	51251.30	37.60	12.14	16549.49
2007	168375.90	61501.40	36.53	13.21	22248.77
2008	200813.60	71859.10	35.78	13.96	28025.58
合计					142295.36

资料来源：1995年~2010年《中国统计年鉴》. 北京：中国统计出版社

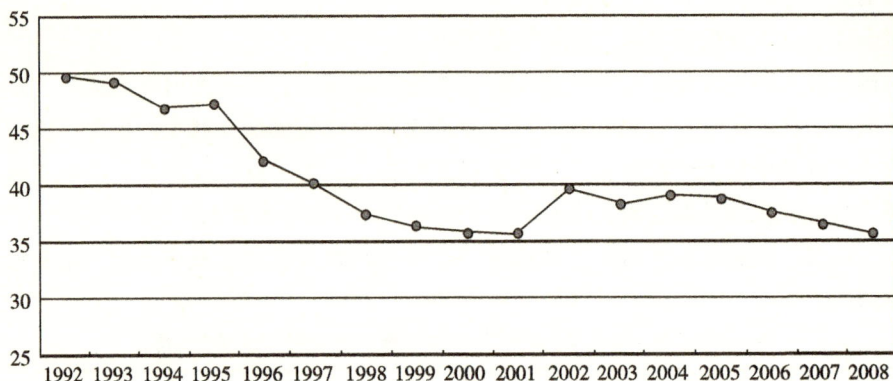

图1 1992年~2008年企业部门劳动者报酬占增加值的比重

从表1可以看到1992年~2008年劳动报酬在企业部门内部初次分配中占比变动趋势：1992年~2008年的17年间，企业部门增加值由1992年的16483.10亿元增加到2008年的200813.60亿元，增长了11.18倍，年均增长率为16.91%。同期，劳动报酬由1992年的8198.40亿元增加到2008年的71859.10亿元，增长了7.77倍，年均增长率为14.53%，低于增加值2.38个百分点。这样，在1992年~2008年这17年中，我国企业部门劳动报酬在初次分配中的比重呈不断下降趋势，从49.74%下降到35.78%，17年中下降了13.96个百分点。

在国民收入初次分配阶段，企业部门的收益等于该部门一年中新创造的增加值在扣除劳动者报酬、生产税净额、财产收入（包括利息、红利、土地租金等）后的余额。所以，劳动报酬占比下降是否意味着资本收益增加，还要看生产税净额和财产收入占比的变动情况。

通过计算，我们发现在1992年生产税净额和财产收入两项在企业初次分配中的占比为24.71%，2008年为24.44%；2008年比1992年还微降了0.27个百分点。可见，这两项因素基本上没有对企业收益产生影响。由此我们得出如下判断：1992年

~2008 年的 17 年间劳动者报酬下降的 13.96 个百分点，也就意味着资本收益的增加。这种此消彼长的变化表明在国民收入初次分配中，资本利润挤占了劳动报酬已成为不争的事实。也验证了学术界早在 10 多年前就已讨论的"利润侵蚀工资"的问题，只是这个问题在今天表现得更为突出了。

综上所述，我们在测算企业部门利益受损职工的受损计量时，将劳动报酬占企业部门增加值的比重以 1992 年为基础，首先计算出每一年企业部门应得劳动报酬，并用其减去当年度企业部门的实际劳动报酬，其差额就是以货币形式表示的企业部门职工利益受损的数量。然后将企业部门各年度的保持 1992 年比重的劳动者报酬总量绝对差值加总（即将表 1 最后一栏的数字加总），就可以得到 1992 年~2008 年这 17 年企业部门职工按 1992 年的标准应得而没有得到的货币工资总量，即 142295.36 亿元。

二、企业下岗职工收入受损分析及货币补偿量的测算

"下岗"是我国国有、集体企业在向市场化转型过程中一种特有的现象。1996 年，国家统计局和劳动部对"下岗职工"的定义是：由于用人单位的生产和经营状况等原因，已经离开本人的生产或工作单位，并已不在本单位从事其他工作，但仍与用人单位保留劳动关系的职工。1998 年 3 月，将其修改为：因企业生产和经营状况等原因，尚未与企业解除劳动关系，在原单位已无工作岗位，且未在社会上再就业的职工。简称"三无"人员，即在原企业无工作岗位、未解除劳动关系和未再就业。根据这一定义，"下岗职工"实际上是"下岗未就业职工"的简称。

职工下岗的重要根源是和当时国有企业的生产经营状况有关，而这又同我国为适应市场经济而进行的国有企业体制改革紧密相关，因此，职工下岗问题可以视为市场化改革过程中必须要付出的代价。

对企业职工来讲，下岗给他们带来的最直接的利益损失就是收入大幅度的减少。他们的利益损失从数量上看，等于下岗职工下岗后的生活费和在岗职工收入上的差额，我们将这一数量上的差额定义为显性收入损失。

根据我国学者对 1995 年城镇职工收入函数估算，有下岗、失业经历的人员的平均工资收入，比城镇在岗职工的平均工资收入低 37.9%。同时，亏损企业职工的收入比盈利企业职工低 21.3%。这样，一个亏损企业的下岗职工，同一个盈利企业的在岗职工的收入相比较，前者要比后者低 60% 左右。[1] 由于收入的急剧下降，使得部分下岗职工家庭的生活陷入贫困状态。根据 1999 年的抽样调查数据的分析，城镇下

---

[1] 李实：《中国个人收入分配研究回顾与展望》，《经济学》2003 年第 2 卷第 2 期。

岗职工家庭陷入贫困的概率要比一般家庭高出 7～8 倍。[①]

利用国家统计局提供的数据 1992 年～2005 年期间全国下岗职工人数、城镇在岗职工平均工资等，我们对下岗职工显性收入损失进行了测算。但是，由于各地区下岗职工基本生活费的数据不全，我们运用以下方法进行推算，将相对较高的北京下岗职工基本生活费作为全国下岗职工的平均基本生活费，以此作为全国下岗职工收入损失下限的计算依据。这样，各年度全国下岗职工的显性收入损失下限即为表 2 中的损失项(4) = [(2) − (3) × 12] × (1)，然后将表 2 最后一栏的数字加总，最终计算结果为：1992 年～2005 年的 14 年间，全国下岗职工显性收入损失下限总量为 5110.2729 亿元，见表 2。

表2　1992 年～2005 年全国下岗职工显性收入损失下限

年度	下岗人数（万人）(1)	全国年平均在岗职工工资 (2)	北京月基本生活费标准（3）	损失计算（万元）(4)
1992	250	2711	150	227750
1993	300	3371	150	471300
1994	360	4528	150	982080
1995	564	5348	170	1865712
1996	892	5980	180	3407440
1997	1423	6444	200	5754612
1998	995	7446	210	4901370
1999	937	8319	220	5321223
2000	941	9333	296	5439921
2001	910	10834	305	6528340
2002	742	12373	326	6278062
2003	615	13969	632	3926775
2004	272	15920	346.5	3199264
2005	210	18200	406	2798880
合计				51102729

注：表2 中历年下岗职工人数的数据来源：《中国就业问题的分析与对策建议》，（陈淮，1999）；《中国统计年鉴》；《中国劳动统计年鉴》。全国平均在岗职工工资的数据来源：《中国统计年鉴》，2007 年，2010 年。

关于下岗职工收入损失上限的计算，我们根据 1997 年《劳动统计年鉴》提供的

[①] Knight, J. and Li, Shi, 2002. "Unemployment Duration and Earnings of Re - employed Workers in Urban China." Working Paper, Oxford University.

数据计算，该年度下岗职工的年人均生活费为 922 元；1996 年《劳动统计年鉴》提供的数据计算，全国下岗职工基本生活费合计 824990.2 万元，平均每个下岗职工约 925 元/年。换算为月平均收入为：1996 年下岗职工月平均收入为 77 元；1997 年为 77 元。可以推算历年全国下岗职工平均月基本生活费为北京市下岗职工基本生活费的 40% 左右。依据相同方法，我们计算出 1992~2005 年全国下岗职工显性收入损失上限为 6880.6060 亿元人民币，见表3。

表3 1992 年~2005 年全国下岗职工显性收入损失上限

年度	下岗人数（万人）（1）	全国年平均工资（2）	月基本生活费（3）	损失计算（万元）（4）
1992	250	2711.00	60.00	497750
1993	300	3371.00	60.00	795300
1994	360	4528.00	60.00	1370880
1995	564	5348.00	68.00	2556048
1996	892	5980.00	72.00	4563472
1997	1423	6444.00	80.00	7803732
1998	995	7446.00	84.00	6405810
1999	937	8319.00	88.00	6805431
2000	941	9333.00	118.40	7445380
2001	910	10834.00	122.00	8526700
2002	742	12373.00	130.40	8019684
2003	615	13969.00	252.80	6725271
2004	272	15920.00	138.60	3877850
2005	210	18200.00	162.40	3412752
合计				68806060

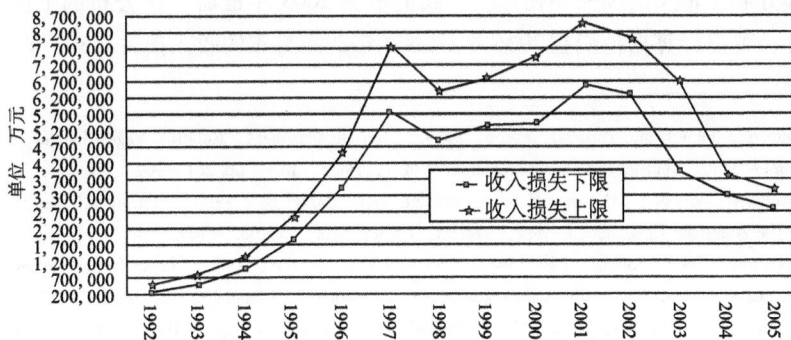

图2 1992 年~2005 年全国下岗职工显性收入损失

我们在对相关文献的研究中发现，下岗不但对下岗职工的收入有所影响，而且对下岗职工再就业后的工资水平也有一定的影响。这种由于下岗经历对再就业后收入水平的负面影响，我们定义为隐性收入损失。

国外学者发现，在美国，失业持续时间每延长 10%，再就业后工资就会下降 7.5% ~ 13.8%。① 同时，这种收入水平的下降是长期的，很难恢复，即使失业者后来能够在与失业前相似的企业中重新工作也是如此。② 国外学者对中国 2000 年的数据分析发现，在中国存在同样的情况，失业者再就业后的收入显著低于未失业者，③ 并且失业持续时间越长，对再就业后收入的负面影响越明显，通常是失业持续时间每增加 1 个月，再就业后的工资就下降 0.64% ~ 11.73%。④

我国学者在对中国 2003 年的数据分析发现：未失业者的月劳动收入（包括工资收入和经营收入）或工资收入与再就业者相比，分别高出 84.3% 和 68.7%。⑤ 也就是说，下岗或失业的再就业者的劳动收入或工资收入仅仅相当于前者的 54.26% 或 59.29%。而仍处于失业状态的劳动者劳动收入或工资收入则仅仅相当于前者的 23% 或 24.91%，相当于下岗或失业再就业者工资收入的 42.01%。

国外学者研究还显示：职工下岗再就业后，其收入也只有在岗职工的 50% ~ 59%。而且，这种收入上的差距 40% 以上是由于下岗或失业经历引起的。这种经历对再就业后工资的影响是长期的，研究发现，有下岗或失业经历的职工即使是再就业 6 年以后，其工资水平比预期的还低要 9% 以上。⑥

综上所述，我们可以得出以下判断：由于下岗经历造成的下岗职工隐性收入损失，初期约为在岗职工收入的 40%，6 年后约为 9%，年平均为 25%。由于这种隐性收入损失 40% 以上是由下岗经历所引起的，因此，可以估算出下岗职工因为下岗造成的隐性收入损失约为在岗职工收入的 10%。由于从 2006 年开始，我国将下岗职工与失业合并而不再对下岗职工数量进行统计了，下岗从此成为历史。但是，下岗经历给这部分职工带来的损失还在延续。我们依据 2005 年最后一次公布的下岗职工的人数统计，可以计算出他们在 2006 年 ~ 2009 年期间每年的收入损失（3）=（1）×

① Addison, John T. and Portugal, Pedro, 1989. "Job Displacement, Relative Wage Changes, and Duration of Unemployment." Journal of Labor Economics, Vol. 7, No. 3, July, pp. 281 – 302.

② Jacobson, louis S.; LaLonde, Robert J. and Sullivan, Daniel G., 1993. "Earnings losses of Displaced Workers." The American Economics Review, Vol. 83, No. 4, Sep., pp. 685 – 709.

③ Appleton, Simon; Knight, John; Song, Lina and Xia, Qingjie, 2002. "Labor Retrenchment in China: Determinants and Consequences." China Economic Review, Volume 13, Issue, 2 – 3, pp. 252 – 275.

④ Knight, J. and Li, Shi, 2002. "Unemployment Duration and Earnings of Re – employed Workers in Urban China." Working Paper, Oxford University.

⑤ 刘文忻、杜凤莲：《失业与中国城镇人口收入差距》，《经济评论》2008 年第 1 期。

⑥ Stevens, Ann Huff, 1997. "Persistent Effects of Job Displacement: The Importance of Multiple Job losses." Journal of Labor Economics, Vol. 15, No. 1, Part 1, Jan., pp. 165 – 188.

（2）×10%，然后将表4最后一栏的数字加总，即可得到2006～2009年全国下岗职工隐性收入损失总量约为22.6380亿元人民币。见表4。

表4　2006年～2009年全国下岗职工隐性收入损失

年度	2005年下岗人数（万人）（1）	全国年平均工资（元）（2）	隐性损失计算（万元）（3）
2006	210	21001	44100
2007	210	24932	52290
2008	210	29229	61320
2009	210	32736	68670
合计			226380

三、农民工收入统计、受损分析及货币补偿量的测算

1992年以来的20年的时间里，中国政府对农民进城务工的政策发生了重大的变化，从最初的限制到后来的鼓励。这种政策上的改变，使农民进城务工的人数不断增加。但是，每年离乡进城务工的农民工究竟有多少、他们的年均收入是多少等等，这些关键数据，政府的各部门说法不一，从而造成了我们测算的困难。本文在对农民工收入统计、受损分析及货币补偿量的测算时，主要依据国家统计局和农业部提供的相关数据进行测算，并将根据前者提供的数据进行测算的结果作为上限，将后者提供的数据进行测算的结果作为下限，测算结果见表5：

表5　1992年～2009年农民工人数和平均年收入

国家统计局			农业部		
年份	人数（上限）（单位：万人）	人均年收入（上限）（单位：元）	年份	人数（下限）（单位：万人）	人均年收入（下限）（单位：元）
1992	3500	2259.17	1992	3142	1399.14
1993	6200	2540.95	1993	5566	1739.76
1994	7000	3420.60	1994	6285	2342.05
1995	7500	3779.76	1995	6734	2587.96
1996	7900	4176.64	1996	7093	2859.70
1997	8315	4615.19	1997	7465	3159.97
1998	9547	5099.79	1998	8571	3491.76
1999	10107	5635.27	1999	9074	3858.40
2000	11300	6226.97	2000	10145	4263.53
2001	9981	6880.80	2001	8961	4711.20
2002	10470	7680.00	2002	9400	5258.40
2003	11390	8280.00	2003	10226	5669.21

续表

	国家统计局			农业部	
年份	人数（上限） （单位：万人）	人均年收入（上限） （单位：元）	年份	人数（下限） （单位：万人）	人均年收入（下限） （单位：元）
2004	11823	9341.76	2004	10259	5825.51
2005	12578	10332.00	2005	10823	6577.00
2006	13212	11353.00	2006	11900	7226.93
2007	12600	12720.00	2007	11349	8098.24
2008	14041	16080.00	2008	12647	10237.40
2009	14533	17004.00	2009	13090	10825.67

表6 农民工与城镇职工年平均收入绝对值差和比率差

年份	城镇单位就业人员平均年收入（元）	国家统计局			农业部		
		农民工平均年收入（单位：元）	绝对值差（下限）（单位：元）	比率差（下限）	农民工平均年收入（单位：元）	绝对值差（上限）（单位：元）	比率差（上限）
1992	2711.00	2259.17	451.83	0.20	1399.14	1311.86	0.94
1993	3371.00	2809.17	561.83	0.20	1739.76	1631.24	0.94
1994	4538.00	3420.60	1117.40	0.33	2342.05	2195.95	0.94
1995	5348.00	3779.76	1568.24	0.41	2587.96	2760.04	1.07
1996	5980.00	4176.64	1803.36	0.43	2859.70	3120.30	1.09
1997	6444.00	4615.19	1828.81	0.40	3159.97	3284.03	1.04
1998	7446.00	5099.79	2346.21	0.46	3491.76	3954.24	1.13
1999	8319.00	5635.27	2683.73	0.48	3858.40	4460.60	1.16
2000	9333.00	6226.97	3106.03	0.50	4263.53	5069.47	1.19
2001	10834.00	6880.80	3953.20	0.57	4711.20	6122.80	1.30
2002	12373.00	7680.00	4693.00	0.61	5258.40	7114.60	1.35
2003	13969.00	8280.00	5689.00	0.69	5669.21	8299.79	1.46
2004	15920.00	9341.76	6578.24	0.70	5825.51	10094.49	1.73
2005	18200.00	10332.00	7868.00	0.76	6577.00	11623.00	1.77
2006	20856.00	11353.00	9503.00	0.84	7226.93	13629.07	1.89
2007	24721.00	12720.00	12001.00	0.94	8098.24	16622.76	2.05
2008	28898.00	16080.00	12818.00	0.80	10237.40	18660.60	1.82
2009	32244.00	17004.00	15240.00	0.90	10825.67	21418.33	1.98
合计			93810.88	10.22		141373.17	24.84

　　从表5、表6可以看出，1992年以来，农民工与城镇职工年平均收入差距不断扩大。根据国家统计局数据计算，二者年平均收入绝对值差从1992年的451.83元扩大到2009年的15240元，比率差（城镇单位就业职工年平均收入／农民工年平均收入－1）由0.2扩大到0.9。1992年～2009年农民工与城镇职工人均累计年平均收入绝对值差93810.88元，累计比率差10.22。本文将农民工与城镇职工年平均收入差距的货币数额视为农民工的利益受损数量。若以农业部数据计算，二者年平均收入绝对值差从1992年的1311.86元扩大到2009年的21418.33元，比率差由0.6扩大的1.98，1992年～2009年农民工与城镇职工累计年平均收入绝对值差141373.17元，累计比率差24.84。

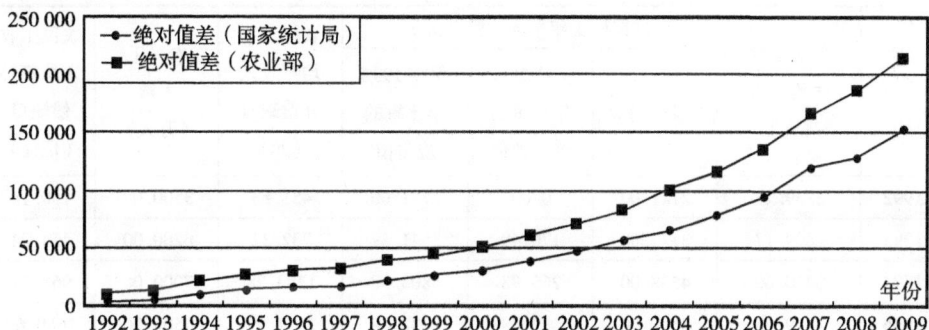

图3　1992年～2009年中国农民工与城镇单位在岗职工年平均收入差距

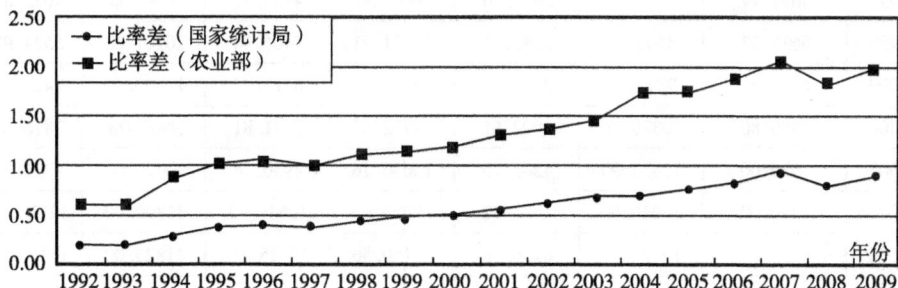

图4　1992年～2009年中国农民工与城镇单位在岗职工年平均收入比率差

　　在上述分析、测算的基础上，按照我国宪法规定的同工同酬的基本原则，我们以城镇职工收入为测算标准，对1992年～2009年期间农民工收入受损的总量进行了测算：

　　首先，将国家统计局提供的1992年～2009年城镇在岗职工年平均工资按年度分别加上保持1992年职工工资总额在GDP中的比重的在岗职工年平均工资的绝对差值，得到按 1992 年职工工资总额在 GDP 中比重的在岗职工年应得平均工资。

其次，用上述计算的 1992 年~2009 年期间城镇在岗职工年应得平均工资，分别减去按国家统计局和农业部口径计算的农民工年平均收入，其差额作为农民工平均年收入差额补偿缺口的下限和上限。再用这一补偿缺口的下限和上限分别乘上各自口径计算的当年度农民工人数，最终得到当年度农民工收入总额的差额补偿缺口的下限和上限。

最后，将测算出来的各年度的农民工收入总额的差额补偿缺口的下限数据和上限数据分别进行加总，便可得到 1992 年~2009 年期间农民工收入差额的补偿总额，其下限是 209941.48 亿元；上限是 237232.28 亿元。见表 7 和表 8。

表7　1992 年~2009 年农民工收入总额补偿缺口下限（国家统计局数据）

年份	农民工年平均收入（元）	在岗职工年平均工资（元）			农民工平均年收入补偿缺口（元）	农民工人数（万人）	农民工收入总额补偿缺口（亿元）
		历史实际值	保持 1992 年比重的绝对差值	保持 1992 年比重的应得值			
1992	2259.17	2711.00	0.00	2711.00	451.83	3500.00	158.14
1993	2809.17	3371.00	170.49	3541.49	732.32	6200.00	454.04
1994	3420.60	4538.00	265.98	4803.98	1383.38	7000.00	968.37
1995	3779.76	5500.00	532.68	6032.68	2252.92	7500.00	1689.69
1996	4176.64	6210.00	898.04	7108.04	2931.40	7900.00	2315.81
1997	4615.19	6470.00	1464.72	7934.72	3319.53	8315.00	2760.19
1998	5099.79	7479.00	2473.50	9952.50	4852.71	9547.00	4632.88
1999	5635.27	8346.00	2755.71	11101.71	5466.44	10107.00	5524.93
2000	6226.97	9371.00	3427.39	12798.39	6571.42	11300.00	7425.70
2001	6880.80	10870.00	3902.61	14772.61	7891.81	9981.00	7876.82
2002	7680.00	12422.00	4208.76	16630.76	8950.76	10470.00	9371.45
2003	8280.00	14040.00	4886.92	18926.92	10646.92	11390.00	12126.84
2004	9341.76	16024.00	6136.56	22160.56	12818.80	11823.00	15155.67
2005	10332.00	18364.00	6697.22	25061.22	14729.22	12578.00	18526.41
2006	11353.00	21001.00	7509.08	28510.08	17157.08	13212.00	22667.93
2007	12720.00	24932.00	9314.83	34246.83	21526.3	12600.00	27123.81
2008	16080.00	29229.00	10621.81	39850.81	23770.81	14041.00	33376.59
2009	17004.00	32736.00	10268.28	43004.28	26000.28	14533.00	37786.21
合计							209941.48

表8 1992 年～2009 年农民工收入总额补偿缺口上限（农业部数据）

年份	农民工年平均收入（元）	在岗职工年平均工资（元）			农民工平均年收入补偿缺口（元）	农民工人数（万人）	农民工收入总额补偿缺口（亿元）
		历史实际值	保持1992年比重的绝对差值	保持1992年比重的应得值			
1992	2259.17	2711.00	0.00	2711.00	1311.86	3142.00	412.19
1993	2809.17	3371.00	170.49	3541.49	1801.76	5566.00	1002.86
1994	3420.60	4538.00	265.98	4803.98	2461.93	6285.00	1547.32
1995	3779.76	5500.00	532.68	6032.68	3444.72	6734.00	2319.67
1996	4176.64	6210.00	898.04	7108.04	4248.34	7093.00	3013.35
1997	4615.19	6470.00	1464.72	7934.72	4774.75	7465.00	3564.35
1998	5099.79	7479.00	2473.50	9952.50	6460.74	8571.00	5537.50
1999	5635.27	8346.00	2755.71	11101.71	7243.31	9074.00	6572.58
2000	6226.97	9371.00	3427.39	12798.39	8534.86	10145.00	8658.62
2001	6880.80	10870.00	3902.61	14772.61	10061.41	8961.00	9016.03
2002	7680.00	12422.00	4208.76	16630.76	11372.36	9400.00	10690.02
2003	8280.00	14040.00	4886.92	18926.92	13257.71	10226.00	13557.33
2004	9341.76	16024.00	6136.56	22160.56	16335.05	10259.00	16758.13
2005	10332.00	18364.00	6697.22	25061.22	18484.22	10823.00	20005.47
2006	11353.00	21001.00	7509.08	28510.08	21283.15	11900.00	25326.95
2007	12720.00	24932.00	9314.83	34246.83	26148.59	11349.00	29676.03
2008	16080.00	29229.00	10621.81	39850.81	29613.41	12647.00	37452.08
2009	17004.00	32736.00	10268.28	43004.28	32178.61	13090.00	42121.80
合计							237232.28

对上述三部分的利益受损职工的货币补偿量加总，我们得出了对在市场化改革进程中利益受损职工进行货币补偿的总量，其下限为 357369.7509 亿元、上限为 386430.8840 亿元。见表9。

表9 利益受损职工的货币补偿总量（亿元）

	货币补偿总量下限	货币补偿总量上限
企业部门职工	142295.36	142295.36
下岗职工（显性）	5110.2729	6880.6060
下岗职工（隐性）	22.6380	22.6380
农民工	209941.48	237232.28
总计	357369.7509	386430.8840

经济体制改革本身就是社会经济利益的重新调整，都会在打破原有的利益格局的前提下形成新的利益格局。在经济体制改革过程中形成的新的经济利益格局必然会有利于社会生产力发展的，因而也是有效率的。但是，我们认为：在国家财政收入突破 10 万亿元的前提下，[①] 在新一轮收入分配制度改革启动之际，政府应开始有计划地对前期改革进程中利益受损职工给予合理的补偿，应该是当前我国收入分配体制改革的重要内容之一。我们对利益受损职工货币补偿量测算的目的就是希望尽己所能来推动这一方面的改革。

（本文为中国劳动关系学院 2011 年院级科研项目《提高一线职工劳动报酬的思考——基于社会补偿的视角》（项目编号 11YY009）的阶段性研究成果，原载于《中国劳动关系学院学报》2012 年第 2 期）

---

① 《去年财政收入突破 10 万亿》，《人民日报》2012 年 1 月 21 日。

企业部门初次分配中劳动报酬
占 GDP 比重问题研究

摘要： 当前学术界关于劳动者报酬占 GDP 比重是否持续下降的争论源于统计规则的改变。而争论均与资金流量表中的住户部门中的城乡个体经营户（包括农户）的劳动报酬应放在那一项来计算有关。为避开统计规则改变带来的影响，可以通过测算企业部门劳动者报酬在初次分配中占比的变动来进行。由于企业部门劳动者均是工薪劳动者，其劳动报酬的统计较少受到统计规则改变的影响。在 1992 年~2009 年间，我国企业部门劳动者报酬在初次分配中的比重曲线呈现明显的下降趋势，与此同时，企业营业盈余占比曲线则持续上升，18 年间两条曲线的走势形成了一个剪刀状图形，这是一个十分值得注意的现象。

关键词： 国民收入；初次分配；劳动报酬；收入分配制度改革

一、关于劳动报酬在初次分配中的比重是否下降的讨论

当前，我国国民收入分配结构存在的主要问题是劳动报酬和居民收入占国内生产总值（GDP）比重偏低，且持续下降，这也是造成我国收入分配差距持续扩大的一个重要原因。由于现阶段我国居民收入的 80% 是劳动报酬，因此，提高劳动报酬在初次分配中的比重就成为我国在"十二五"期间深化收入分配制度改革的主要目标。[①] 因为它直接决定着居民收入在 GDP 中比重的高低，对此，社会各界已基本形成共识。

但是，也有学者对此提出了不同的看法。他们认为，劳动报酬占 GDP 比重下降主要是统计规则的改变造成的。其依据是在 2004 年以前，我国个体工商户的报酬在国民收入统计中是计为劳动者报酬的，2004 年国家统计局调整了相关的统计口径，将个体经济的收入不再分为劳动报酬和经营利润两部分，而全部计为营业利润，这一改变使得国民收入统计数据中的劳动报酬减少了一块，而反映资本收入的部分增加了一块，从而导致劳动报酬占比突然下降。同时，新的统计规则将农民的收入都

---

① 国家发展与改革委员会、财政部、人力资源社会保障部：《关于深化收入分配制度改革的若干意见》，《人民日报》2013 年 2 月 6 日。

算作劳动者报酬，不再统计农民的营业利润。"随着经济成长和产业结构转型，第一产业在经济中的份额不断下降，相应劳动报酬在 GDP 中的比重也会下降。"① 因此，他们认为，"真正一直下降的是农村经济的纯收入包括其劳动要素对 GDP 的贡献，而不是全社会公司化和工薪制就业的劳动者报酬在 GDP 中的比重。因此，目前流行的关于我国劳动者报酬占 GDP 比重一直在下降的观点其实是受了错误统计口径的误导，因而并不正确。"② 社会对这一问题的认识和政府推动的有关提高劳动报酬的举措，例如提高最低工资标准、工资集体协商谈判等就需要重新审视与认识。

对于上述的观点，有学者表示了不同的意见。③ 首先，2004 年统计规则的改变，只涉及 2004 年前后的数据衔接问题，并不会因此改变劳动报酬在一个比较长的时期的发展趋势。事实上，国家统计局在 2004 年经济普查以后，又两次调整和更新了资金流量表中的劳动者报酬数据。经过最后一次调整，这些数据可以分为 1992 年 ~ 2004 年和 2004 年 ~ 2008 年两个阶段，在这两个阶段内，统计口径分别是各自可比的，只是由于两段之间的口径差异，发生了 2004 年的数据跳跃。但这两段时间内，数据都分别显示了劳动者报酬的下降趋势。根据资金流量表中的数据计算，前后两个阶段累计下降了 10.2 个百分点。

我们认为，上述关于劳动者报酬占 GDP 比重是否持续下降的分歧源于统计规则的改变，它造成现行的统计数据不系统完整、计算口径不一致。而这一切均与资金流量表中的住户部门中的城乡个体经营户（包括农户）的劳动报酬应放在那一项来计算有关。

为此，我们对 1992 年 ~2009 年的资金流量表数据进行了分析和计算。我们分析的思路是，将资金流量表中前两个部门即非金融企业部门和金融机构部门归并为企业部门，与政府部门和住户部门共同构成国民经济的三大主体，不考虑国外部门。由于 2004 年统计规则的改变主要涉及的是住户部门的城乡个体经营户（包括农户）的劳动报酬按什么来计算的问题，虽然这个问题并不会影响劳动者报酬占 GDP 比重的走势，但我们还是避开由于统计规则改变带来的争论。主要测算企业部门劳动者报酬在初次分配中的占比问题，企业部门劳动者均是工薪劳动者，其劳动报酬的统计较少受到统计规则改变带来的影响。同时也可以检验上述学者提出的"全社会公司化和工薪制就业的劳动者报酬在 GDP 中的比重没有下降"的判断是否属实。

二、1992 年 ~2009 年企业部门初次分配中各要素
收入占增加值的比重

我国国民收入分配主体的划分是依据联合国国民经济核算体系（简称 SNA）标

---

① 白重恩等：《国民收入的要素分配：统计数据背后的故事》，《经济研究》2009 年第 3 期。
② 华生：《劳动者报酬占 GDP 比重低被严重误读》，《中国证券报》2010 年 10 月 14 日。
③ 王小鲁：《灰色收入与发展陷阱》，中信出版社 2012 年版，第 309 页。

准，将收入分配主体分为企业部门（包括非金融企业部门和金融企业部门）、政府部门、住户部门和国外部门。企业部门是市场生产者，以营利为目的。各部门的活动创造出本部门的增加值，各部门一年创造的增加值之和就是我国当年度的 GDP。一个国家国民收入分配的起点就是该国的 GDP。在资金流量表中，各机构部门的增加值计在各自的收入项下。

国民收入初次分配是与生产活动直接相关的分配，初次分配首先是在各个机构部门内完成，主要是对参与生产活动的生产要素进行分配。初次分配主要涉及劳动者报酬、生产税净额和财产收入三个分配项目，将各机构部门的增加值减去这三项后的余额，就是各机构部门的初次分配收入。其中，劳动者报酬是在本部门就业的劳动者的收入；生产税净额是政府部门的收入；财产收入可以看作财产净收入，等于该部门财产的收入项减去支出项。就企业部门而言，初次分配收入＝企业部门的增加值－企业部门劳动者报酬－生产税净额＋企业部门财产收入（收入项）－企业部门财产收入（支出项）。企业部门初次分配收入也就是其营业盈余。

（一）劳动报酬占企业部门增加值比重的变动情况

讨论劳动者报酬占 GDP 比重问题，也就是分析各机构部门劳动报酬的总和在各机构部门每年创造的增加值总和中所占的比重。企业部门的劳动者报酬通常占各机构部门（即全社会）劳动报酬总和的50%左右，它的变动趋势直接影响或左右着全社会劳动者报酬占 GDP 比重的走势，我们可以通过测算企业部门劳动者的劳动报酬占该机构部门增加值的比重，来把握全社会劳动者报酬占 GDP 比重的变动状况。

1992 年 ~ 2009 年期间我国企业部门增加值由 1992 年的 16474.10 亿元增加到 2009 年的 215160.10 亿元，增长了 12.06 倍，年均增长率为 16.32%。劳动者报酬由 1992 年的 8198.40 亿元增加到 2009 年的 78783.30 亿元，增长了 8.61 倍，年均增长率为 14.24%，低于增加值 2.08 个百分点。这样，在 1992 年 ~ 2009 年这 18 年中，我国企业部门劳动者报酬在初次分配中的比重变动呈现明显的下降趋势，从 1992 年的 49.77% 下降到 2009 年的 36.62%，下降了 13.15 个百分点。从劳动者报酬占增加值比重的区域看，1992 年 ~ 1997 年劳动者报酬占比在 50% ~ 40% 这一区间，1998 年 ~ 2009 年下降到 40% ~ 35% 这一区间。见表 1。

从发展趋势看，可以得出以下判断：未来几年企业部门劳动者报酬占增加值的比重很难再回到 40% 以上，除非收入分配领域会发生较大的变革。

表1 1992 年~2009 年企业部门初次分配中要素收入占增加值比重的变化情况   单位：%

年份	增加值（亿元）	劳动者报酬	生产税净值	财产收入	营业盈余
1992	16474.10	49.77	18.17	6.54	25.53
1993	22346.50	49.19	19.26	7.69	23.87
1994	29251.80	46.74	18.95	8.91	25.39
1995	37599.67	47.28	18.30	10.09	24.32
1996	42794.60	42.07	21.15	9.85	26.93
1997	46334.49	40.18	22.03	9.19	28.60
1998	47372.03	37.51	24.60	9.45	28.48
1999	48913.60	36.48	25.67	8.08	29.77
2000	52796.12	35.81	24.91	7.60	31.68
2001	58478.12	35.72	26.89	7.74	29.65
2002	63697.60	39.58	25.61	6.67	28.14
2003	72040.30	38.34	26.60	4.57	30.50
2004	100721.00	39.16	21.43	2.21	37.20
2005	116212.10	38.84	21.85	2.23	37.08
2006	136310.40	37.60	22.32	3.14	36.94
2007	168375.90	36.53	22.70	3.30	37.48
2008	200813.60	35.78	22.24	2.20	39.72
2009	215160.10	36.62	19.12	5.14	39.12
年增长率或要素占比格局的变化	16.32%	-13.15	+0.95	-1.40	+13.59

数据来源：根据 1995 年~2012 年《中国统计年鉴》（北京：中国统计出版社）中的资金流量表（实物交易）的数据计算整理所得。

（二）生产税净值占企业部门增加值比重的变动情况

生产税净值是企业部门向政府缴纳的赋税，生产税净值由 1992 年的 2993.33 亿元增加到 2009 年的 41149.90 亿元，增长了 12.75 倍，年均增长率为 16.67%，年均增长率高于企业部门增加值 0.35 个百分点。生产税净值占企业部门增加值的比重从 1992 年的 18.17% 增加到 2009 年的 19.12%，上升了 0.95 个百分点。生产税净值占企业部门增加值的比重的增加表明政府对企业部门的税收加重。

（三）营业盈余占企业部门增加值比重的变动情况

企业部门的营业盈余即资本要素收益等于企业部门的增加值减去支付给劳动者

的报酬和上缴国家财政的生产税净额；再加上其财产净收入。

企业部门的财产收入包括两部分：一是企业部门将自有的金融资产和自然资源借给其他机构部门使用而产生的财产收入，在资金流量表中计为收入；二是从其他机构部门借入的金融资产和自然资源而支付的财产收入，在资金流量表中计为支出。两项之和即为企业部门的财产净收入。企业部门的财产收入占增加值的比重从 1992 年的 6.54% 下降到 2009 年的 5.14%，下降了 1.40 个百分点。由于企业部门的财产支出项大于收入项，所以，财产收入是负收入，因此，财产收入占增加值的比重下降，表明企业的债务支出比重在下降。

可见，由于政府税收的增加和企业债务的下降相互抵消，这两项的变化并没有影响到企业的营业盈余。两项占比之和由 1992 年的 24.71% 下降到 2009 年的 24.26%，变动只有 0.45 个百分点，可以看作对企业收入几乎没有影响。这样，企业部门在分"蛋糕"时，资本要素收入的变动就与劳动报酬的变动呈负相关。

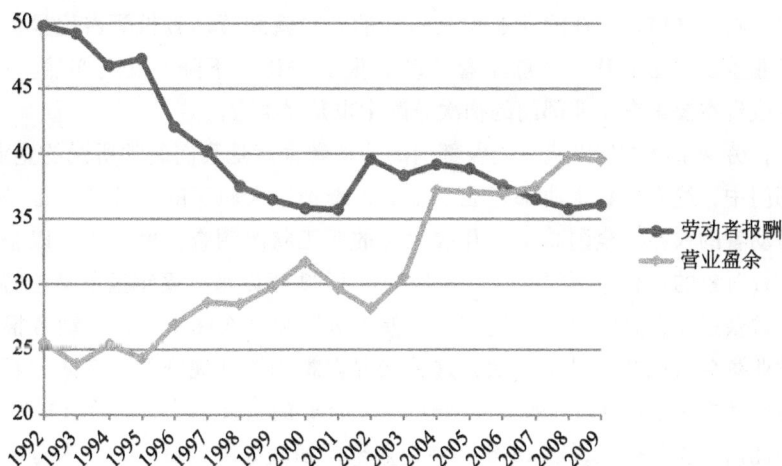

图 1　1992～2009 年企业部门劳动报酬与资本要素收入占增加值的比重（%）

企业营业盈余即企业部门的初次分配总收入。1992 年～2009 年我国企业部门初次分配总收入由 1992 年的 4205.63 亿元增加到 2009 年的 84169.60 亿元，增长了 19.01 倍，年均增长率为 19.27%，高于企业部门增加值年均增长率 2.95 个百分点。在 1992 年～2009 年这 18 年中，企业部门营业盈余在初次分配中的比重呈现明显的上升趋势，从 1992 年的 25.53% 上升到 2009 年的 39.12%，上升了 13.59 个百分点，同期劳动报酬占比恰恰下降了 13.15 个百分点。

从图 1 中我们看到一个十分值得注意的现象，即随着劳动者报酬占比曲线的下降，营业盈余占比曲线的上升，两条曲线在 2006 年～2007 年期间相交，此后，营业盈余曲线继续上升而劳动者报酬占比曲线则继续下降，18 年间两条曲线的升降变动形成了一个剪刀状图形。①

综上所述，在 1992 年~2009 年这 18 年中，企业部门初次分配中各要素收入占增加值的比重发生了重大的变化：

首先，政府的收入占比增加。18 年间生产税净额的绝对量增长了 12.75 倍，年均增长率为 16.67%，超过了企业部门的经济增长率。生产税净额占增加值的比重从 1992 年的 18.17% 增加到 2009 年的 19.12%，上升了 0.95 个百分点。特别是 1998 年~2003 年期间更是高达 24%~26% 的占比，只是到了 2009 年才降到 20% 以下。可以说，政府在企业部门的初次分配中是受益方。

其次，企业的收入占比情况稍微复杂一些。要从生产税净额、财产收入、营业盈余三个方面综合来看。其中生产税净额和财产收入的变动会对营业盈余产生直接的影响，1992 年企业部门的生产税净额和财产收入两项在企业部门初次分配中的比重为 24.71%，2009 年下降到 24.26%；2009 年比 1992 年还下降了 0.45 个百分点，这表明生产税净额和财产收入这两项占比的变动微小，不会对企业要素收入占比的结构产生影响。这样，企业的营业盈余占比的升降就和劳动者报酬占比呈负相关关系了。营业盈余占比上升，就意味着劳动者报酬占比的下降，反之亦然。可以说，企业本身或资本要素在企业部门的初次分配中也是受益方。

第三，劳动报酬占比下降。企业部门的劳动者也就是我们通常所说的企业职工。在企业部门中，绝大多数企业都建立了工会，维护广大职工的权益通常也是指的这一部门劳动者的权益。全国总工会几次大型的职工状况调查，也主要是以企业部门职工为调查对象的。企业部门的劳动者报酬自 1992 年以来，逐年呈下降趋势，和企业的营业盈余逐年上升的状况相比较，反差十分明显。在图 1 中，劳动者报酬占比曲线与营业盈余占比曲线呈交叉状，这种状况很难用统计规则的改变来解释。同一时期，劳动者报酬下降了 13.99 个百分点，而企业的营业盈余增加了 13.59 个百分点。这种此消彼长的变化说明 18 年间在企业部门初次分配领域中，收入分配的天平近年来不断向资本倾斜是一个明显的事实，普通劳动者在初次分配中是利益受损方。

劳动者报酬占比曲线与企业营业盈余占比曲线相交呈剪刀状表明：劳动要素与资本要素在要素分配问题上长期以来一直处于非均衡的状态。社会各界近几年虽然意识到问题的严重性，但迄今仍未采取任何有效的措施加以扭转。我们认为，当务之急是调整国民收入初次分配分配结构、尽快确定提高企业部门劳动报酬占比的途径。

三、提高劳动者报酬占比的路径选择

提高劳动者报酬占比的路径选择与对劳动者报酬占比下降的原因的判断直接相关。概况讲，以下三种关于劳动者报酬占比下降原因的观点颇具代表性：

---

① 图 1 中的两条曲线的变动趋势基本反映了企业劳资关系的现状，值得政府有关部门和工会深思。

第一，劳动力市场供大于求。此种观点认为我国劳动人口众多，造成劳动力市场长期供大于求，这是导致我国劳动者报酬偏低的主要原因，政府无须对此进行干预。但是，这种观点不能解释为什么近年来在我国劳动力供给相对减少的情况下，劳动者报酬占比还在持续下降的现象。

第二，农村劳动力大量向城市转移。随着我国产业结构的演进，使得原来劳动者报酬占 GDP 比重较高的第一产业的劳动力向第二、三产业转移，从而使得整个国民经济中劳动者报酬占比不断下降。这种观点认为，这一现象是市场机制作用的结果，政府不需要过多进行干预。但是，这种观点不能解释从国际比较的角度看，所有工业化国家在产业结构演进的过程中，并没有出现劳动者报酬占比长期且大幅度下降的情况。

第三，我国劳动者报酬占比并没有出现下降。产生劳动者报酬占比下降这种误判的原因在于我国统计规则的改变。持这种观点学者认为，中国劳动者报酬占 GDP 的比重并不低，"按国际同比口径，我国劳动者报酬占比远远超过其他发展中国家，在金砖四国和中等发达国家中也位居前列，与自己纵比也不是下降，而是持续上升。"[1] 他们认为：疾声高呼劳动者报酬占 GDP 比重下降是"民粹主义者为了迎合小市民的眼前利益，哗众取宠"[2]。

坦率说，上述观点在面对劳动者收入低下、劳动者报酬占 GDP 比重持续下降这一现实，总想从一个局外人的角度，从学术的层面来对此做出"客观"的解释。劳动者收入是否偏低、劳动者报酬在初次分配中占 GDP 比重是否持续下降在今天并非仅仅是一个学术问题，更多的是良知的界定。"任何一位克制了来自'左'的和右的意识形态偏见的经济学家都应承认，在我们周围，普通劳动者的收入水平，严重低于可比较和可想象的一般均衡水平。"[3]

我们认为，尽管多种因素都可以导致劳动者收入偏低，但是劳动者报酬占 GDP 的比重持续下降的主要原因是劳动力市场始终没有建立起均衡的劳动关系（即劳动与资本的抗衡机制），最初为追求效率而牺牲公平的政策选择中，政府给予了资方过多的权利和资源，劳动的权益则受到了压抑，导致劳动关系的不均衡随着经济的发展而日益加剧，劳动报酬与资本要素收入占比的此消彼长则越来越明显。因此，改革初期资源与权力初始界定的不公平，是造成劳动关系失衡和劳动者报酬占 GDP 比重持续下降的主要原因。

为此，我们认为，提高劳动者报酬在初次分配中的比重不仅是建立更加公平合理的收入分配结构的关键所在，也关系到我国下一步经济体制改革能否继续释放出改革红利。

---

① 华生：《劳动者报酬占 GDP 比重低，被严重误读》，《中国证券报》2010 年 10 月 14 日。

② 徐滇庆等：《看懂中国贫富差距》，机械工业出版社 2011 年版，第 168 页。

③ 汪丁丁：《中国劳动工资问题》，http://blog.qq.com/qzone/622006067/1265153168.htm.

四、推进以减税为主的收入分配制度改革，
为企业提高劳动报酬提供条件

从表1中的数据的分析，我们可以看到，政府和企业在企业部门的初次分配中是受益方。尤其是政府部门，不但在初次分配中是受益方，而且在国民收入再分配中仍是收益方。见图2。

国民收入再分配是在初次分配的基础上，通过经常转移的形式对收入进行分配。经常转移是指一个机构单位向另一个机构单位提供货物、服务或资产，而同时并没有从后一机构单位获得回报的一种单方面交易。经常转移的形式有收入税、社会保险缴款、社会保险福利、生活补助和其他经常转移。一个国家的初次分配总收入经过经常转移，最终完成国民收入的再分配，各机构部门获得各自的可支配总收入，从而形成该国的再分配格局，再分配格局最充分和最准确代表了一个国家在一定时期国民收入的分配状况。

政府部门的经常转移收入项大于支出项，经过再分配环节政府部门的可支配收入会大于初次分配总收入，其中初次分配总收入占政府可支配收入比重在80%以上，经常转移净收入占其可支配收入比重在20%以下。

根据资金流量表计算，1992年~2008年期间我国国民收入再分配中，各收入主体在可支配收入占比中的变化是：

住户部门从1992年的69.23%减少到2008年的57.11%，减少了12.12个百分点；企业部门从1992年的11.55%增加到2008年的21.60%，增加了10.05个百分点；政府部门从1992年的19.22%增加到2008年的21.28%，增加了2.06个百分点；因此，从资金流量表的数据看，企业和政府部门是国民收入再分配的受益者。

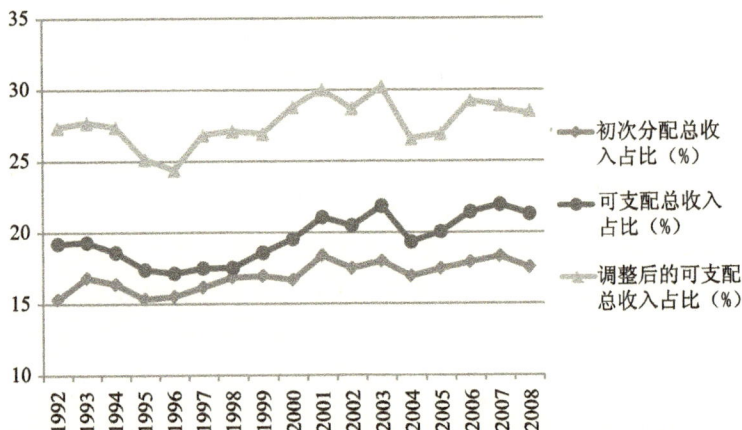

图2　1992年~2008年政府部门在国民收入初次分配和再分配中的占比情况（%）

但是，在资金流量表（实物交易）中，政府部门的收入只包括预算内收入和预算外收入，没有包括现实经济活动中的大量的各种非预算收入。政府的非预算收入主要包括：制度外收入、地方政府的土地出让收入和农村非税收入。常兴华等学者认为，如果将这三种非预算收入的因素考虑进去，以2008年的数据为例，政府部门的可支配总收入增加了28.87%，企业部门减少21.73%，居民部门减少2.04%。政府、企业和居民三大主体在国民收入再分配中的占比分别为：27.49%、17.36%、55.14%。其中，与2008年资金流量表的数据相比较，政府部门增加了6.21个百分点，企业部门减少了4.24个百分点，居民减少了1.97个百分点。[①] 因此，考虑到非预算收入的因素，经过调整后的国民收入再分配中只有政府部门才是国民收入再分配的受益者。

在国民收入再分配中，政府部门可支配收入的增加和企业部门可支配收入的下降，是由于经济生活中大量存在的不规范的非预算收入的存在造成的。在1992年~2008年间，政府对企业的挤压使得企业实际的收入占比要比资金流量表上的收入占比下降40%。[②] 这也在客观上造成企业在生产活动中尽量压低劳动报酬。

综上所述，我们认为政府通过向企业减税和减少各种非税收收入，为企业提供提高劳动报酬的空间，是完全可行的。

在国民收入再分配中，居民部门的经常转移收入项大于支出项，其来源主要是社会补助收入和其他收入（保险索赔、国外汇款等），居民部门经常转移净收入占可支配收入比重在3%左右。但是，随着居民收入水平的提高，居民缴纳的个人所得税大幅度提高，2000年以来其年均增长率达到24.12%，超过社会补助和其他收入的增幅，造成居民经常转移净收入占可支配收入比重快速下降，2008年仅占国民可支配总收入0.46%。1992年~2008年期间，居民可支配收入占比从1992年的69.23%下降到2008年的57.11%，下降了12.12个百分点。因此，我们认为，降低个人所得税、加大政府转移支付比例也是提高劳动报酬的重要途径之一。

（本文为中国劳动关系学院2013年院级科研项目《国民收入初次分配结构的合理性研究——基于劳动报酬占比变动的视角》（项目编号13YY0046）的阶段性研究成果，原载于《中国劳动关系学院学报》2013年第2期）

---

① 三种非预算收入的计算参见常兴华等：《我国国民收入分配机制研究》，《国民收入分配若干问题研究》（全国人大财经委专题调研组编），中国财政经济出版社2010年版，第72页。
② 全国人大财经委专题调研组：《国民收入分配若干问题研究》，中国财政经济出版社2010年版，第74页。

附 录：

关于职工收入分配中存在的若干问题与
解决途径的研究报告

第一部分：改革开放以来职工收入分配中存在的基本问题

一、问题的提出

2011 年 3 月 14 日第十一届全国人民代表大会第四次会议批准的十二五规划纲要明确指出："努力提高居民收入在国民收入分配中的比重，提高劳动报酬在初次分配中的比重，尽快扭转收入差距扩大趋势。"① 2011 年两会期间，改善民生成为社会热烈议论的主题，政府工作报告在"两个提高"之前，又明确提出"努力实现居民收入增长和经济发展同步、劳动报酬增长和劳动生产率提高同步"，提出城乡居民的年均收入实际增长要超过 7% 的指标，并就合理调整收入分配关系提出了具体的措施。②

收入分配不合理已经成为政府和民众的共识，合理调整收入分配关系是当务之急。在初次分配中，居民收入和劳动报酬在国民收入中的比重逐年下降，根据国家统计局提供的数据，1992 年居民、政府和企业三者在国民收入初次分配中的比重分别为 68.69%、15.53% 和 15.78%；到 2008 年，三者收入的比重分别为 57.22%、17.52% 和 25.26%。与 1992 年相比，居民收入比重下降 11.47 个百分点，政府和企业分别提高 1.99 个百分点、9.48 个百分点。③

居民、政府和企业三者在国民收入中的比重的这种变化，不仅影响到国民经济的正常运行，也对构建和谐社会造成了极大的冲击。今天，党和政府反复提出提高劳动报酬这一点就已经清楚地表明，在过去相当一段时间在国民收入分配中劳动者受到了并不公平的对待，所以政府现在明确提出要提高劳动者的报酬。但应怎样看

---

① 《中华人民共和国国民经济和社会发展第十二个五年规划纲要》，《人民日报》2011 年 3 月 17 日。
② 温家宝：《2011 年政府工作报告》。
③ 国家统计局：《中国统计年鉴》（2010），中国统计出版社 2010 年版。

待这一问题？我们认为，提高劳动者报酬是社会经过反思后对过去30年劳动者为社会发展做出贡献和付出代价的认可，不能理解为是社会发展、国家富裕后对劳动者的一种施舍或恩惠。提高劳动报酬的基本含义是重建社会主义公平与效率相统一的分配制度。

二、中国社会财富快速增长背景下的普通职工收入状况

（一）中国先富阶层的财产状况

"让一部分人先富起来"是改革开放初期一个响亮的口号。经过30多年的时间，曾经是"平均主义"的中国贫富两极分化的情况十分严重，财富迅速向少数人手中集中，并形成了"先富"和"未富"两大阶层。这一点在以下四个全球财富报告中可以得到证实：

1. 2010年6月美林集团和凯捷咨询公司联合发布《最新全球财富报告》，报告将净资产（不包括主要房产）价值100万美元以上的人士归为富人，按此标准，2009年中国富人总数达到47.7万人，较2008年增加31%，继续位居全球第四。报告认为2009年中国成为全球财富增长最快的国家之一，主要得益于中国在危机中采取了有力的刺激措施。但是，美林的报告还是略显保守。[①]

2. 2010年8月波士顿咨询公司发布了《2010年全球财富报告》，报告指出：在全球范围内百万美元资产家庭占所有家庭的比例不到1%，但这些家庭所拥有的财富占全部私人财富的比例从2008年的约36%增加到约38%。中国拥有百万美元资产家庭为67万，位于美国、日本之后，在全球排名第三。[②]

3. 2010年10月瑞士瑞信银行发布了一份《全球财富报告》，报告指出中国财富总值从2000年的4.7万亿美元增加到现在的约16.5万亿美元，已经成为全球新兴财富阶层的主力，财富总值仅次于美国（54.6万亿美元）和日本（21.0万亿美元）。报告还指出，在全球共有2400万名高净值人士（人均财富介乎100万美元至5000万美元）中，中国占80多万。[③]

4. 2011年5月招商银行和贝恩公司发布了2011年中国私人财富报告，报告指出中国高净值人群（可投资资产超过1000万元人民币）规模正在逐年扩大。2010年，中国的高净值人群数量达50万人；与2009年相比，增加了9万人，年增长率为22%。2008年~2010年高净值人群拥有的财富占全国的比重从2008年的23%上升

---

① 美林集团和凯捷咨询公司.《最新全球财富报告》（2010）。
② 波士顿咨询公司.《2010年全球财富报告》。
③ 瑞士瑞信银行.《全球财富报告》（2010）。

到 2010 年的 24%，预期 2011 年这个比例将进一步提高到 25%。①

综合上述报告分析，在今天的中国，一个人数不多但非常富有的阶层已经形成，并占据了社会的大多数财富。早在 2009 年 6 月份举行的中国政协十一届常委会会议上，蔡继明委员说："中国权威部门的一份报告显示，0.4% 的人掌握了 70% 的财富，财富集中度高于美国。"② 2010 年世界银行公布的调查数据，美国 5% 的人口掌握了 60% 的财富，而在中国，1% 的家庭掌握了全国 41.4% 的财富。财富集中程度大于美国，成为全球两极分化最严重的国家之一。

（二）中国一线职工的收入状况

与此同时，广大一线职工的收入状况也引起了人们的关注。国家统计局在 2010 年年底出版的《中国统计年鉴 2010》中，首次公布了私营企业职工的收入状况，使社会对以广大一线职工为代表的"未富"阶层的收入状况有了一个基本的认识。

2009 年，城镇私营单位就业人员平均工资为 18119 元，与城镇单位在岗职工平均工资 32736 元相比少了 14617 元，为后者的 55.35%。③ 2009 年城镇单位就业人员数是 12573 万人，城镇私营企业和个体就业人数为 9788.9 万人。这样，我们可以计算出 2009 年城镇在岗职工的年平均工资为 26337.40 元，月均 2194.78 元。这一数据与全国总工会 2009 年四季度全国职工收入分配专题调查的 2152 元职工月平均货币收入十分吻合。

另据 2011 年 4 月发布的《北京社会蓝皮书》披露：北京市职工 2009 年的年平均工资收入约 2.68 万元，约合每月 2233 元。全市普通职工家庭人均年收入 2.2 万元，人均月收入 1833 元。接近 70% 的普通职工年工资收入低于 3 万元，年收入不足 1.2 万元的职工约为 2.8%，超 4 万元的仅为 14.2%。④ 而 2009 年北京市就业人员的平均工资为 57779 元，位于全国第二位。

全国总工会 2009 年职工收入分配调查数据显示，全部调查职工中月收入低于月平均货币收入（2152 元）的占 67.2%，低于月平均货币收入 50%（1076 元）的占 17.3%。⑤ 与 2007 年全国总工会第六次全国职工队伍状况调查的数据相比，低于月平均收入的职工和低于月平均收入 50% 的职工比例均有所扩大，分别增加了 4.8% 和 0.4%，同时，约有 1/3 职工工资水平徘徊在当地最低工资标准水平附近。⑥

---

① 招商银行和贝恩公司：《2011 年中国私人财富报告》。
② 蔡继明委员在 2009 年 6 月举行的中国政协十一届常委会会议上的发言。
③ 国家统计局：《中国统计年鉴》（2010），中国统计出版社 2010 年版。
④ 北京社会科学院：《2011 北京社会蓝皮书》。
⑤ 全国总工会职工收入分配专题调研组：《当前企业职工收入分配中存在的突出问题及对策建议》，《劳动工资动态》2010 年第 5 期。
⑥ 中华全国总工会研究室：《第六次中国职工状况调查》，中国工人出版社 2010 年版。

根据国际劳工组织的定义，低于月平均货币收入 2/3 即为低收入者。按此标准，60% 的职工低于国家统计局公布的城镇单位在岗职工月平均工资（2728 元）水平的 2/3，即 1819 元，属于低收入者。目前，低收入职工群体相对集中，主要集中在一线职工、农民工、私营企业以及国有困难企业职工。2009 年全国总工会的调查数据显示，一线职工、农民工、私营企业职工、集体企业职工的月平均工资水平分别为：1749 元、1728 元、1811.4 元和 1241.5 元。仅以占低收入职工比例较大的一线职工为例，其月收入相当于全部被调查职工月平均收入（2152 元）的 81.27%，为国家统计局公布的在岗职工月平均收入（2728 元）的 64.1%。[1] 这种低工资加大了一线职工贫困的可能性，国际劳工组织将这种低收入的就业状况称之为"在职贫困"。[2]

从基尼系数看，我国贫富差距正在逼近社会容忍的"红线"。尽管对我国的基尼系数各机构认识不一，但学术界认为目前我国居民收入分配的基尼系数高于近年来国内外有关专家计算的 0.47～0.50 的水平。[3] 我国基尼系数在 10 年前越过 0.4 的国际公认警戒线后仍在逐年攀升，目前已达到拉丁美洲的平均水平。另据中国人民大学的刘元春的研究，自 2002 年起，城镇内部收入差距对全国基尼系数的贡献率就已经超过城乡收入差距对全国基尼系数的贡献率。[4] 可以明显看出，城镇内部收入差距的不断扩大与职工收入长期偏低有直接的关系。而这又对我国的经济发展构成了直接的影响：

一方面，劳动者报酬长期偏低，造成的内需不足已经严重制约了我国经济的进一步发展，为此，经济的增长不得不依赖于投资和出口。一般来讲，小国受制于国内市场有限的需求，开拓国际市场是其经济发展的主要途径，其外贸依存度（对外贸易总额与国内生产总值之比）较高。而大国一般都拥有很大的国内市场，通过扩大内需同样可以发展经济，外贸依存度一般不会太高，这是一般的经济规律。以美国为例，20 世纪 90 年代，外贸依存度基本保持在 15%～18% 的水平；印度从 20 世纪 70～80 年代到 21 世纪初大体保持在 20% 左右。[5] 相反，我国的外贸依存度不断上升，2001 年我国的外贸依存度为 38.5%，到 2007 年已上升到 66.8%。2008 年国际金融危机对我国国内经济造成的冲击令我们至今记忆犹新。

另一方面，国务院发展研究中心的一项研究表明，资本的边际产出与测度居民收入分配差距的基尼系数之间存在着显著性的负相关关系，并且居民收入差距（基尼系数）越大，资本的边际产出越低。目前，居民收入差距的不断扩大对资本的边

① 全国总工会职工收入分配专题调研组：《当前企业职工收入分配中存在的突出问题及对策建议》，《劳动工资动态》2010 年第 5 期。
② 国际劳工组织：《2010/11 全球工资报告》。
③ 迟福林：《破题收入分配改革》，中国经济出版社 2011 年版。
④ 刘元春：《高度关注中国收入分配差距不断扩大的新形成机制》。
⑤ 单忠东：《论当前经济形势下的若干关系》，经济科学出版社 2010 年版。

际产出及我国经济增长的限制已越来越明显。①

三、一线职工劳动报酬低下的原因

过大的贫富差距正在超越社会所能容忍的界限，广大一线职工为社会做出的贡献并没有得到应有的回报。那么，是什么原因造成中国职工当前的这种状况？又是什么原因使得中国职工逐渐成为低收入群体的代名词。

我们认为，经济体制改革初期理论上的准备不足，使我们对公平与效率的关系认识存在片面性；效率优先、兼顾公平的分配原则打破了原有劳动关系的均衡，形成了强资本、弱劳动的分配格局，导致新的劳动关系的均衡始终未能形成。近年来我国的劳资纠纷日益增长无不与此有关。

（一）职工劳动报酬持续走低的根源在于对公平与效率关系的片面理解

客观地讲，任何一个社会都要面临公平与效率关系的挑战。收入分配差距的不断增大使我们意识到了这一问题的严重性，即效率优先、兼顾公平的分配原则已难以适应我国现阶段的经济社会发展了。改革开放以来，我们在摆脱了平均主义的羁绊后，又面临着贫富悬殊的困境。其根源在于我们对公平与效率关系的认识没能随着经济的发展、社会的进步而进一步深化。党的十七大报告指出："初次分配和再分配都要处理好效率和公平的关系，再分配更加注重公平。"这一看法的转变实际上是对公平与效率的关系认识的深化，是对原有分配原则的重大改变。新的分配原则实际上提出了一个问题，即效率的取得是否要以牺牲社会公平为代价。如何实现公平与效率的统一，是当前我国深化改革与经济社会发展面临的一个极为现实的问题。我们将从经济学的视角做进一步的分析。

1. 效率不可能脱离公平而长期独自提高

对公平与效率的讨论，首先要对公平与效率加以定义。从经济学的角度看，此问题的难点不在于效率一方，因为关于效率的定义经济学已有普遍认同的表述，这就是帕累托关于效率的定义，又称帕累托最优。帕累托最优是指资源配置达到这样一种社会经济状态，即不论实行何种社会经济政策变动，在使一部分人的福利水平上升的同时，必然使另一部分人的福利水平下降。帕累托最优是以竞争性市场为前提的。正是基于追求资源有效配置这一点，党的十四大报告就已经明确提出经济体制改革的目标是建立社会主义市场经济体制，我国理论界具有代表性的观点也认为，

---

① 该报告的实证分析表明，无论是皮尔森相关分析结果还是斯皮尔曼和肯德尔相关分析都表明资本的边际产出和居民基尼系数之间存在着显著性的负相关关系。进一步进行格兰杰因果检验，基尼系数的提高是引起资本边际产出下降的格兰杰原因。参见：《促进形成合理的居民收入分配机制研究》，《经济参考资料》2010 第 25 期。

我国"选择了市场经济就意味着选择了效率优先"①。

公平与效率问题的难点在于对公平的理解。公平是一个非常复杂、抽象的命题，是一个人们可以对它做出多重解释的概念，因而在客观上难以给出一个确定的参照标准。经济学对公平与效率的讨论，通常将公平置于收入分配这个特定的平台上。自20世纪60年代以来，经济学家和社会学家所沿用的公平含义接近于均等或公正的意思，即如果在一种分配中，没有任何一个人羡慕另外的一个人，那么这种分配就称之为公平分配。②

经济学已证明了在纯粹的交易经济中，存在着既是公平的又是帕累托最优的分配。要找到这样一种分配，就要从均等分配开始，并把经济推移到一个竞争性均衡状态。根据福利经济学第一定理，竞争性均衡是帕累托最优的，因为均衡是建立在均等分配基础之上的，每个人都有同样的预算，这样就不会产生妒忌。所以，这一定理在公平和帕累托最优性之间建立起了一种联系。③ 尽管这种分析是一种理论分析，但是它为我们在收入分配体制改革中如何处理好公平与效率关系提供了一种思路，即在竞争性市场经济中如何使分配达到社会大多数人普遍认可的状态，是我国收入分配体制改革成功的关键所在。

公平分配的本质不是平均主义，而是分配能否得到社会大多数人的认可。这就涉及一个基本的价值判断问题，即一个社会公平分配与否到底应该由谁来评价，是由学者来证明，还是由百姓来判断。根据美国经济学家哈桑伊的"无知之幕"理论，判断一个社会资源分配是否公平，只要问一问那些并不知道自己社会处境的社会成员就可以了。④ 或者说，"所有的社会预期人员在不知道自己社会处境的前提下同意的资源分配才是公正的"⑤。

福利经济学第一定理的逆定理即福利经济学第二定理讲的更为清楚：在与第一定理相同的前提条件下，每一种帕累托最优的资源配置方式都可通过适当在消费者之间分配禀赋后的完全竞争一般均衡来达到。即收入分配与效率问题是可以分开来考虑的。市场机制在收入分配上是中性的，不管分配的起点如何，都可以通过竞争性市场来达到帕累托最优。⑥

从理论上讲，效率的高低在于资源配置是否通过竞争性市场来完成，而与资源在消费者之间的初始分配状况无关。这意味着，改革初期认定要提高效率就不可能顾及公平的观点，至少在理论认识上的准备是不充分的。改革初期我们把注意力主

---

① 高尚全：《把提高效率同促进社会公平结合起来》，《人民日报》2008年10月6日。
② 约翰·伊特韦尔等：《新帕尔格雷夫经济学大辞典》（第三卷），经济科学出版社1992年版。
③ 约翰·伊特韦尔等：《新帕尔格雷夫经济学大辞典》（第三卷），经济科学出版社1992年版。
④ 卢周来：《社会公平究竟谁说了算》，《北京日报》2010年7月19日。
⑤ 世界银行：《2006年世界发展报告：公平与发展》，清华大学出版社2006年版。
⑥ 王桂胜：《福利经济学》，中国劳动社会保障出版社2007年版。

要放在如何打破平均主义，改变吃大锅饭的局面，设想随着效率的提高，每个社会成员的利益都可以得到改善。但是，我们忽略了一点，即效率与公平是不可分的，效率是不可能脱离公平而长期独自提高的。

经济体制改革初期的目标是明确的，但实现目标的路径却不清楚，只能是"摸着石头过河"，虽然我们慎之又慎，但还是在公平与效率的关系上走入误区，在自认为公平与效率不能兼得的情况下，将公平置于效率之下。

早在1984年我们刚刚开始城市经济体制改革时，针对当时制定的改革战略，世界银行就曾经注意到改革过程中可能会出现的不平等问题。"对中国这个社会主义国家来说，收入分配问题——更全面地说就是生活水平问题——极为重要，因为中国最重要的经济目标不仅仅是取得快速增长，还要把增长带来的效益广为散布。"在谈到提高效率时，又讲到"为了取得更大的经济效益所做的改变又可能引出一些棘手的问题，特别是公平与否的问题"。同时，还讲到了决定工资的三要素：效率、公平待遇和稳定性。[1]

在工资是否应由市场决定的问题上，世界银行强调指出："工资在极少数国家中是完全由市场力量自由决定的；即使在资本主义国家，一般也是由(1)市场力量，(2)工会代表工人进行谈判，(3)以及有关最低工资的立法这三方面进行某种程度的结合而决定的。"[2]

可惜我们当时没有对这些问题给予足够的重视，没有意识到有效率的市场经济应该是建立在公平分配的基础上。而过多地强调劳动报酬的市场化。没有意识到以牺牲公平为代价的经济增长，"往往会忽略增进公平所带来的长期效益。增进公平意味着经济运行的效率更高，冲突更少，信任更多，制度更合理。"[3]

针对我国经济发展过程中收入差距的迅速扩大，世界银行在1996年的研究报告中以"更富了，但更不平等了"为题描述了中国从1981年到1996年的收入分配体制改革，并认为："过去15年来，东欧转轨国家和前苏联的不平等状况虽日益加重，但也不像中国那么严重。"[4]

2. 效率的提高不能自动转变为公平的实现

经济体制改革以来，我国效率不断提高的根本原因不是因为我们将效率置于优先的位置，而是我们在改革的30年间已经初步建立起竞争性的市场体系，这是保证效率实现的关键。那种认为要保证经济的高效率就必须容忍分配不公的观点实际上是源于"库兹涅茨假说"。美国经济学家库兹涅茨在1954年考察了若干个国家收入

---

① 世界银行经济考察团：《中国：长期发展的问题和方案》，中国财政经济出版社1985年版。
② 世界银行经济考察团：《中国：长期发展的问题和方案》，中国财政经济出版社1985年版。
③ 世界银行：《2006年世界发展报告：公平与发展》，清华大学出版社2006年版。
④ 世界银行：《2006年世界发展报告：公平与发展》，清华大学出版社2006年版。

分配不平等的数据以后指出:"收入分配不平等的长期趋势可以假设为:在前工业文明向工业文明转变的经济增长早期阶段会迅速扩大,而后是短暂的稳定期,然后在增长的后期阶段会逐渐缩小。"[①] 这就是著名的"倒 U"型假设,即在经济发展过程中,收入分配差距的长期变动轨迹是"先恶化、后改进"。根据发达国家的经验,他认为一个国家人均 GDP 在 1000～3000 美元之间时,收入分配差距会恶化,当人均 GDP 超过 3000 美元时,收入差距就会开始缩小。

"库兹涅茨假说"之所以在学术界引发长期的争论,一个重要的原因是这一假说具有很强的社会政策含义。如果收入差距的变动与经济发展的阶段密切相关,那么,收入差距扩大在我国经济转型阶段就是不可避免的,政府的分配政策也是无效的。我们需要的只是等待,等到经济发展拐点到来,收入差距自然就会缩小。因此,效率优先,加速发展经济,缩短拐点到来这一过程就成了我们面对不断扩大的收入分配差距时的唯一选择。

然而,"库兹涅茨假说"只是一种理论上的抽象假说,现实中的经济运行并不与其相吻合。以巴西为例,20 世纪 60 年代中期到 70 年代中期,巴西的经济高速增长,1968 年～1974 年,巴西的 GDP 年均增长 11.4%,和现在中国的情况非常相似。这就是巴西所谓的"奇迹年代",但其收入分配差距并没有像库兹涅茨假说所说的那样"先恶化、后改进"。巴西的基尼系数长期处于 0.5 以上,2008 年达到 0.57,巴西经济已被认为陷入"中等收入陷阱"。就我国的情况而言,东部一些发达省份,如广东、浙江等地,其人均 GDP 早已超过 3000 美元了,但这些省份的收入差距并没有因此而缩小。以浙江为例,根据浙江省社会科学院 2009 年的调查,浙江人均 GDP 已经超过 6000 美元,但收入差距不仅没有缩小,反而在继续拉大。另据我国学者的研究,迄今还没有证据表明中国收入差距的变动在遵循库兹涅茨所谓的倒 U 形轨迹。[②] 这意味着,我们没有理由坐等这一拐点的到来,更没有理由任凭收入差距继续扩大。

3. 前期改革的受益者已对今天分配制度的改革构成阻力

在党的十七大之前,社会相关方面已经意识到了这个问题,并提出要重视公平分配。2005 年 9 月,负责改革方案起草的国家发改委拿出了《关于加强收入分配调节的指导意见及实施细则》(即收入分配改革方案)。2005 年 12 月和 2006 年 2 月分别召开了地方和部门的两次座谈会,2007 年至 2009 年间,对这一改革方案前后又举行了 6 次征求意见讨论会,却始终未能与公众见面。2007 年 5 月国资委曾发出通知,要对部分国企职工工资偏低、增长缓慢的原因进行调查,但最后也不了了之。

2010 年曾被称为"收入分配改革"年,当年的 2 月 3 日,胡锦涛总书记在谈到

---

① S·Kuznets. Economic Growth and Income Inequality. American Economic Review, March 1955.

② 李实:《经济增长与收入分配》,引自蔡昉:《中国经济转型 30 年》,社会科学文献出版社 2009 年版。

转变经济发展方式时，把"加快调整国民收入分配结构"放在了首位。3 月 5 日，温家宝总理在政府工作报告中强调"逐步提高居民收入在国民收入分配中的比重，提高劳动报酬在初次分配中的比重"。10 月 15 日召开的党的十七届五中全会审议通过了《中共中央关于制定国民经济和社会发展第十二个五年规划的建议》，建议把收入分配的不平等当作当前我国经济发展中不可持续发展的主要问题来对待，收入分配改革被确认为"十二五"时期的关键性任务之一。面对收入分配改革方案迟迟未能与社会公众见面的窘境，国家发展与改革委员会的官员也表示："不管怎么样，今年必须拿出东西来，收入分配不能总是空谈。"① 然而，2010 年收入分配改革方案最终仍未出台。

时至今日，横亘在收入分配改革上的主要阻力早已不是认识上的问题，而是利益问题。因为此时若要改变收入差距过大的分配状态，就意味着改革的受益者要将自己的收益拿出一部分来补偿受损者。这必然会导致改革获益者的极力反对，一些官员、学者和企业家至今仍片面强调效率优先、兼顾公平的分配原则，而这正是收入分配制度改革难以推进的关键所在。

（二）收入分配制度改革的路径选择与分配制度设计使职工成为利益受损者

收入分配制度改革面临的挑战就是要对公平与效率的关系做出抉择。公平与效率之间的抉择是"最大的社会抉择"。这种抉择实际上就是在公平与效率二者之间寻找一个均衡点，既可以解释社会主义经济中为什么可以存在收入差距，又不会违背社会主义共同富裕的基本原则。

我国收入分配改革的起点是计划经济体制下的平均主义分配模式，居民之间的收入差距非常低，1978 年城镇居民的基尼系数为 0.16，可以说是绝对公平。改革初期，收入分配改革有两个可供选择的路径：一是在保持原有公平分配的基础上，探寻一条提高效率的途径；二是通过打破原有的公平分配来提高效率。由于改革初期理论准备的不足，认为低效率源于平均主义，提高效率就必须要打破原有的分配模式。不可能在保持原有公平分配的基础上，探寻到一条提高效率的途径。选择第二条路径就成为一种必然。但是，选择了第二条路径就意味着收入差距会不断扩大，这是与社会主义社会共同富裕的基本宗旨相违背的，因此，社会必须要对这种经济现象的合理性做出解释。

1. 效率优先、兼顾公平的分配原则直接影响了社会收入分配的走向

回顾 30 年的历史文献，收入分配体制改革的目标就是先富带后富，然后实现共同富裕。这一思想最早是由邓小平同志提出来的。他在 1978 年 12 月召开的党的工作

---

① 《收入分配不能总是空谈，年内动刀垄断工资》，http：//politics. people. com. cn/GB/1027/11393162. html.

会议上明确指出："在经济政策上，我认为要允许一部分地区、一部分企业、一部分工人农民，由于辛勤努力成绩大而收入先多一些，生活先好起来。一部分人生活先好起来，就必然产生极大的示范力量，影响左邻右舍，带动其他地区、其他单位的人们向他们学习。这样，就会使整个国民经济不断地波浪式地向前发展，使全国各族人民都能比较快地富裕起来。""这是一个大政策，一个能够影响和带动整个国民经济的政策。"① 这就是后来广为传播的"让一部分人先富起来，先富带后富"的思想。

邓小平的这一思想后来在党的一系列文献中得到了体现。例如，1992 年党的十四大报告提出要"兼顾公平与效率"。1993 年党的十四届三中全会通过的《中共中央关于建立社会主义市场经济体制的若干问题的决定》中则进一步将其具体化为"效率优先、兼顾公平"。1997 年党的十五大报告又指出："坚持效率优先、兼顾公平"。2002 年党的十六大报告又进一步指出："坚持效率优先、兼顾公平，既要提倡奉献精神，又要落实分配政策，既要反对平均主义，又要防止收入悬殊。"

效率优先、兼顾公平构成了这一时期社会收入分配原则，也是社会各界用来解释收入差距扩大的依据。但是，根据路径依赖的理论，这一分配原则一旦实施就会从两个方面对后来的社会收入分配走向产生深远的影响：

一是打破了原有的功能收入分配原则。各种生产要素均参与分配，分配方式由"以按劳分配为主、其他分配方式为补充"，逐步过渡到"劳动、资本、技术、管理等生产要素按贡献参与分配的制度"。这种转变得益于"效率优先、兼顾公平"的这一总体的收入分配原则。恰恰是这一转变，将劳动与资本作为相同的生产要素，放在了同一个收入分配的平台上，按各自的贡献取得相应的收入。这一点正是马克思将西方经济学要素分配理论批判为庸俗经济学的原因之一。在市场经济中，劳动与资本事实上是处于不平等的地位，劳动被资本雇佣，劳动是附属于资本的，工人被异化为机器设备的一部分。因此，工资与利润之间的分配，自然是有利于资本所有者的，更何况像我国这样一个劳动力资源丰富而资本稀缺的社会。从改革最初的设想看，收入分配体制改革是要使广大居民从中受益。但是，"效率优先"在实际经济活动中却逐渐演变为各级政府追求以 GDP 为指标的经济增长，各级政府对企业实施的各种优惠政策，使政府与企业在利益上结为一体，劳动者权益被严重地忽视了，劳动者今天的处境可以说在当初就已经被确定了。

二是造成居民收入差距扩大的速度加快。这一点在城镇内部尤为明显，2008 年城镇内部收入差距对全国基尼系数的贡献率为 45.3%，已经超过了城乡收入差距对全国基尼系数的贡献率，② 根据国家统计局提供的数据，2008 年我国城镇家庭居民人

---

① 邓小平：《邓小平文选》（第二卷），人民出版社 1994 年版。

② 刘元春：《高度关注中国收入分配差距不断扩大的新形成机制》。

均可支配收入按收入等级计算，最高的 10% 家庭与最低的 10% 家庭的人均可支配收入已经相差 9.17 倍。① 另据中国改革基金会 2009 年在对全国 19 个省份的 64 个城市中 4000 多户居民家庭收支情况的调查数据的基础上推算，2008 年全国居民可支配收入总额为 23.3 万亿元，比国家统计局城乡住户收入统计计算的 14 万亿元高出 9.3 万亿元（可以称为隐性收入），比国家统计局资金流量表基于经济普查资料计算的住户可支配收入总额 17.9 万亿元高出 5.4 万亿元（可以称为灰色收入）。这部分隐性收入在城镇居民中的分布是最高 10% 收入家庭为 62.5%，最低 10% 收入家庭为 0.4%。由此推算 2008 年我国城镇居民中最高收入 10% 家庭与最低收入 10% 家庭的人均收入比应为 26 倍。②

我们必须正视在特定时期和领域内，在改革推进的过程中，一部分职工的利益受到一定程度的损害，人们从改革中获取的利益有多寡之别。我国收入分配制度改革实际上就是一种制度创新与变迁，只有当制度创新与变迁所获得的收益大于为此而支付的成本时，制度创新与变迁才有可能发生。"但是，由于制度变迁的成本—收益的分布往往是不对称的，也就是受益者未必承担成本或承担较少成本，这样，某些制度变迁就有可能以很多人的利益损失为代价而让少数人获益。"③

在"效率优先、兼顾公平"的过程中，由于成本—收益的分布不对称，必然会形成两个基本的社会群体，即从改革中受益较多的社会群体和从改革中受益较少或受损的社会群体。这两个社会群体可以理解为改革的相对受益者和相对受损者。改革的获益者构成了当今社会的高收入群体；利益相对受损者构成了低收入群体。收入分配改革路径是效率提高与贫富两极分化并存的过程。

如果以基尼系数的变化作为收入分配不均等化过程的衡量尺度，从我国基尼系数从改革之初的 0.16 到目前的大于 0.47 ~ 0.50 的变化，我们可以得出以下判断：在 30 年经济体制改革与发展的进程中，我们以收入差距迅速扩大为代价，完成了效率由低向高的转变。

2. 现代企业制度改革与利益受损者的形成

我国经济体制改革可以看作帕累托改进，即一项社会变革使得一部分人的社会福利增加的同时，并不减少其他社会成员的福利。但是，帕累托改进是一个效率概念，不能用它作为评价经济体制改革的唯一标准。因为帕累托改进的过程中会出现利益不一致。如果一项社会变革使得所有时候成员的福利都有所改善，则这项改革是最理想的，如 1984 年以前的以土地承包制为主要举措的农村经济体制改革，几乎所有社会阶层都从中受益。如果一项社会变革在使一部分人的社会福利增加的同时，

---

① 国家统计局：《中国统计年鉴》（2010），中国统计出版社 2010 年版。
② 迟福林：《破题收入分配改革》，中国经济出版社 2011 年版。
③ 程恩富等：《新制度经济学》，经济日报出版社 2007 年版。

给另一部分社会成员的福利造成了不利的影响，就需要对这项社会变革进行成本—收益分析，然后利用补偿理论来判断这项社会变革的可行性。

一般来说，经济体制改革只要符合卡尔多—希克斯补偿标准，改革就应当继续推进。这也是我国理论界在意识到改革会使一部分人利益受损的情况下，仍一直坚持推进改革的理论依据。① 依据"卡尔多—希克斯补偿标准"，中国的经济体制改革增加了社会的总体福利水平，但社会的不公平程度也在增大。或者说，改革在把"蛋糕"做大的同时，"蛋糕"的分配却越来越不公平了。改革中的受益者并没有从增大的"蛋糕"中拿出来一部分对改革中的受损者进行补偿，或者补偿远远少于后者受到的损失。

由于中国的经济体制改革采取的是增量战略，即在改革初期，社会财富的增量部分这一块很小，存量部分较大，所以改革红利在社会成员中分配时其差异并不明显。随着改革的推进，增量部分不断变大，存量部分相对变小。这时，增量改革的参与者无论合法与否，其获利数量越来越大。尤其是改革的中前期，增量部分改革的成本基本上是由存量部分承担的，具体讲，主要是由国有企业、集体企业职工以及大量进城的农民工来承担，他们以自己的辛勤劳动支撑着中国经济的快速增长，默默承担着改革带来的阵痛，却未能平等地分享改革带来的收益。

在30多年的计划体制下，长期的低工资、高就业工资政策，使得政府、企业通过低工资制度"预先扣除"了职工创造的劳动财富中一部分"必要劳动价值"。也就是说，国有企业职工预先将这笔本应该归自己所有的收入存入了国有资产中。政府、企业与职工之间客观上存在一种"承诺"关系，即政府、企业对实行劳动合同制以前参加工作的职工，有一种事实上的终身就业以及相应的医疗、住房、养老等承诺。但是，国企改革却忽略了这一历史承诺。1984年以后的国有企业改革，无论是最初的"砸三铁"，还是后来的"三项制度改革"，"减员增效、下岗分流、买断工龄"等，都直接触动了广大职工的切身利益。国企下岗职工，特别是40~50岁这一部分下岗职工，实际上已成为"改革成本的直接承担者和主要的利益受损者"。他们不仅因下岗失业被排斥在"巨额存量资产"重新分配的名单之外，甚至连自己预先"存蓄"的那一部分都无法收回。这样的改革对他们来讲是有欠公平的。

可见，政府在单方面改变"游戏规则"的同时，忽视了职工的历史贡献和切身利益。仅以下岗分流为例，根据中国社会科学院的一项研究报告，1995年~2001年，国有部门的职工人数从11300万人下降到6700万人，大约减少了4600万人，约占原来职工人数的40%。同一时期，城镇集体部门的职工减少了1860万人，接近原来职

---

① 卡尔多—希克斯补偿标准是指如果由A状态改变为B状态，由此而获益的那部分人能对由此而受损的那部分人做出补偿且仍处于比原来更优的境地，则B状态优于A状态。即如果一项改革使得一部分人受益，另一部分人受损，而受益者能完全补偿受损者之后还有剩余，则整个社会福利会有所改善。

工总量的 60%。在这个时期，4300 万职工成了登记注册的下岗者，其中 3400 万来自国有部门。① "这些情况说明：经济改革使全体居民受益的阶段已经结束，开始出现（至少短期中）明显的受损者。"②

改革的利益受损者主要包括：企业的一线职工；国有企业和集体企业的下岗职工、国家对某些行业进行强制性调整而受到影响的职工及老工业基地的职工；饱受社会歧视性的农民工。这三部分职工既是中国经济改革成本的承担者，也是这个过程的利益受损者。本报告研究的补偿对象主要是上述群体。

3. 对利益受损者的补偿应是下一步收入分配制度改革的重要组成部分

为了使利益受损的广大职工支持改革，各级政府经常以改革是符合工人阶级长远利益的观念来教育职工，并承诺将来经济发展了，职工的利益是会得到改善的。这也就是改革之初邓小平讲的要让一部分地区一部分人先富起来，再以先富带后富的改革思路。但是我们在谈到邓小平关于收入分配的思想时，只讲让一部分人先富起来，而很少提及他的上述关于先富带后富的思想。按照补偿理论，改革进行到一定阶段，获益者要从因改革而获得的收益中拿出来一部分补偿给受损者，否则改革到一定阶段就会难以继续深入。

近年来我国的劳资纠纷日益增长，根据人力资源和社会保障部提供的数据：2007 年全年各级劳动争议仲裁机构共处理劳动争议案件 50 万件、2008 年为 96.4 万件、2009 年为 87.0 万件。另据中华全国总工会 2007 年《第六次全国职工队伍状况调查总报告》的调查发现，当企业发生集体劳动争议导致的群体性事件时，61% 的职工表示有参加的可能。③

这表明，如果长期忽视对改革成本负担者的利益补偿，就容易引发社会的不安宁，还有可能掉入"中等收入陷阱"。邓小平在晚年非常明确地指出："十二亿人口怎样实现富裕，富裕起来以后财富怎样分配，这都是大问题。题目已经出来了，解决这个问题比解决发展起来的问题还困难。分配的问题大得很。我们讲要防止两极分化，实际上两极分化已然出现。要利用各种手段、各种方法、各种方案来解决这些问题。少部分人获得了那么多财富，大多数人没有，这样发展下去总有一天会出问题。"④

针对社会贫富差距日益严重的情况，2007 年党的十七大报告在公平与效率的关系问题上有了重要的改变，指出："合理的收入分配制度是社会公平的重要体现。"

---

① 蔡昉等：《经济重组如何影响城市职工的就业和福利》，《中国劳动经济学》2004 年第 1 卷，中国劳动社会保障出版社 2004 年版。

② Simon Appleton 等：《中国裁员的决定因素及后果》，见李实等主编：《经济转型的代价》，中国财政经济出版社 2004 年版。

③ 中华全国总工会研究室：《第六次中国职工状况调查》，中国工人出版社 2010 年版。

④ 中共中央文献研究室：《邓小平年谱》，中央文献出版社 2007 年版。

"初次分配和再分配都要处理好效率和公平的关系，再分配更加注重公平。逐步提高居民收入在国民收入分配中的比重，提高劳动报酬在初次分配中的比重。"以期逐步扭转收入分配差距扩大趋势。

历史与现实都反复证明，任何改革必须遵循社会公平正义的原则，改革方案的设计应使社会上处于劣势的群体也能够获取应有的收益，使利益受损者得到应有的补偿，并尽量将他们的损失减少到最小的范围和程度。否则，改革的社会效果会被大幅冲减，下一阶段的改革也会失去内在的动力。

因此，在经济体制改革进行了 32 年后的今天，在社会财富有了较为丰富积累的前提下，对改革进程中的利益受损者，或者更准确地说对改革成本的承担者给予适量的补偿，就是一件应该尽快提到议事日程的事情，也是下一步经济体制改革的重要组成部分。因为只有对利益受损者给予应有的补偿之后，全体社会成员的福利水平均有改善，才能证明改革使整个社会的生活质量提高了。如果一谈到提高劳动者报酬就认为这会影响整个社会的效率，那么这种改革就不能认为是对全社会有益的，最多是对某些获益者群体有益。这样的改革对社会的发展并无益处。

第二部分：对利益受损职工的定量分析及货币补偿量的测算

改革开放 30 多年来，3 亿多中国工人以他们吃苦耐劳和默默奉献的精神为中国经济的发展做出了重要的贡献，为中国经济的转型付出了巨大的代价。为此，在"十二五"期间，政府应开始有计划地对改革的利益受损者进行补偿，并将这一理念传达给社会各界。我们还认为，工会作为职工利益的代表者与维护者，有责任提出对利益受损职工补偿要求的政策建议。社会对利益受损者的补偿数量取决于受损者的受损程度，为此，本报告对企业一线职工、下岗职工和农民工这三个主要群体的利益受损程度及货币补偿量进行了测算。

一、企业一线职工劳动报酬统计、受损分析及货币补偿量的测算

（一）劳动报酬在企业部门内部初次分配中的比重

当前职工工资特别是一线职工资偏低的问题，主要体现在国民收入分配比例的变化上，即劳动报酬在国民收入初次分配中所占的比重过低。由此造成随着经济的不断增长，社会收入分配差距也越来越大，直至超出了国际上公认的警戒线。而劳动者报酬在我国初次分配中的比重持续下降的趋势至今仍然没有改变的迹象。

国民收入分配是一个国家对一年来新创造的财富在国家、企业和居民三者之间进行的分配。如果将一国新创造的财富比作一个蛋糕，如何切分这个蛋糕直接关系到三者的利益。正如温家宝总理在 2010 年政府工作报告中指出的：合理的收入分配

制度是社会公平正义的重要体现。我们不仅要通过发展经济，把社会财富这个"蛋糕"做大，也要通过合理的收入分配制度把"蛋糕"分好。

在国民收入初次分配中，居民收入中主要由劳动者报酬和财产收入构成，其中劳动者报酬占90%左右。因此，劳动报酬在初次分配中的比重，则更能反映劳动者的收入状况。由于居民收入中包括农村居民收入和城镇居民收入及财产收入，因此，为了更准确地把握劳动报酬与资本收益的关系，需要在企业部门内对劳动报酬在初次分配中的比重问题做进一步的分析。

根据国家统计局的定义，一个国家（或地区）的初次分配是指在一定时期内生产活动形成的净成果在参与生产活动的生产要素的所有者及政府之间的分配。而生产活动的净成果是增加值。生产要素包括劳动力、土地、资本。劳动力所有者因提供劳动而获得劳动报酬；土地所有者因出租土地而获得地租；资本的所有者因资本的形态不同而获得利息收入、红利或未分配利润等不同形式的收入；政府因直接或间接介入生产过程而获得生产税或支付补贴。

因此，我们探讨劳动报酬在初次分配中的比重问题实际上就是分析在一定时期内劳动报酬在生产活动净成果中的比重问题，亦即劳动报酬在每年增加值中的比重。本报告测算的劳动者报酬，主要是指企业部门劳动者的劳动报酬。①

因此，需要对企业部门的初次收入分配做进一步的分析，以更准确地把握劳动报酬与资本要素收入近年来的变动状况。

表1 1992年~2008年企业部门劳动者报酬占增加值的比重的变化情况

年份	企业部门增加值（企业部门的GDP）（亿元）	企业部门劳动者报酬（亿元）	劳动者报酬占增加值的比重（%）	保持1992年比重的比例差值（%）	保持1992年比重的劳动者报酬总量绝对差值（亿元）
1992	16483.10	8198.40	49.74	0.00	0
1993	22346.50	10992.40	49.19	0.55	122.75
1994	29251.80	13672.50	46.74	3.00	877.35
1995	37599.67	17778.52	47.28	2.46	923.56
1996	42794.6	18004.5	42.07	7.67	3281.53
1997	46334.49	18618.26	40.18	9.56	4428.52
1998	47372.03	17769.20	37.51	12.23	5793.65

① 为了更好地分析近年来我国劳动报酬在初次分配领域的占比状况，我们使用国家统计局公布的国民经济核算中的《资金流量表》中近年来各部门初次分配的数据，并采用学术界通常的做法，将该表中的5个部门归并为住户部门、企业部门（包括非金融企业部门和金融企业部门）和政府部门，主要测算企业部门劳动报酬占该部门增加值的比重。

年份	企业部门增加值（企业部门的GDP）（亿元）	企业部门劳动者报酬（亿元）	劳动者报酬占增加值的比重（%）	保持1992年比重的比例差值（%）	保持1992年比重的劳动者报酬总量绝对差值（亿元）
1999	48913.60	17841.67	36.48	13.26	6487.95
2000	52796.12	18904.99	35.81	13.93	7355.80
2001	58478.12	20888.26	35.72	14.02	8198.76
2002	63697.76	25211.40	39.58	10.16	6471.87
2003	72040.30	27622.50	38.34	11.40	8210.35
2004	100721.00	39444.70	39.16	10.58	10653.93
2005	116212.10	45138.40	38.84	10.90	12665.50
2006	136310.40	51251.30	37.60	12.14	16549.49
2007	168375.90	61501.40	36.53	13.21	22248.77
2008	200813.60	71859.10	35.78	13.96	28025.58
合计					142295.36

资料来源：1995年~2010年《中国统计年鉴》. 北京：中国统计出版社

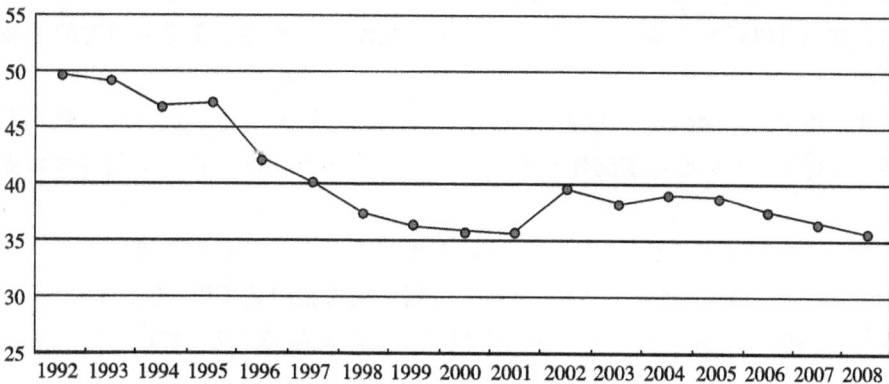

图1 1992年~2008年企业部门劳动者报酬占增加值的比重（%）

（二）1992年~2008年劳动报酬在企业部门内部初次分配中占比变动趋势

从表1可以看到，1992年~2008年期间我国企业部门增加值由1992年的16483.10亿元增加到2008年的200813.60亿元，增长了11.18倍，年均增长率为16.91%。然而，劳动者报酬由1992年的8198.40亿元增加到2008年的71859.10亿元，增长了7.77倍，年均增长率为14.53%，低于增加值2.38个百分点。这样在1992年~2008年这17年中，我国企业部门劳动者报酬在初次分配中的比重变动呈现明显的下降趋势，从1992年的49.74%下降到2008年的35.78%，下降了13.96个百分点。

劳动报酬下降是否意味着资本收益增加，这还需要做进一步的分析。因为，在初次分配阶段，企业部门在生产活动过程中创造的增加值要扣除劳动者报酬、生产税净额、财产收入（包括利息、红利、土地租金等）后才形成企业的初次分配总收入。所以，还要看生产税净额和财产收入占企业增加值比重的变动情况。

1992年企业部门的生产税净额和财产收入两项在企业初次分配中的比重为24.71%，2008年下降到24.44%；2008年比1992年还下降了0.27个百分点，这表明生产税净额和财产收入两项没有对企业收益产生影响，而同期劳动者报酬下降了13.96个百分点，这就意味着资本收益的增加了相同的比例。这种此消彼长的变化说明企业部门初次分配领域的分配天平近年来不断向资本倾斜的事实，也验证了学术界早在10多年前就已讨论的"利润侵蚀工资"的问题，只是这个问题在今天表现得更为突出了。

（三）1992 年~2008 年企业部门职工收入受损差额测算标准和货币补偿总量

通过上述分析，我们可以得出以下判断：2008年在税收和财产收入占增加值比重比1992年还要略低的情况下，企业部门劳动者报酬比重的下降意味着资本收益的增加，这也可以理解为是资本利润挤占了劳动报酬，这种挤占使得劳动者的利益受到损害。

我们将1992年劳动者报酬占企业部门增加值的比重作为企业部门职工收入受损差额测算标准，并以此标准测算1992年~2008年企业部门职工收入受损程度和货币补偿总量，主要基于以下考虑：

第一，从国际比较的角度看，我国劳动者在初次分配中的比重明显低于当前发达国家的水平，在2005年~2008年间，美国劳动者报酬占GDP的比重为56.6%，英国为53.8%，德国为49.5%，法国为51.8%，日本为55.1%，韩国为51.8%，中国为39.7%。[①] 以1992年劳动者报酬占企业部门增加值的比重作为补偿标准只是按曾经最接近世界平均水平的标准来测算。

第二，从产业结构相似期比较看，我国劳动报酬在初次分配中占比也明显过低。例如，1920年~1929年美国劳动报酬和业主收入总和占国民净收入的比重为78.1%，1950年~1954年为82.1%，1980年~1984年为81.8%，其中的劳动报酬占比由1920年~1929年60.5%上升到1980年~1984年的74.3%，而业主收入占比

---

① 陈昌盛等：《优化我国收入分配格局的思路和政策建议》，载于迟福林：《破题收入分配改革》，中国经济出版社2011年版。

由 1920 年~1929 年 17.6% 下降到 1980 年~1984 年的 7.5%。① 与此相比,我国劳动报酬初次分配中占比则是一种相反的趋势。

第三,从特定发展阶段看,国际经济发展历史有两个特点:一是工业化加速推进,特别是重化工业阶段,劳动报酬占比会相对偏低,并伴有少数年份下降,但持续下降现象很少见。例如,日本、韩国在其重化工业阶段也曾出现过低于 40% 的年份,但没有出现过长期持续下降的情况。二是无论老牌的工业化国家还是二战后的新兴工业化国家,在国民收入分配中劳动报酬占比始终是各要素中占比最高的,且随着工业化进程该比例总体呈上升趋势,并随着工业化完成而趋于稳定。我国劳动报酬占比偏低在一定程度上是发展阶段的体现,但自 20 世纪 90 年代以来持续下降就不能再简单用发展阶段来解释了。②

综上所述,我们在测算企业部门利益受损职工的受损计量时,将劳动报酬占企业部门增加值的比重以 1992 年为基础,首先计算出每一年企业部门应得劳动报酬,并用其减去当年度企业部门的实际劳动报酬,其差额就是以货币形式表示的企业部门职工利益受损的数量。然后将企业部门各年度的保持 1992 年比重的劳动者报酬总量绝对差值加总(即将表 1 最后一栏的数字加总),就可以得到 1992 年~2008 年这 16 年企业部门职工按 1992 年的标准应得而没有得到的货币工资总量,即 142295.36 亿元。

二、企业下岗职工收入受损分析及货币补偿量的测算

(一)下岗职工的界定

"下岗"作为我国国有企业深化改革的过渡产物,是我国经济转轨、机构调整时期一种特有的现象。1996 年,国家统计局和劳动部经研究确定了一个"下岗"职工的统计定义:即"由于用人单位的生产和经营状况等原因,已经离开本人的生产或工作单位,并已不再本单位从事其他工作,但仍与用人单位保留劳动关系的职工"。1998 年 3 月,国家统计局和劳动部经研究将下岗职工的定义修改为:"因企业生产和经营状况等原因,尚未与企业解除劳动关系,在原单位已无工作岗位,且未在社会上再就业的职工。"简称"三无"人员,即在原企业无工作岗位、未解除劳动关系和未再就业。根据这一定义,"下岗职工"实际上是"下岗未就业职工"的简称。

(二)下岗职工产生的原因

下岗问题是我国在转型期遇到的突出难题之一。造成我国失业下岗问题的成因

---

① 宋晓梧:《改善民生的重要举措》,载于迟福林:《破题收入分配改革》,中国经济出版社 2011 年版。
② 陈昌盛等:《优化我国收入分配格局的思路和政策建议》,载于迟福林:《破题收入分配改革》,中国经济出版社 2011 年版。

是多方面的，主要有劳动力供求失衡、经济发展、体制改革、结构调整、经济政策和外部环境等因素。根据全总《1997年中国职工状况调查》显示企业任务不足则是员工下岗的最主要原因。[①]

可见，职工下岗的重要根源是和企业的生产经营状况有关，而这又同我国的体制改革紧密相关。首先，在计划经济时期，我国的劳动就业制度采取了完全由政府包下来的政策，在就业上实行的是单一的固定工制度。随着计划经济向市场经济的转变，企业要根据生产经营的需要，通过市场来配置生产要素，包括劳动力。这样一来，企业内部的冗员问题和隐性失业问题就暴露出来了，一些人势必要加入失业与下岗者的行列。其次，在传统的计划经济体制下，由于企业生产由国家统一安排和调整，产品由国家统购包销，所以，企业之间无竞争可言，无破产倒闭之忧。但随着市场化改革的推进，伴随资本和生产要素的调整，必然会引起对劳动力需求的变化，有时不可避免地会裁减一部分人，进而造成一些人失业或下岗。再有，随着我国各种类型的企业都进入了市场经济运行的轨道，改革使各类企业在统一的市场法则下展开竞争。结果是一部分企业在竞争中败下阵来，遭受破产倒闭的厄运，这也会造成相当一部分职工下岗失业。[②]

（三）职工下岗的特点

从地区分布来看，下岗人员主要集中在中西部地区、老工业基地以及个别市场化较快地区；从行业分布看，属于产业结构调整的重点产业，特别是纺织、军工、森工、煤炭和机械为最；从单位分布看，下岗职工主要分布在企业，数量远大于其他部门和组织；从年龄、性别、文化程度分布看，下岗职工年龄趋于年轻化，女职工多，文化程度偏低；从职业分布看，下岗人员绝大部分为工人，尤其是一线工人。

（四）下岗职工收入受损分析及货币补偿量的测算

从我国下岗人员的生活状况来看，由于其劳动力资源未被充分利用，致使他们在生活上陷入了不同程度的困难，成为我国贫困人口的主要来源。职工下岗，虽然与原单位还保留着劳动关系，每个月可以从单位得到一些补助，但由于离开了岗位，收入锐减，使失业下岗者及其家庭举步维艰。下岗职工的收入损失计算具体如下：

1. 下岗职工的显性收入损失测算

下岗职工直接收入和在职职工之间的差距，可以定义为显性收入损失。在1995年职工收入函数估计结果中，该年内有过下岗、失业经历的人员的平均收入比其他城镇职工低37.9%，亏损企业职工的收入比盈利企业职工低21.3%。由此可以算出，

---

① 全国总工会政策研究室：《1997年中国职工状况调查》（综合卷），西苑出版社1999年版。
② 姜绍华：《转型期我国失业下岗的成因及机理分析》，《济南社会主义学院学报》2001年第1期。

一个在亏损企业的下岗职工要比一个在盈利企业的上岗职工的收入低60%左右。① 更重要的是，下岗失业导致了部分城镇家庭陷入贫困状态。利用1999年的抽样调查数据，对城镇贫困的原因进行分析后获得的结果表明，下岗失业人员家庭陷入贫困的概率要比一般家庭高出7～8倍。②

在具体计算过程中，历年下岗职工人数、全国平均在岗职工工资主要依据国家统计局提供的数据。由于全国下岗职工基本生活费全国没有统一标准，我们先采用基数较高的北京下岗职工基本生活费作为收入损失下限的计算依据。1992年～2005年全国下岗职工显性收入损失下限即为表2中的损失项（4）＝［（2）－（3）×12］×（1），最终计算出1992年～2005年全国下岗职工显性收入损失下限为5110.2729亿元。见表2。

表2　1992年～2005年全国下岗职工显性收入损失下限

年度	下岗人数（万人）（1）	全国年平均在岗职工工资（2）	北京月基本生活费标准（3）	损失计算（万元）（4）
1992	250	2711	150	227750
1993	300	3371	150	471300
1994	360	4528	150	982080
1995	564	5348	170	1865712
1996	892	5980	180	3407440
1997	1423	6444	200	5754612
1998	995	7446	210	4901370
1999	937	8319	220	5321223
2000	941	9333	296	5439921
2001	910	10834	305	6528340
2002	742	12373	326	6278062
2003	615	13969	632	3926775
2004	272	15920	346.5	3199264
2005	210	18200	406	2798880
合计				51102729

注：表2中历年下岗职工人数的数据来源：《中国就业问题的分析与对策建议》，（陈淮，1999）；《中国统计年鉴》；《中国劳动统计年鉴》。全国平均在岗职工工资的数据来源：《中国统计年鉴》，2007年，2010年。

① 李实：《中国个人收入分配研究回顾与展望》，《经济学》2003年第2卷第2期。
② Knight, J. and Li, Shi, 2002. "Unemployment Duration and Earnings of Re - employed Workers in Urban China." Working Paper, Oxford University.

关于下岗职工收入损失上限的计算，我们依据 1997 年《劳动统计年鉴》表 3 - 22：下岗职工平均生活费：922 元/年；1996 年《劳动统计年鉴》表 3 - 17，全国下岗职工基本生活费合计 824 990.2 万元，计算得平均每人约 925 元/年。换算为月平均收入为：1996 年下岗职工月平均收入为 77 元；1997 年为 77 元。可以推算历年全国下岗职工平均月基本生活费为北京下岗职工基本生活费的 40% 左右。依据相同方法计算出 1992 年 ~ 2005 年全国下岗职工显性收入损失上限为 6880.6060 亿元人民币，见表 3 。

表3 1992 年 ~ 2005 年全国下岗职工显性收入损失上限

年度	下岗人数（万人）(1)	全国年平均工资 (2)	月基本生活费 (3)	损失计算（万元）(4)
1992	250	2711	60	497750
1993	300	3371	60	795300
1994	360	4528	60	1370880
1995	564	5348	68	2556048
1996	892	5980	72	4563472
1997	1423	6444	80	7803732
1998	995	7446	84	6405810
1999	937	8319	88	6805431
2000	941	9333	118.4	7445380
2001	910	10834	122	8526700
2002	742	12373	130.4	8019684
2003	615	13969	252.8	6725271
2004	272	15920	138.6	3877850
2005	210	18200	162.4	3412752
合计				68806060

2. 下岗职工的隐性收入损失测算

我们研究下岗对收入影响的相关文献发现，下岗对一般劳动力再就业后工资也有一定的影响。这种影响，我们称之为下岗职工隐性收入损失。

国外学者研究发现，在美国失业持续时间每延长 10%，再就业后工资就会下降 7.5% ~ 13.8%。[1] 在美国，失业会导致再就业后收入下降，而且这种下降是长期的，

---

[1] Addison, John T. and Portugal, Pedro, 1989. "Job Displacement, Relative Wage Changes, and Duration of Unemployment." Journal of Labor Economics, Vol. 7, No. 3, July, pp. 281 - 302.

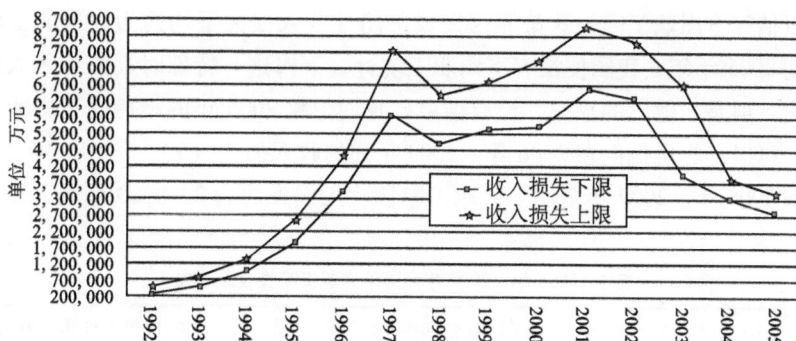

图 2　1992 年～2005 年全国下岗职工显性收入损失

很难恢复，即使是失业后的再就业者能够在与失业前相似的企业中工作也是如此。①
有学者利用中国 2000 年的数据发现失业者再就业后的收入显著低于未失业者，② 并
发现失业持续时间对再就业后收入有显著负面影响，结论是失业持续时间每提高 1
个月，再就业后工资就下降 0.64%～11.73%。③

　　我国学者通过对 2003 年数据的分析发现：未失业者的月劳动收入（包括工资收
入和经营收入）和工资收入与再就业者相比，分别高出 84.3% 和 68.7%，④ 换言之，
再就业者的劳动收入仅仅相当于未失业者的劳动收入的 54.26%，其工资收入仅仅相
当于未失业者的工资收入的 59.29%。而目前依然处于失业状态的劳动者收入仅仅相
当于未失业者劳动收入的 23%，相当于未失业者工资收入的 24.91%，相当于再就业
者工资收入的 42.01%。

　　研究还显示与在岗者相比，失业者在实现再就业后，从工资收入上看，再就业
者收入也只有未失业者的 50%～59%，且这种差距 40% 以上是由失业经历引起的，
近 60% 可以由未失业者与再就业者个人人力资本差异来解释。有学者计算了失业经
历对再就业后工资的长期影响，发现即使是在工作了 6 年以后，再就业者的工资比
预期的还低 9% 以上。⑤

　　综合以上研究，可以发现，由于政策原因造成下岗职工的隐性收入损失在下岗
职工再就业初期的收入为在岗职工收入的约 40%，6 年后约为 9%，年平均为 25%。
由于这种损失 40% 以上是由下岗职工的失业经历引起的，也就是由政策引起的，因

---

　　① Jacobson, louis S.; LaLonde, Robert J. and Sullivan, Daniel G., 1993. "Earnings losses of Displaced Workers." The American Economics Review, Vol. 83, No. 4, Sep., pp. 685 - 709.

　　② Appleton, Simon; Knight, John; Song, Lina and Xia, Qingjie, 2002. "Labor Retrenchment in China: Determinants and Consequences." China Economic Review, Volume 13, Issue, 2 - 3, pp. 252 - 275.

　　③ Knight, J. and Li, Shi, 2002. "Unemployment Duration and Earnings of Re - employed Workers in Urban China." Working Paper, Oxford University.

　　④ 刘文忻、杜凤莲：《失业与中国城镇人口收入差距》，《经济评论》2008 年第 1 期，第 7 - 10 页。

　　⑤ Stevens, Ann Huff, 1997. "Persistent Effects of Job Displacement: The Importance of Multiple Job losses." Journal of Labor Economics, Vol. 15, No. 1, Part 1, Jan., pp. 165 - 188.

此，可以估算下岗职工因为政策原因造成的隐性收入损失平均约为在岗职工收入的10%。到2005年年底我国便没有下岗职工统计，下岗这一特殊时期的特殊人群便走进了历史。但是，他们的损失并没有结束。我们依据2005年的最后的下岗职工的人数统计，可以计算出他们在2006年~2009年间的收入损失（3）=（1）×（2）×10%，即2006年~2009年全国下岗职工隐性收入损失约为22.6380亿元人民币。见表4。

表4　2006年~2009年全国下岗职工隐性收入损失

年度	2005年下岗人数（万人）（1）	全国年平均工资（元）（2）	隐性损失计算（万元）（3）
2006	210	21001	44100
2007	210	24932	52290
2008	210	29229	61320
2009	210	32736	68670
合计			226380

三、农民工收入统计、受损分析及货币补偿量的测算

（一）1992年~2009年全国农民工数量及人均年收入统计

自1992年以来的这近20年的时间里，政府对农民进城的限制越来越少，允许农民进城、调控农民流动、安排农民就业成了这一时期的政策基调。这种政策上的转向使农民进城人数的不断增加，但是关于每年进城就业的农民工究竟有多少，农村还有多少剩余劳动力需要转移，以及进城就业的农民工平均年收入等关键数据，各部门说法不一。本报告依据国家统计局和农业部现有统计数据进行测算，并以国家统计局现有统计数据测算作为上限，以农业部现有统计数据测算作为下限，测算结果见表5：

表5　1992年~2009年农民工人数和平均年收入

国家统计局			农业部		
年份	人数（上限）（单位：万人）	人均年收入（上限）（单位：元）	年份	人数（下限）（单位：万人）	人均年收入（下限）（单位：元）
1992	3500	2259.17	1992	3142	1399.14
1993	6200	2540.95	1993	5566	1739.76
1994	7000	3420.60	1994	6285	2342.05
1995	7500	3779.76	1995	6734	2587.96
1996	7900	4176.64	1996	7093	2859.70
1997	8315	4615.19	1997	7465	3159.97

	国家统计局			农业部	
年份	人数（上限）（单位：万人）	人均年收入（上限）（单位：元）	年份	人数（下限）（单位：万人）	人均年收入（下限）（单位：元）
1998	9547	5099.79	1998	8571	3491.76
1999	10107	5635.27	1999	9074	3858.40
2000	11300	6226.97	2000	10145	4263.53
2001	9981	6880.80	2001	8961	4711.20
2002	10470	7680.00	2002	9400	5258.40
2003	11390	8280.00	2003	10226	5669.21
2004	11823	9341.76	2004	10259	5825.51
2005	12578	10332.00	2005	10823	6577.00
2006	13212	11353.00	2006	11900	7226.93
2007	12600	12720.00	2007	11349	8098.24
2008	14041	16080.00	2008	12647	10237.40
2009	14533	17004.00	2009	13090	10825.67

表6　农民工与城镇职工年平均收入绝对值差和比率差

年份	城镇单位就业人员平均年收入（元）	国家统计局			农业部		
		农民工平均年收入（单位：元）	绝对值差（下限）（单位：元）	比率差（下限）	农民工平均年收入（单位：元）	绝对值差（上限）（单位：元）	比率差（上限）
1992	2711.00	2259.17	451.83	0.20	1399.14	1311.86	0.94
1993	3371.00	2809.17	561.83	0.20	1739.76	1631.24	0.94
1994	4538.00	3420.60	1117.40	0.33	2342.05	2195.95	0.94
1995	5348.00	3779.76	1568.24	0.41	2587.96	2760.04	1.07
1996	5980.00	4176.64	1803.36	0.43	2859.70	3120.30	1.09
1997	6444.00	4615.19	1828.81	0.40	3159.97	3284.03	1.04
1998	7446.00	5099.79	2346.21	0.46	3491.76	3954.24	1.13
1999	8319.00	5635.27	2683.73	0.48	3858.40	4460.60	1.16
2000	9333.00	6226.97	3106.03	0.50	4263.53	5069.47	1.19
2001	10834.00	6880.80	3953.20	0.57	4711.20	6122.80	1.30
2002	12373.00	7680.00	4693.00	0.61	5258.40	7114.60	1.35
2003	13969.00	8280.00	5689.00	0.69	5669.21	8299.79	1.46

年份	城镇单位就业人员平均年收入（元）	国家统计局			农业部		
		农民工平均年收入（单位：元）	绝对值差（下限）（单位：元）	比率差（下限）	农民工平均年收入（单位：元）	绝对值差（上限）（单位：元）	比率差（上限）
2004	15920.00	9341.76	6578.24	0.70	5825.51	10094.49	1.73
2005	18200.00	10332.00	7868.00	0.76	6577.00	11623.00	1.77
2006	20856.00	11353.00	9503.00	0.84	7226.93	13629.07	1.89
2007	24721.00	12720.00	12001.00	0.94	8098.24	16622.76	2.05
2008	28898.00	16080.00	12818.00	0.80	10237.40	18660.60	1.82
2009	32244.00	17004.00	15240.00	0.90	10825.67	21418.33	1.98
合计			93810.88	10.22		141373.17	24.84

（二）农民工收入与城镇单位就业人员收入差距

从1992年至今，农民工与城镇职工年平均收入不断扩大。以国家统计局数据为例，农民工与城镇职工年平均收入绝对值差从451.83元扩大到15240元，比率差（城镇单位就业职工年平均收入/农民工年平均收入－1）由0.2扩大到0.9。1992年～2009年农民工与城镇职工累计年平均收入绝对值差93810.88元，累计比率差10.22。若以农业部数据为例，那么农民工与城镇职工的年平均收入差距更加显著，绝对值差从1311.86元扩大到21418.33元，比率差由0.6扩大的1.98，1992年～2009年农民工与城镇职工累计年平均收入绝对值差141373.17元，累计比率差24.84，见表6。

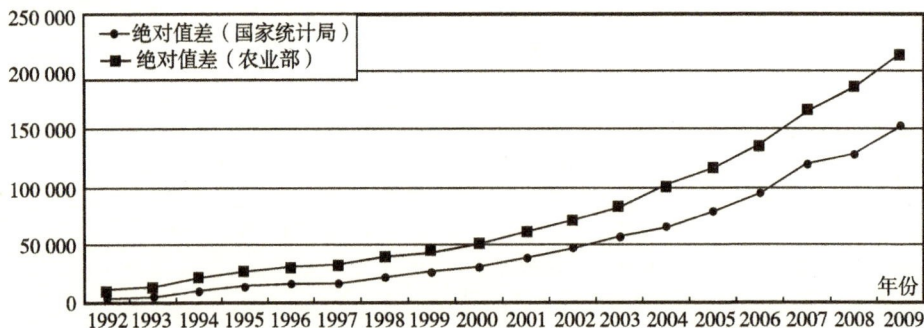

图3　1992年～2009年全国农民工与城镇单位在岗职工年平均收入差距

在上述分析测算的基础上，按照同工同酬的基本原则，以城镇职工收入为标准，我们对1992年～2009年期间农民工收入差额的补偿缺口的总量进行了测算，具体计

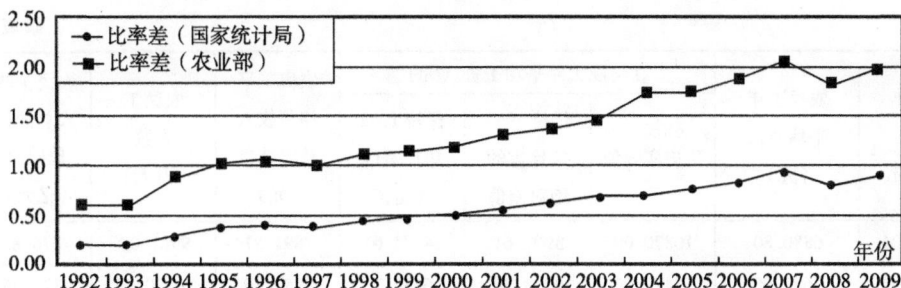

图4　1992年~2009年全国农民工与城镇单位在岗职工年平均收入比率差

算如下：

　　首先，我们将国家统计局提供的1992年~2009年城镇在岗职工年平均工资按年度分别加上保持1992年职工工资总额在GDP中的比重的在岗职工年平均工资的绝对差值，得到按1992年职工工资总额在GDP中比重的在岗职工年应得平均工资。

　　其次，用上述计算的1992年~2009年期间在岗职工年应得平均工资，分别减去按国家统计局和农业部口径计算的农民工年平均收入，其差额作为农民工平均年收入差额补偿缺口的下限和上限。再用这一补偿缺口的下限和上限分别乘上各自口径计算的当年度农民工人数，最终得到当年度农民工收入总额的差额补偿缺口的下限和上限。

　　最后，将1992年~2009年期间各年度的农民工收入总额的差额补偿缺口的下限和上限加总，得到1992年~2009年期间农民工收入差额的补偿总额，补偿总额的下限是209941.48亿元；补偿总额的上限是237232.28亿元。见表7和表8。

表7　1992年~2009年农民工收入总额补偿缺口下限（国家统计局数据）

年份	农民工年平均收入（元）	在岗职工年平均工资（元）			农民工平均年收入补偿缺口（元）	农民工人数（万人）	农民工收入总额补偿缺口（亿元）
		历史实际值	保持1992年比重的绝对差值	保持1992年比重的应得值			
1992	2259.17	2711.00	0.00	2711.00	451.83	3500.00	158.14
1993	2809.17	3371.00	170.49	3541.49	732.32	6200.00	454.04
1994	3420.60	4538.00	265.98	4803.98	1383.38	7000.00	968.37
1995	3779.76	5500.00	532.68	6032.68	2252.92	7500.00	1689.69
1996	4176.64	6210.00	898.04	7108.04	2931.40	7900.00	2315.81
1997	4615.19	6470.00	1464.72	7934.72	3319.53	8315.00	2760.19
1998	5099.79	7479.00	2473.50	9952.50	4852.71	9547.00	4632.88
1999	5635.27	8346.00	2755.71	11101.71	5466.44	10107.00	5524.93
2000	6226.97	9371.00	3427.39	12798.39	6571.42	11300.00	7425.70

续表

年份	农民工年平均收入（元）	在岗职工年平均工资（元）			农民工平均年收入补偿缺口（元）	农民工人数（万人）	农民工收入总额补偿缺口（亿元）
		历史实际值	保持1992年比重的绝对差值	保持1992年比重的应得值			
2001	6880.80	10870.00	3902.61	14772.61	7891.81	9981.00	7876.82
2002	7680.00	12422.00	4208.76	16630.76	8950.76	10470.00	9371.45
2003	8280.00	14040.00	4886.92	18926.92	10646.92	11390.00	12126.84
2004	9341.76	16024.00	6136.56	22160.56	12818.80	11823.00	15155.67
2005	10332.00	18364.00	6697.22	25061.22	14729.22	12578.00	18526.41
2006	11353.00	21001.00	7509.08	28510.08	17157.08	13212.00	22667.93
2007	12720.00	24932.00	9314.83	34246.83	21526.3	12600.00	27123.81
2008	16080.00	29229.00	10621.81	39850.81	23770.81	14041.00	33376.59
2009	17004.00	32736.00	10268.28	43004.28	26000.28	14533.00	37786.21
合计							209941.48

表8　1992年~2009年农民工收入总额补偿缺口上限（农业部数据）

年份	农民工年平均收入（元）	在岗职工年平均工资（元）			农民工平均年收入补偿缺口（元）	农民工人数（万人）	农民工收入总额补偿缺口（亿元）
		历史实际值	保持1992年比重的绝对差值	保持1992年比重的应得值			
1992	2259.17	2711.00	0.00	2711.00	1311.86	3142.00	412.19
1993	2809.17	3371.00	170.49	3541.49	1801.76	5566.00	1002.86
1994	3420.60	4538.00	265.98	4803.98	2461.93	6285.00	1547.32
1995	3779.76	5500.00	532.68	6032.68	3444.72	6734.00	2319.67
1996	4176.64	6210.00	898.04	7108.04	4248.34	7093.00	3013.35
1997	4615.19	6470.00	1464.72	7934.72	4774.75	7465.00	3564.35
1998	5099.79	7479.00	2473.50	9952.50	6460.74	8571.00	5537.50
1999	5635.27	8346.00	2755.71	11101.71	7243.31	9074.00	6572.58
2000	6226.97	9371.00	3427.39	12798.39	8534.86	10145.00	8658.62
2001	6880.80	10870.00	3902.61	14772.61	10061.41	8961.00	9016.03
2002	7680.00	12422.00	4208.76	16630.76	11372.36	9400.00	10690.02
2003	8280.00	14040.00	4886.92	18926.92	13257.71	10226.00	13557.33
2004	9341.76	16024.00	6136.56	22160.56	16335.05	10259.00	16758.13

年份	农民工年平均收入（元）	在岗职工年平均工资（元）			农民工平均年收入补偿缺口（元）	农民工人数（万人）	农民工收入总额补偿缺口（亿元）
		历史实际值	保持1992年比重的绝对差值	保持1992年比重的应得值			
2005	10332.00	18364.00	6697.22	25061.22	18484.22	10823.00	20005.47
2006	11353.00	21001.00	7509.08	28510.08	21283.15	11900.00	25326.95
2007	12720.00	24932.00	9314.83	34246.83	26148.59	11349.00	29676.03
2008	16080.00	29229.00	10621.81	39850.81	29613.41	12647.00	37452.08
2009	17004.00	32736.00	10268.28	43004.28	32178.61	13090.00	42121.80
合计							237232.28

四、结论与建议

本报告认为，经过30多年的改革开放，中国经济发展取得了举世瞩目的变化，国内生产总值从1978年的3645.2亿元到2010年的397983亿元，32年增长了108.18倍，GDP总量在全世界位居第二，这一成绩的取得离不开那些在生产一线默默无闻的劳动者。改革在为我们带来辉煌成果的同时，社会也为此付出了巨大的代价，付出了沉重的成本。正如全国总工会在《1997年全国职工状况调查》中曾经指出的："职工队伍承受了经济体制改革带来的阵痛和压力，为改革、发展和稳定做出了重大贡献"，"对于部分职工尤其是一线工人而言，主人地位的下降，不仅仅体现在政治地位的下降上，而且也体现在劳动权利和经济利益的受损上，他们甚至已经成为在改革中获利最少、付出代价最多的阶层，虽然他们也有不满，但又对改变现状无能为力，只能默默地为改革负担成本。"[①]

从这个意义上讲，本报告测算出的利益受损职工收入差额的货币补偿总量无论上限还是下限，都可以看作为取得今天的成就而进行的经济体制改革所付出的社会变革成本。其中：

对企业一线职工劳动报酬统计、受损分析及货币补偿量的测算，是将20世纪90年代以来社会转型时期不可避免出现的"利润对工资的侵蚀"具体量化；

对企业下岗职工收入受损分析及货币补偿量的测算，是将几千万职工为国有企

---

① 全国总工会政策研究室：《1997年中国职工状况调查》（综合卷），西苑出版社1999年版。

业、集体企业的转型而负担的改革成本具体量化；

对农民工收入受损分析及货币补偿量的测算，是将 20 世纪 90 年代以来中国在经济发展过程中廉价使用的"人口红利"具体量化。

这三部分构成了中国近 20 年来经济体制改革与发展所要付出的成本，只是这部分改革成本是由企业部门职工、下岗职工和农民工这些普通的劳动者承担了。

根据以上对三部分利益受损职工的受损分析和货币补偿量测算，我们得出了对这三部分利益受损职工进行补偿的总量：货币补偿总量下限为 357369.7509 亿元、货币补偿总量上限为 386430.8840 亿元。见表 9。

表9　利益受损职工的货币补偿总量（亿元）

	货币补偿总量下限	货币补偿总量上限
企业部门职工	142295.36	142295.36
下岗职工（显性）	5110.2729	6880.6060
下岗职工（隐性）	22.6380	22.6380
农民工	209941.48	237232.28
总计	357369.7509	386430.8840

在尊重改革和发展过程中形成的既得利益的前提下，对改革中相对利益受损阶层予以某种形式的合理补偿，这应该是今后一段时期内我国收入分配体制改革的一个基本原则。任何体制的变革，都会打破原有的利益格局，形成新的利益格局。从这个意义上讲，一些人会在这种社会变革中获益，成为新体制的既得利益阶层。但是社会主义经济体制改革的本意不是把原有体制创造的财富通过改革从一部分人手中无偿转移给另一部分人，而是在承认原体制下形成的社会各成员既定利益的前提下，通过权利和财产关系的重新安排，调动所有成员的积极性，在增加社会总财富的过程中实现帕累托改进。如果在社会总财富增加的同时，由于改革导致了社会中的一部分人利益受损，受益者有责任从自己增加所得的收入中拿出一部分补偿受损者。这也是社会公平公正原则的具体体现。

由于这部分补偿金额数量较大，采取什么方式、通过什么途径进行补偿是至关重要的。因为它不仅直接关系着对广大职工权益的维护，关系着社会既有财富的分配与调整，还关系到今后一段时期社会的稳定与经济的发展，必须慎之又慎。从各国和地区的经验看，补偿主要有以下方式：

一是俄罗斯私有化证券方式。1992 年，俄罗斯开始实行大规模私有化。对于商业、服务业及小型工业、运输业和建筑业企业，以商业投标、拍卖、赎买、租赁和直接出售等方式实行私有化。而大中型企业的私有化主要是通过股份制形式实现的。

俄政府准备拍卖 4.7 万亿卢布的固定资产，其中的 3.2 万亿卢布固定资产准备拍卖给个人，余下的 1.5 万亿卢布的固定资产，以无偿方式向每个公民发放一张面值为 1 万卢布的私有化证券，以股份制方式实现私有化。由于私有化证券不能马上给人民带来好处，加上政治动荡、经济危机，人们对未来缺乏信心，对私有化采取观望、消极的态度，从而使这种私有化进程大大打了折扣。

俄罗斯私有化过程中所面临的问题与我们在国有企业改制过程中对职工利益的欠账有类似之处。两者都是从计划经济体制下的公有制转为多种形式所有制后，职工的身份由企业的主人转变为劳动市场中的一方利益主体。在传统的计划经济体制下，企业职工的工资和当时他们所享受的福利只是其全部应得报酬的一部分；另外还有一部分是职工应得的、留待未来兑现的福利，比如未来的养老、医疗、失业救济等。在我国国有企业通过实行减员增效、下岗分流、职工身份转换等方式摆脱计划经济体制下的沉重负担之后，那部分在计划经济体制下职工未得到的劳动报酬，应当以一定方式补偿给职工。然而发放私有化证券的方式却不适于我国现阶段用于对下岗职工的补偿。这是因为中国实行的是以社会主义公有制为主体、多种所有制经济共同发展的基本经济制度，并不是完全的私有化。

二是香港、澳门向补偿对象分派现金方式。2011 年初，香港特区政府决定，年内向全港 610 万年满 18 岁的香港永久居民，每人派发 6000 元港币。与此同时，2011 年初，澳门特区政府向每名澳门永久居民和非永久居民分别发放现金 4000 澳门元和 2400 澳门元。2011 年 4 月 20 澳门特区行政长官崔世安宣布，将于今年下半年再次向每名永久性居民和非永久居民分别发放 3000 澳门元和 1800 澳门元现金。事实上，为应对物价上涨对居民生活的冲击，香港、澳门等地区政府近年来多次向居民直接发放现金，这种由政府直接向被补偿对象分派现金至少在理论上是可行的，不存在"钱来源不明的争议"。因此，有不少发达国家都采取过类似的办法。但这样做在我国内地实施的条件并不具备。

首先，发放现金补偿要考虑政府的财政实力。港澳地区经济发达，各方面基础都较好，具备直接向居民派发现金的条件。2010 年中国内地财政收入超过 8 万亿元人民币，但人均量只有 6000 多元，不到香港人均量的二十分之一，像港澳地区那样按人口数量平均分钱的财力明显不足，而有针对性地给部分人群发放现金又存在很大的操作难度。

其次，要考虑政府财政的支出需求。港澳都是经济发达地区，基础设施完备且市场体制比较完善，"大市场、小政府"的观念早已深入人心，特区政府财政支出的重点是调节社会公平问题；而内地真正的市场化改革不到二十年，政府自身改革还不到位，经济发展速度尽管很快但仍是发展中国家，政府财政在基础设施建设等方面的支出需要仍然很大，近50%的GDP还要靠投资拉动，真正可用于大规模转移支付的资金十分有限。

再次，要考虑分派现金的成本。香港特区土地面积仅有1千多平方公里，人口不到千万，澳门则更小。单从政府的管理层来说比内地就要低出不少，再加之其早已十分完备的居民信息统计备案制度和发达的信息系统，向居民分派现金类似的事情处理起来中间环节要少许多，平均成本自然也就低；而内地在管辖范围和人口数量上都要远远高于香港和澳门，许多边远地区至今还未通网络，二元经济结构下的人口信息统计也存在许多弊端，给现金派发活动带来的麻烦可想而知。

最后，要考虑分派现金的效果。香港地区居民生活水平普遍较高，分配现金后大多数高收入者都选择直接转为储蓄、延迟领取、甚至领后捐赠，只有少数的低收入群体会马上领取并消费，这样既解决了对低收入人群的生活保障问题，又不会造成太大的市场冲击；而大陆地区中低收入者仍然是主体，短时间发放大量现金势必会导致对低端产品市场的较大冲击，引发恶性通货膨胀，反过来损害到这一多数群体切身的利益。

三是将外汇储备用来作为补偿金方式。2010年我国外汇储备已达2.8万亿美元，政府能否拿出一部分派发给补偿对象？2009年初，北大教授张维迎提出把外汇储备拿出一部分分给全国居民，曾引发来自各界的激烈争论。按照经济学的定义，外汇储备并不是真正意义上政府的钱，而是在强制结汇制度下（我国境内不能流通外币），国内企业出口产品后存放于央行的外币收入或外商来华投资用于兑换人民币的外币抵押。央行无论是通过哪种方式获得外币，同时需要给付对方等价值的国内货币（暂不考虑汇率影响）。在中国人民银行用人民币去买美元的时候，并没有在真正意义上给政府带来任何额外的收入，只是做了一个交换而已。因此外汇储备的增长也并不是政府财富的增长，即便是对于央行而言，外汇储备是资产，但购买外汇储备的人民币则是负债。如果强行分配外汇，外商撤资或国内企业进口产品需要外币时，央行用什么支付？

从目前来看，央行能做的就是改强制结汇制度为自由兑换汇率制度，允许外商和进口企业用人民币在市场上找分到外汇的职工兑换外币。这样做的结果是，外币流回国外而国内市场上的人民币数量没有被回收，相当于央行用印钞票的方式提高了居民收入，其结果必然是通货膨胀（按照货币数量论推出）。在物价上涨压力本已很大的背景下，CPI继续攀升最大的受害者只能是低收入群体，补偿的结果是伤害了被补偿者。

基于以上分析，我们认为：无论是通过派发现金还是外汇储备的方式来对利益受损职工进行补偿，中国目前经济承受能力和汇率制度都会成为重要的约束条件。

换句话说，从政府的角度讲，对利益受损职工的补偿应当是一种财政行为，而不能只是一种货币行为。为此，我们的初步建议是：

1. 建立国家社会补偿基金，专司对利益相对受损职工的补偿

社会补偿基金的来源可以由政府通过设立补偿税的办法来解决社会补偿基金的来源。补偿税可作为一定时期如在今后 15～20 年期间对国有垄断性企业加征的一个税种，也可作为个人所得税和企业所得税的一个补充税种，或从遗产税中抽取。还可以通过从外汇储备收入、财政收入中每年按一定比例提取，同时接受社会各方捐赠。社会补偿基金账户应由财政部直接管理。补偿基金的运用可以按照直接补偿的途径来进行。所谓直接补偿是将改革相对利益受损职工群体视为一个整体概念，借助已经初步建立的社会保障体系，拓展被补偿群体进一步实现利益分享的补偿思路。鉴于在过去 32 年改革中利益相对受损职工多数已经退休或即将退休，似可比照离、退休干部不同待遇的思路，对有下岗经历的职工可通过提高退休金的形式给予补偿，按照工龄，每个有下岗经历的退休职工除了目前正常的退休金以外，还可以通过退休金账户直接从政府部门领取 10～15 年左右的下岗补偿金，实现与各地对 65 岁以上老人补助金的对接。以此来保障这些对改革开放做出过付出与贡献的职工能够在退休后生活的有尊严。

2. 实施"国民收入倍增计划"和出台《中华人民共和国最低工资法》

针对一线职工工资长期偏低的状况，政府在不直接干预企业工资水平的约束条件下可以从以下两个方面进行：

一是尽快实施"国民收入倍增计划"。在计划中应明确提出今后 10 年大幅提高职工收入增长率以补偿改革中的利益相对受损者，可以将劳动者报酬的增减作为考核各地政府政绩的约束性指标。从宏观上看，应当力争实现我国劳动者报酬增长率不低于企业利润增长率。依据 2011 年政府工作报告中提出的城乡居民的年均实际增长要超过 7% 的指标，考虑到物价因素，我们认为劳动者报酬名义年均增长率不应低于 15%。经过 10～15 年时间的补偿性增长，使得企业部门劳动者报酬占 GDP 的比重重新回升到 50% 左右，接近中等收入国家的合理区间。

二是出台《中华人民共和国最低工资法》。依据公正、分享、补偿的理念，确定最低工资标准，使最低工资标准具有真正的法律效应。我国劳动力市场目前已经形成一个从高端到低端的多层次工资体系，劳动力市场上工资水平的高低取决于市场供求的状况。但从社会公平正义的角度出发，最低工资标准的实施使得社会工资结构中最底层工资水平的高低不再完全由市场供求决定，而是由各省、区、市政府依据本地区城镇居民生活费用支出等因素来确定。最低工资标准实际上是一种法定工资标准，不会随着劳动力市场供求的变化而变化，其他层次的工资水平也都是在最低工资标准的基础上确定。① 同时，最低工资标准也是政府在宏观层面对初次分配领域劳动报酬水平进行直接干预的主要手段。目前，无论是对利益受损者的补偿，还是改变初次分配领域劳动报酬偏低的状况，各地政府都应适时较大幅度提高最低工资标准。从而真正实现"力争用三至五年的时间，逐步使最低工资标准达到当地社会平均工资的 40% ~60% 的水平"②。

3. 探索"化税为薪"道路，推进工资集体协商机制

近年来税收在国民收入中所占比重持续上升，在企业层面通过提高劳动报酬而对利益受损职工进行补偿在一定程度上有赖于政府让利，通过"化税为薪"的办法优化收入分配格局。"化税为薪"的减税让利方式，能够在不增加企业用工成本、稳定企业生产、保持企业利润的前提下，为企业提高职工工资水平开辟一条新的出路。鉴于低收入群体更多集中于劳动密集型中小企业，而此类企业在国际金融危机冲击下利润空间已经十分有限，且短期内不具备快速升级换代的能力，税负减免应以这类企业为主。

为确保该项措施落到实处，切实提高职工收入，"化税为薪"政策在具体实施中可考虑以企业为主体，采取"主动申请、提薪让税"的运行模式。先由企业主动提出申请不同于靠政府行政手强制推行的方式，其政策覆盖范围是有选择性的，只有满足条件的企业申请才能通过审核，有利于调动劳动密集型中小型企业积极性，改革企业发展观念，在不影响企业发展的同时改善职工工资待遇。而"提薪让税"的关键在于操作顺序上的变化，政府鼓励企业首先增加工资，然后根据工资增加的幅度酌情减免企业税收，这样就将原本属于企业的权限转移到了政府手上，防止减免掉的税金被挪作他用。

此外，为切实提高职工维权意识，更好地发挥工会组织的作用，构建和谐的劳资关系，"化税为薪"政策的扶持对象可重点聚焦于那些已经建立了较完善工会组织和工资集体协商机制的劳动密集型中小企业，使得税收的减免不仅为职工收入的提高腾出空间，同时也为企业工资集体协商的开展创造有利条件。

4. 增强利益受损群体的获取收入的能力和提高社会保障水平

增强利益受损职工获取收入的能力、提高社会保障水平，是一项深层次和长远政策，也是一项系统工程，需要国家多项经济政策的协调与配合。

---

① 信卫平：《国际金融危机与中国最低工资标准》，《中国劳动关系学院学报》2010 年第 1 期。
② 中华全国总工会负责人：《3~5 年内达到当地平均工资的 40%》，《人民日报》2006 年 5 月 19 日。

首先，要千方百计增加就业。保障和增加利益相对受损人群的经济收入，最为根本的是保障他们的就业。因为我们分析中的利益相对受损群体，同时也是我国劳动市场上的相对弱势人群，受总体就业状况的影响较大。自 20 世纪 90 年代初期以来，我国就业从整体上呈现持续滑坡的态势。可以从就业弹性来说明中国的就业情况。就业弹性是指产出每增加 1 个百分点，就业岗位增加的比例；它衡量产出增长对就业的拉动作用。研究表明，中国的就业弹性总体上处于 0.1 ~ 0.2 之间，低于发达市场经济国家 0.3 ~ 0.4 的平均水平，也低于中上收入水平的发展中国家 0.6 ~ 0.7 的平均水平。[①] 具体来看，第一产业出现劳动者增加和产量增加同步，而劳动人数增长速度更快的趋势；第二产业就业弹性也没有出现正常增长，即随着工业和建筑业产业增加值的快速上升，总体就业量仅维持大致稳定；而本来能够吸引最多就业的第三产业，其就业弹性甚至有下降的趋势。这说明在我国 GDP 高速增长的同时，经济增长对就业的促进作用有所弱化。为此，坚持以发展促就业、在产业结构调整中扩大就业是一个重要选择。国家需要大力拓展不同产业的就业空间，在各产业之间合理配置劳动资源，从而实现经济增长与就业增长良性互动。这需要从增加就业的角度，调整我国的产业政策、对外贸易政策、财政和货币等宏观经济政策。

其次，提高利益相对受损群体的职业技能。劳动市场上，劳动者报酬水平与其职业技能和对企业生产的贡献程度紧密相关。利益相对受损群体劳动报酬低、就业波动大，既存在宏观层面的制度因素，也在一定程度上是劳动者本身素质和职业技能偏低的因素。解决这一问题的重要途径是提高他们的职业适应能力和创造能力，大力发展职业教育和职业培训，完善劳动力就业培训制度。针对企业普遍存在的职工培训激励不足的现状，除国家专项投入外，可考虑从失业保险金中划出一部分作为就业培训资金。通过普遍而持久的职业培训、增加人力资本投资来提高利益受损职工的收入水平和职业稳定性。

最后，将利益受损群体作为我国社会保障制度中的优先保障群体。健全的社会保障体系，被视为人民生活的"安全网"和收入分配的"调节器"，更是利益受损人群免于陷入贫困的最后屏障。为此，需要完善基本养老保障体系；把基本医疗保险、养老保险制度覆盖城乡全体居民，降低个人缴费的数额和减少必需的缴费年限，实现全国范围内的自由、顺畅、便捷转移；降低利益受损职工的家庭负担，解除部分后顾之忧。比如有过下岗经历的职工和农民工持相关证件，其子女可优先实现高中阶段免费教育，大学阶段低收费教育等；完善最低生活保障制度，在城市做到应保尽保，在农村将符合条件的贫困人口全部纳入最低生活保障范围，切实解决基本生

---

① 王诚：《中国就业发展新论》，《经济研究》2002 年第 12 期。

活问题。在条件成熟时，可以将农民工纳入城市保障性住房体系的覆盖范围，让农民工享受廉租房待遇。

关于对利益受损职工群体具体的补偿措施、手段与渠道，如何做出更好的选择，我们将另文论述。

（课题组负责人：信卫平，课题组成员：沈琴琴、赵健杰、彭恒军、纪元、燕晓飞、张志奇、张勇、赵鑫全，执笔：信卫平。）

2011 年 4 月 12 日初稿
2011 年 6 月 9 日修改
2011 年 6 月 22 日修改